부동산**공동경매**로
강남빌딩 투자하기

※**일러두기** : 본 책에서는 사진, 그림, 문서 등에서 초상 및 개인정보 보호를 위해 가림 및 삭제 처리하였음을 알려 드립니다.

부동산**공동경매**로 **강남빌딩** 투자하기

적은 돈으로 돈 되는 부동산에
투자하는 부동산 필승 투자법!

이상규 **지음**

R

경제적인 부를 얻고 싶은 당신에게

이상규

사람들은 누구나 경제적인 여유를 얻고 싶어 하며, 다양한 투자를 시도한다. 그중에 투자 대상 선호도 1위가 부동산이다. 하지만 대부분의 사람은 '부동산에 투자해서 돈을 벌고는 싶은데, 가진 돈은 적다'고 하소연한다. 그래서 소액으로 투자할 방법을 자연스럽게 찾아 나서게 되고 이런저런 방법을 찾아보지만, 소액으로 취할 수 있는 선택지가 몇 안 된다는 현실을 곧 깨닫게 된다. 몇백, 몇천만 원의 소액으로 마땅한 부동산 투자처를 찾기란 절대 쉽지 않다. 소액으로 부동산에 투자하고는 싶어도 구체적이고 명쾌하게 투자할 수 있는 경우는 전무하다고 봐도 무방하다. 이럴 때 필요한 투자 방법이 '부동산경매 공동 입찰 방식'(법원경매에서는 2명 이상이 1개의 부동산경매에 입찰하는 방식을 공동 입찰 방식이라 칭함)이다.

필자는 지난 10여 년의 기간 법원경매의 공동 입찰 방식에 대해 분석하고 지속적인 연구를 해왔다. 그렇게 분석하고 연구한 결과를 바탕으로 공동 입찰 방식을 실전에 적용하여 도전하였고, 수많은 성과물을 내면서 다음과 같은 해답을 찾을 수 있었다. "부동산+안전성+수익성+소액 투자+법원경매=부동산 법원경매의 공동 입찰 시스템"이라는 확신을 갖게 되었다. 필자는 지난 세월 동안 '어떻게 하면 부동산경매를 통해 공동 입찰을 안전하고 확실하게 성공적으로 진행할 수 있을까'하는 고민의 시간을 가졌고, 하나씩 실행해 오면서 놀라운 결과를 얻을 수 있었다. 수백 건의 공동 입찰을 진행했으며 완벽한 시스템으로 안정적인 운영을 하고 있다. 그것이 바로 '공투락'이라는 시스템이다.

공동 입찰! 참 어려운 일이다. 친구들 아니면 가족끼리도 여행지 한 곳을 정하기까지 수많은 의견충돌과 불협화음을 거치며 어렵게 결정하는 것을 경험해 보았을 것이다. 즐거운 여행을 가고자 하는 의견취합 과정도 이럴진대, '돈'이 들어가는 투자 의견을 하나로 모은다는 것은 너무나 힘든 일이다. 하지만 어려운 일이지 안 되는 일은 아니다. 그에 따른 해결방안을 모색하는 일이 필요하다. 성공 가능성이 희박한 공동 입찰 방식에 대한 절박하고 절실한 필요성을 느끼고, 지속해서 연구하고, 분석하고, 시도하면서 문제가 되는 이유를 하나둘씩 알아가게 되었고, 그것들을 해결하기 위한 각종 노력을 한 결과 충분히 가능하다는 결론에 이르렀다.

단순하게 몇 명이 아닌, 무려 210명이 공동 입찰(공동 입찰 서류 작성과 대출 서명 그리고 소유권 이전 절차 진행)을 진행했고, 이후 210명이 함께 매각(매도용 인감증명서 발급과 매매 이전등기 진행)도 했으니 말이다. 이런 과정을 거치며, 수익도 수익이지만, 연령도 다르고, 직업도 다르고, 성별도 다른 210명의 수많은 사람이 별다른 문제 없이 입찰에서 낙찰까지 그리고 매각에 이르기까지 일련의 과정을 성공적으로 마무리했다는 사실 자체가 놀라운 일이다.

대한민국 국민들이 투자 상품 중에 가장 안전하다고 생각하는, 안전자산 1호인 부동산을 싸게 구입할 수 있는 법원경매 공동 입찰 방식을 통하여 돈 되는 물건을 잘 골라 공동 시스템으로 적용할 수만 있다면 그리고 과정과 절차에서 투명성을 확보할 수 있고, 다양하고 또 성공한 사례들을 계속 만들어 갈 수만 있다면 분명 승산이 있다고 판단했다.

한 건 두 건이 계속 쌓여 수많은 사례가 생겨나면 차츰차츰 신뢰가 쌓일 것이고, 그렇게 쌓인 신뢰들은 분명 '공동 입찰도 충분히 시스템적으로 가능한 일'이라는 믿음을 주리라 확신했다. 결론적으로 그 확신은 옳았다.

이 책을 통해 만나게 될 여러 가지 다양한 실전 사례들을 접하게 되면, 뜬구름 잡는 허풍처럼 들릴 수도 있을 것이다. 대한민국 어디에서도, 어떤 책에서도 경험해보지 않았으니 받아들이기가 쉽지 않을 것이다. 하지만 이 책의 모든 내용은 사실이며, 더군다나 대한민국 법률을 다루는 최고의 국가기관 대법원에서 진행하는 부동산경매 사건들이다. 각종 경매사이트를 통해 사건번호만 검색해봐도 알 수 있는 진실만을 담고 있는 사실이다. 이 얼마나 놀랍고 대단한 일인가!

만일, 필자 또한 공동 입찰 방식은 어렵고, 까다롭고, 힘든 일이니, 진행하기가 쉽지 않다고 미리 예단하고 도전하지 않았다면, 이 책에서 만나는 지난 10여 간의 다양한 사례들과 결과물들은 존재하지 않았을 것이다.

경제적 부를 얻고 싶은가? 그렇다면 부자들이 하는 모든 방식을 카피(copy)해야 한다. 부자들은 그들끼리 생각과 정보를 공유하고, 투자를 공유한다, 이런 경험들이 부자가 되는 필수과정이라는 사실을 알게 될 것이다.

대한민국 대법원이 망하지 않는 한 투자 물건은 지속해서 나타날 것이다. 그리고 부동산경매에 대한 공동 입찰 방식은 선택이 아닌 필수의 시대가 될 것이다.

이 책의 투자자들도 처음에는 당신과 같이 부자를 꿈꾸는 평범한 사람들이었다. 만일, '돈이 있어야 투자하지!' 또는 '종잣돈도 없는데 부동산에 관심을 가져봐야 별수 있겠어?'라고 생각했다면, 이 책의 실전 사례를 통해 다양한 투자자들의 생각과 경험을 살펴보길 바란다.

차례

/

3부 공동 입찰로 특수물건 공략하기 291

부동산경매,
공동 입찰로 시작하라

부동산에 투자하고 싶은데 부동산 투자 경험도 없고, 마땅히 가지고 있는 종 잣돈도 없어 재테크는 꿈도 못 꾸고 먼 나라 이야기처럼 느꼈다면 새로운 대 안이 될 수 있는 것이 바로 '부동산경매 공동 입찰'이다. 가령, 수억 원짜리 부동산경매 물건을 투자하려고 할 때 자신이 보유한 자본 여력이 부족해도 공동으로 투자할 수 있다.

0 1

부동산경매 투자의
대세는 '공동 입찰'

1. 부동산 부자의 꿈을 이룰 수 있는 공동 입찰

'부동산경매 공동 입찰'은 자신의 여력에 맞는 자금을 합법적으로 투자해 그 뜻을 같이하는 사람들과 이익을 극대화하는 투자 방법의 하나라고 할 수 있다.

사실 두 사람 이상이 모이면 의견이 대립하고 맞지 않는 부분이 당연히 존재하게 된다. 또한 공동 입찰 방식이 좋기는 한데 그것을 운영하는 전문적인 지식과 경험 그리고 노련한 스킬이 없다면 접근하기 쉽지 않을 수 있다. 반대로, 이런 부분들을 잘 준비해서 매끄럽게 처리할 수만 있다면 적은 돈으로도 큰 투자의 힘을 발휘할 수 있는 것이 공동 입찰 방식이다.

성공적인 '공동 입찰' 조건

부동산 법원 경매의 성공적인 공동 입찰을 위해 꼭 필요한 것은 무엇일까? 최근 주변에서 공동 입찰 방식이 가지고 있는 여러 장점을 살리며 투자를 진행하는 경우를 많이 볼 수 있다. 그런데 공동 입찰 방식이 가지고 있는 단점을 극복하지 못하고 문제가 발생하여 해결책을 찾고자 필자를 찾아오는 경우도 많이 있다. 그들이 필자를 찾아오는 이유는 분명하다. 신뢰성과 수익성이다.

필자는 약 12년 전부터 공동 입찰을 전문적으로 진행하는 '비공개 소액 실전 공동 입찰 전문모임(BM클럽)'을 운영해 오고 있다. 약 20여 년이 넘는 시간 동안 부동산업계에 종사하면서 소위 말해 돈 되는 부동산이 어떤 것

| 리더스옥션 부동산경매 공동 입찰 물건 설명 모습

인지를 현장에서 몸소 체험하고 겪으면서 나름의 원칙과 철학을 가지게 되었다. 투자하고 싶지만, 경험이 없거나 종잣돈이 부족한 분들에게 투자의 기회와 경제적 성공의 밑거름 역할을 해왔다.

어느덧 12년의 세월이 흘렀고, 수많은 부동산경매 공동 입찰을 경험해서 종잣돈을 만들고 그 종잣돈을 다시 부풀려 이제는 스스로 홀로서기 한 '부동산 투자 독립가'가 된 사람들도 수백 명에 이를 정도로 많이 배출했다.

비공개 소액 실전 공동 입찰 전문모임(BM클럽)을 운영하면서 정말 다양한 경험을 하였다. 적게는 2~3명에서 많게는 200여 명까지도 공동 입찰을 진행하였다. 그 과정에서 공동 입찰에서 발생하게 되는 여러 가지 문제점을 발견하였고, 지속해서 수정 보완을 거듭하였다. 현재는 독자적인 시스템을 구축하여 완성도 있고 갈등 없이 순조롭게 투자를 진행하고 있다.

필자가 12년 동안 공동 입찰을 운영하면서 경험한 것 중에 성공적인 공동 입찰을 위해서 반드시 선행되어야 하는 중요한 조건들이 있다. 그에 대하여 정리하면 다음과 같다.

첫째, 좋은 물건의 선정이다. 법원에서 진행하는 경매 공동 입찰이 성공적인 투자로 이어지기 위해서는 가장 필요한 것이 바로 좋은 물건의 선정이다. 소위 말하는 '돈 되는 물건'이 맞는지 안목을 가지고 잘 골라서 선택할 수 있어야 성공의 첫 단추를 잘 끼울 수 있다.

결국, '돈 되는 부동산+저렴한 경매 입찰+공동 입찰' 방식이므로 좋은 물건 선정이 가장 중요한 포인트가 되는 것이다.

철저히 수익과 이윤을 추구하는 투자의 세계에서는 돈 되는 물건을 똑똑하게 고를 수 있는 안목과 혜안이 있어야 원하는 목적을 달성할 수가 있다. 애초부터 물건 선택이 잘못되면 아무리 다른 것들이 완벽하다 해도 '내 탓이오'가 아닌 '네 탓이오'가 되기에 십상이고, 그렇게 되면 결국 투자에 대한 안 좋은 기억만 남기고 씁쓸히 퇴장하는 상황이 발생한다.

이런 씁쓸한 결과를 막기 위해, 누가 어떤 시각으로 투자 물건을 정할지에 대한 부분은 많이 고민해야 하는 부분이다. 결론부터 말하면, 투자는 자본을 잃지 않는 게임을 해야 하므로 투자 경험이 많고 좋은 결과를 많이 획득한 경험 많고 노련한 부동산 전문가들의 도움을 받아야 성공확률이 그만큼 더 올라갈 것이다.

둘째, 모든 내용은 문서(기록)로 확인하고 보관하는 것이다. 다른 공동투자의 경우를 보면 모든 일 처리를 말로만 정하고 진행하는 경우를 흔하게 보게 된다. 말이라는 것은 그때 처한 상황과 각자의 입장에 따라 얼마든지 달라질 수 있는 것이다. 또한 시간이 지남에 따라 서로가 서로에게 어떤 말을 했는지도 기억이 나질 않아 엉뚱한 주장을 하여 결국 서로 간에 불협화음을 일으키는 주범이 된다. 투자의 모든 내용은 물론 서로가 서로에게 오해가 될 소지는 확실히 짚어 꼼꼼하고 일목요연하게 문서로 기록, 정리하고 서로 확인한다면 일단 큰 문제는 발생하지 않는다.

셋째, 멘토 및 전문가를 반드시 활용해야 한다. 공동 입찰에 있어 많은 문제를 일으키는 주범은 공동 입찰을 하는 사람들끼리만 모여 진행한다는 점이다. 즉, 공동 입찰을 하는 사람 중에서 리더가 되기도 하고 또는 주도적 역할을 맡기도 하는 것 때문에 문제의 소지가 늘 있기 마련이다.

아무래도 리더 역할을 하는 사람 또한 이해관계가 얽힌 투자자 중의 한 명이다 보니 팔이 안으로 굽는 것처럼 자신이 유리한 쪽으로 업무를 진행하는 경향이 생길 수 있다. 설령 그렇지 않다고 하더라도 다른 투자자들이 색안경을 끼고 안 좋게 보는 시각이 생길 수도 있다. 이러다 보면 공동 입찰자들 사이에서 편 가르기가 생기는 상황이 발생하게 된다.

또한, 공동 입찰을 하다 보면 투자자들 대부분이 부동산 관련 지식이나 경험이 비슷한 사람들이 끼리끼리 모여 투자하게 된다. 그런데 이들 대부분이 부동산 투자 초보자들이 많다 보니 부동산 투자 능력에 대한 서로의 믿음이 없거나 부족해 실패할 확률 또한 높게 되는 것이다. 그래서 초보자만 모여 이뤄지는 공동 입찰은 결과를 얻기도 전에 중도에 포기하거나 만족할 만한 결과를 얻지 못하고 실패로 끝나게 된다.

초보이다 보니 모든 것이 매끄럽지 않게 굴러가고 그런 집단은 오래 갈 수 없다. 너도 초보, 나도 초보인데 누가 누구를 이끌어 주겠는가. 그렇기 때문에 객관적이면서 투자 물건에 대해 전혀 이해관계가 없이 업무를 조율해 줄 수 있는 제3자가 필요한 것이고, 그런 제3자는 반드시 투자자들을 이끌 수 있는 실질적인 멘토이자 전문가여야 한다.

이러한 시대적 요구에 맞게 리더스옥션의 BM클럽은 그렇게 만들어지게 되었다. 2022년 12년 차를 지나는 BM클럽에서는 필자를 비롯하여 부동산 전문 변호사, 부동산 전문 세무사, 그 밖의 부동산 전문가들이 BM클럽과 함께하고 있기 때문에 좀 더 안전하고 확실한 투자가 가능하다고 자부할 수 있다. 법원경매 사건 중에 공동 입찰을 진행할 물건의 선정부터 현장 조사, 그리고 해당 사건이 가지고 있는 법률상 쟁점 사항 분석과 다양한 권리분석의 파악, 낙찰 후 처리방안 및 마지막 출구전략까지 하나부터 열까지 전 과정을 BM클럽 전문가들이 진행한다.

성공하고 싶다면 그 분야의 진짜 전문가를 곁에 두어야 하고, 그들과 함께 어울려야 한다. 이러한 멘토나 전문가 집단은 많은 경험과 노하우로 투자자들을 리드해 주고, 객관적으로 모든 업무를 조율하여 더욱더 튼튼하고 안정적인 공동 입찰을 수행할 수 있게 되었다. 반드시 주변 사람끼리만 공동 입찰하지 말고, 전문가 집단이나 멘토를 곁에 두고 함께 진행하길 권한다.

2. 돈이 없다고 돈에 맞는 투자만 하지 마라

필자가 부동산업계에 발을 들여놓은 공식적인 시기는 2000년 초반이다. 비공식적인 기간은 전문자격증 없이 부업으로 활동했던 시기였다. 어찌 됐든 부동산 업계에 입문하고 약 10년 차에 들어설 무렵 부동산 중개업, 분양권, 법원경·공매 등 다양한 업무를 하면서 그동안의 경험과 지식을 바탕으로 경매 강사, 토지경매 컨설턴트, 부동산경매 칼럼니스트 등으로 다양하게 활동하며 초보자를 위한 부동산경매 교육과 중개업자 및 경매컨설턴트를 위한 토지경매 교육을 하고 토지경매 책도 집필하게 되었다.

부동산경매 강의를 하면 이렇게 말한다. 좋은 부동산 투자의 시작이란 첫째, 좋은 부동산을 경매로 매매가 보다 훨씬 싸게 낙찰 받는 것입니다.

첫 번째가 안 되면 두 번째, 좋은 부동산을 경매로 매매가보다 저렴하게 낙찰 받는 것입니다. 두 번째도 안 되면 세 번째는, 좋은 부동산을 일반매매로 매수하는 겁니다. 그러면 강의 중에 수강생 중 한 분은 꼭 이렇게 말한다. '누가 좋은 부동산을 싸게 낙찰 받으면 좋은지 모르나요? 그럴만한 돈이 없잖아요' 맞는 말이다. 종잣돈이 부족한 소액 투자자들은 좋은 물건을 봐도 돈이 없으니 투자를 못하고, 결국 돈에 물건을 맞추다보니 안 좋은 부동산을 투자하는 경우가 많아지고, 그렇기 때문에 실패하는 투자로 이어지는 것이다.

토지, 건물, 아파트까지 돈 되고 좋은 부동산은 일반인들 기준으로 봤을 때는 좋은 위치에 있으며, 높은 가격대를 유지하게 된다. 그것을 법원경매 혹은 공매로 싸게 취득함과 동시에 종잣돈 없는 사람들이 공동 입찰하는 시스템이 있다면 절대지지 않는 부동산 투자게임을 할 수 있으며, 동시에 서민이 부(富)를 이룰 수 있는 좋은 수단이 되겠구나 하고 깨닫게 되었다. 즉, 공동 입찰 시스템에 대한 필요성에 강한 확신이 들게 되었다. 그리고 실행했다.

새로운 목표를 이루기 위해 서울 사당역 사거리에 2009년말 경 공매 전문법인 리더스옥션을 설립한 것이다. 이때부터 본격적으로 '온라인 공동 입찰 시스템'을 구상하고, 구축하기 시작했다.

3. 법원경매 온라인 공동 입찰 시스템을 활용하라

필자가 구축한 부동산경매 공동 입찰 시스템 '공투락'은 두 가지 이유에서 탄생하게 되었다. 첫째는 종잣돈이 많지 않은 소액 투자자들이 법원

경매 진행 물건에 함께 공동 입찰함으로써 투자의 투명성과 종잣돈을 한 데 모아 좀 더 우량하고 좋은 부동산 물건에 입찰하기 위함이다. 둘째는 인큐베이터 역할을 하기 위함이다. 즉, 돈은 여유롭게 가지고 있는데 투자 경험이 부족한 경우다. 돈이 아무리 많아도 투자 경험이 없다면 결정적일 때 망설이다 실천하지 못하고 포기하는 것이 부동산 투자다. 그래서 투자도 해본 사람이 잘할 수 있으며, 500만 원 투자해 본 사람이 1,000만 원을, 1,000만 원을 투자해본 사람이 1억 원을 투자할 수 있는 것처럼 투자 또한 철저한 트레이닝 없이는 절대 쉽지 않다.

공동 입찰 시스템(공투락)은 초보 투자자들이 소액으로 직접 부동산 투자에 참여할 수 있는 투자 인큐베이터의 역할을 하는 동시에 충분한 트레이닝 기간을 거쳐 제대로 홀로 설 수 있는 개인투자자로 성장하길 바라는 마음으로 준비된 과정이다. 전국 어디서나 회원들이 온라인으로 공투락 웹사이트나 앱으로 접속하여 실시간 온라인 회의에 참여해 경매사건에 대한

| 리더스옥션 공동 입찰 시스템 '공투락' 웹 화면과 앱 화면

브리핑을 듣고 공동 입찰 희망자가 입찰을 진행하는 '비공개 화상 온라인 공동 입찰 방식'이다.

2010년부터 시작하여 2014년도에 '부동산경매 공동투자 화상회의 시스템'에 대하여 특허를 취득했으며, 이후 웹사이트와 앱을 준비하여 2016년 '공투락'이라는 상표까지 출원하여 현재에 이르고 있다. 물론, 모든 특허권자와 상표권자는 모두 필자인 '이상규'임을 확인할 수 있다. BM클럽 각 전문가 즉, 부동산 전문 변호사와 세무사, 부동산 투자 전문가들이 나와 함께 물건 선정부터 현장 조사, 브리핑 후 입찰 참여, 낙찰 후 사건 해결, 매각까지 모든 절차를 진행하는 원스톱 방식이다.

왜 모든 프로세스를 전문가들이 진행할까? 하는 의구심이 들기도 하겠지만 그 답은 의외로 간단하고 명쾌하다. 전문가들이기 때문이다. 십수 년 업무해온 부동산전문가들이 모든 업무처리를 더 잘하지 않겠는가? 흡사 펀드매니저를 생각하면 쉬울 듯하다.

리더스옥션에서 진행하는 BM클럽 법원경매 공동 입찰 진행방식의 절차는 다음과 같다. 공동 입찰 및 개인 입찰 물건을 선정(BM클럽 각 분야 전문가)한 후 현장 답사 진행 및 보고(BM클럽 사업부), 투자 물건 최종 선정(이상규 대표) 후 사전 입찰 전략회의(온라인 화상회의)를 통해 해당 물건의 상세 브리핑을 하고 희망자에 한해 공동 입찰 및 개인 입찰을 진행하게 된다.

서비스표등록증
CERTIFICATE OF SERVICE MARK REGISTRATION

등 록
Registration Number
제 41-0351687 호

출원번호
Application Number
제 41-2014-0054095 호

출원일
Filing Date
2014년 12월 29일

등록일
Registration Date
2016년 03월 09일

서비스표권자 Owner of the Service Mark Right
이상규(　　　　　　　）
서울시 강남구

서비스표를 사용할 서비스업명 및 구분
List of Services
제 35 류 등 3 개류
사업 및 마케팅에 관한 정보제공 또는 조사업등 67건

위의 표장은 「상표법」에 따라 서비스표등록원부에 등록되었음을 증명합니다.

This is to certify that, in accordance with the Trademark Act, a service mark has been registered at the Korean Intellectual Property Office.

2016년 03월 09일

특허청장
COMMISSIONER,
THE KOREAN INTELLECTUAL PROPERTY OFFICE

최 동 규

| 회원 전용 투자 시스템 '공투락' 서비스 상표 등록 내용

특 허 증
CERTIFICATE OF PATENT

특 허 제 10-1370262 호
(PATENT NUMBER)

출원번호 제 2013-0157927 호
(APPLICATION NUMBER)

출 원 일 2013년 12월 18일
(FILING DATE:YY/MM/DD)

등 록 일 2014년 02월 25일
(REGISTRATION DATE:YY/MM/DD)

발명의명칭 (TITLE OF THE INVENTION)
부동산 경매 공동투자 실시간 화상회의 시스템

특허권자 (PATENTEE)
이상규(　　　　　*)
서울시 강남구

발명자 (INVENTOR)
이상규(　　　　　*)
서울시 강남구

위의 발명은 「특허법」에 따라 특허등록원부에 등록 되었음을 증명합니다.
(THIS IS TO CERTIFY THAT THE PATENT IS REGISTERED ON THE REGISTER OF THE KOREAN INTELLECTUAL PROPERTY OFFICE.)

2014년 02월 25일

특 허 청 장 김 영 □
COMMISSIONER, THE KOREAN INTELLECTUAL PROPERTY OFFICE

연차등록료 납부일은 설정등록일 이후 4년차부터 매년 02월 25일까지이며 등록원부로 권리관계를 확인바랍니다.

| '온라인 실시간 화상 회의 시스템' 특허증

02

공동 입찰 프로세스
이해하기

1. 부동산경매 공동 입찰로 쉽게 시작하자

부동산경매를 배우기 위해 많은 사람이 온·오프라인을 통해 다양한 강의를 찾아 수강한다. 또 경매 관련 카페나 밴드, SNS 등에 올라온 내용을 공유하는 등 많은 시간과 노력을 기울이는 편이다. 경매 투자를 위해 그렇게 직·간접적으로 많은 투자를 하고 있지만, 정작 경매법정에서 입찰까지 경험하는 사람은 극히 소수에 가깝다. 왜 그럴까? 이론적으로 잘 준비가 되어 있어도 막상 혼자 힘으로 생소한 분야에 뛰어든다는 것은 뭔가 두렵다고 느끼는 것이다.

부동산 투자는 실전 학문이다. 관련 지식도 필요하고, 자본의 많고 적음을 떠나 실전이 필요한 분야이다. 그런 분야를 전문가의 도움을 받아 쉽고 편하게 접근할 수 있다면 개인에게 분명 도움이 될 것이다. 게다가 실전 투자 경험을 소액으로 부담 없이 시작할 수 있다면 더할 나위 없이 좋은 방법이 될 것이다.

지금까지 일반적인 부동산 투자는 자신이 가지고 있는 종잣돈에 맞춰서 투자해야 한다고 생각해 왔다. 맞는 말 같기도 하지만 엄밀히 따지면 그렇지 않다. 예를 들어 자금이 5천만 원 있는 사람이 토지에 투자하려고 하면서 5천만 원으로 투자할 수 있는 토지를 물색하는 방식이다. 그러다 보니, 좋은 지역 즉 돈 되는 지역은 시간이 지날수록 매수가격이 오르기 마련이니 5천만 원 가지고는 접근조차 못 하는 지역으로 바뀌게 된다. 그렇게 격차는 점차 벌어지고, 투자의 타이밍을 계속 놓치게 되고 만다. 그렇게 타이밍을 놓치다 보면, 마음이 급한 투자자는 기회를 만회하기 위해 그때부터는 투자의 포커스를 좋은 지역에 맞추기보단 급한 대로 종잣돈에 맞는 물건을 찾게 된다. 자연스럽게 돈 안 되는 지역이나 물건에 투자하는 경우의 수는 많아지고, 결국 투자의 재미를 못 보고 중단하는 경우가 비일비재하게 된다.

물론, 여유자금이 많은 사람이라면 얘기는 다르지만, 일반적으로 소액의 종잣돈을 가지고 있는 보통의 투자자는 과감히 생각을 바꿀 필요가 있다. 결론은 결정되어 있다. 무조건 좋은 지역에 투자해야 나중에 후회하지 않는다. 문제는 종잣돈인데 그것을 해결하기 위해 '시스템'이 필요한 것이다.

좋은 지역에 투자하되 뜻이 맞고 문제가 없는, 공동 입찰방식 시스템을 통해 투자하는 것을 권한다. 기존의 생각부터 과감히 바꾸도록 하라. 개인 종잣돈 1억 원 가지고 돈 되는 지역에 투자를 하긴 힘들어도, 뜻 맞는 10명이 1억씩 투자한다면 총액 10억으로 좋은 지역에 우량한 물건을 얼마든지 입찰이 가능하기 때문에, 결국 투자의 성공 확률을 올리게 된다. 이런 방식이 '공동 입찰시스템'인 것이다.

500만 원 1,000만 원의 종잣돈도 좋다. 이런 소액의 종잣돈들이 모이면 대단한 파괴력을 갖는다는 것을 앞으로 보게 될 사례에서 확인하게 될 것이다. 1,000만 원 2,000만 원짜리 은행 적금 든다고 생각하라. 종잣돈들이 여러 곳의 부동산에 공동 입찰로 투자되어 적금 만기 때처럼 다시 이자가 더해져 돌아오게 될 것이다.

혼자 하는 개인 투자로는 종잣돈의 한계에 부딪혀 1~2건 투자로 끝나지만, 소액으로 공동 입찰 방식으로 다양한 물건에 다양한 경험을 할 수 있도록 도와줄 것이고, 그 경험은 혼자 하기 힘든 경험으로 몸에 체득되게 될 것이다. 그것이 투자자의 몸속에 부동산 세포가 되어 기억하게 된다.

2. 공동 입찰로 양도세 절세

양도소득세는 누진세율이다. 과세기준 금액이 증가함에 따라서 적용되는 세율이 높아지는 세율구조를 가진 세금을 누진세율이라 한다. 즉, 양도차익 금액이 많을수록 세율도 같이 누적되어 올라가는 구조라는 뜻이다. 많이 벌면 많이 내라! 뭐 이런 의미. 만일, 개인투자자 혼자서 토지에 1억을 투자했는데 일정 기간이 지나서 2억 2천만 원에 매각했다고 가정해 보

자. 양도차익은 1억 2천만 원이 된다. 이때 기본적인 양도 세율은 35%이고, 납부해야 할 양도세는 단순 계산으로 세금만 4,200만 원이 된다(편의상 다른 조건들은 생략). 만일 이것을 10명이 1/10씩 공동 입찰 방식으로 진행했다고 가정하면, 투자금과 수익금 모두 1/10이 된다. 즉, 개인당 투자금은 1천만 원이 되고, 수익금은 1천2백만 원이 된다.

따라서, 개인당 부담해야 할 양도 세율은 6%(양도차익 1,200만 원 이하)로 떨어지게 되고, 이것에 세율을 곱해 계산하면 72만 원이 된다. 이 금액은 1인당 금액이니 여기에 10명을 곱하면 양도세 총금액은 720만 원이 된다. 혼자 투자 시 내야 할 세금 4,200만 원에 비하면 엄청난 절세 효과가 생기는 셈이다.

단순 계산으로 따져 1인이 1억 2천만 원짜리 부동산에 한 번 투자하는 것보다 공동 입찰로 1억 2천만 원짜리 부동산에 1/10 공동 입찰로 10번을

〈사업용 토지 양도소득세율〉

과세표준(양도 차익)	세율(단위%)
1,200만 원 이하	6%
1,200만 원~4,600만 원 이하	15%
4,600만 원~8,800만 원 이하	24%
8,800만 원~1억 5천만 원 이하	35%
1억 5천만 원~3억 원 이하	38%
3억 원 초과~5억 원 이하	40%
5억 원 초과~10억 원 이하	42%
10억 원 초과(21년 1월 1일 이후)	45%

투자하면 수익금은 같고 세금은 1/6로 줄어드는 셈이다.

양도차익에서 인별 공제금액 250만 원(연간 1회)을 처음부터 빼고 계산하게 되면 내야 할 세금은 더욱 줄게 된다. 이것이 합법적으로 세금을 줄일 수 있는 공동 입찰 투자다.

더 중요한 것은 1억 원의 투자금이 아닌 1천만 원의 투자금이 사용되었으니, 리스크도 1/10로 낮추게 되었고, 투자의 경험은 살렸으니 이보다 더 좋을 순 없다. 1억 원을 투자했다고 투자 경험이 더 값지고, 1천만 원을 투자했다고 그 경험치가 덜 값지거나 의미 없는 것이 아니다. 큰돈을 투자했든 소액을 투자했든 둘 다 소중한 자산이자 경험이라는 뜻이다. 그렇다고, 경험 좀 해보자고 처음부터 큰돈을 투자하면서 경험 쌓기를 할 수는 없지 않은가? 그래서, 소액 공동 입찰 시스템은 선택이 아닌 필수가 되는 것이다.

3. 공동 입찰 투자의 3대 요건

공동 입찰 투자를 성공적으로 잘하기 위해서 절대적으로 중요한 3가지 요건이 있다. 우량한 투자 물건, 공동 입찰시스템 전문기업, 적극적인 투자자다.

첫 번째로 우량한 투자 물건이 있어야 한다. 즉 돈이 되는 물건이 있어야 하고 우량한 물건의 공급이 끊임없어야 한다. 그런 관점에서 보면 대법원에서 진행하는 부동산경매와 자산관리공사에서 진행하는 부동산공매는 집행기관이 둘 다 국가기관이고, 이곳에서 공개되는 객관적인 정보를 통해 진행하는 부동산매각은 가장 신뢰할 수 있으며, 연중 끊임없이 전국 단위로 제공되는 가장 확실한 부동산 공급처가 되는 것이다. 첫 번째 요건은 평생토록 아주 잘 갖춰져 있는 셈이다.

두 번째로 중요한 요건은 좋은 물건을 골라내는 능력과 법리적 문제가 있는 사건 현장을 해결할 수 있는 실력과 노하우를 가진 공동 입찰시스템 전문업체. 시대적 흐름은 부동산 각 분야의 전문가로 구성된 '공동 입찰 전문기업'이 절실히 필요하다. 필자는 10여 년의 시간을 쏟았다. 결과물로 검증받기 위해 오랜 세월 냉정하고 혹독한 시간을 보내며 공동 입찰에서 발생할 수 있는 많은 경우의 수와 다양한 경험, 그리고 능력을 키웠다. 그 결과물이 이 책에서 이야기하는 투자사례다. 그동안 수백 건의 공동 입찰 사례가 만들어졌고, 공동 입찰 사례를 통해 2014년 특허받기도 했다.

예전에는 공동 입찰에 대해 색안경을 끼고 보는 부정적 시각과 적은 실전 투자 사례 그리고 적은 수에 공동 입찰 투자자가 있었다. 그런 열악하고 어려운 환경 속에서도 공동 입찰 시스템을 포기하지 않고 꾸준하게 진행해서 나온 결과물이다.

부동산 시장도 변했다. 부동산 투자환경이 변할수록 공동 입찰 전문시스템이 꼭 필요한 것이었다는 생각이 더 강하고, 더 절실하게 든다는 것이다. 그동안의 부동산시장 상황은 많이 변했다. 그중 가장 큰 변화는 부동산가격의 상승이라는 것이다. 특히 돈 되는 좋은 지역은 개인이 입찰하기에는 불가능한 상황으로. 이미 '가까이하기엔 너무 먼 부동산'이 되어 버렸다. 그렇다고 돈 되는 좋은 지역을 포기할 수는 없는 노릇 아닌가. 그런 이유로 공동 입찰 시스템은 더욱 절실히 필요한 시스템이 되어가고 있고, 그런 경험과 노하우를 쌓은 당사와 같은 노련한 전문회사가 필요한 시점이된 것이다.

물론, 그동안 성공한 사례만 있는 것이 아니다. 실패한 사례도 있었다. 하지만 실패한 사례를 반면교사(反面教師) 삼아, 끝까지 포기하지 않고 수정·보완을 거듭하였고, 그렇게 해서 최근까지 실패한 사례와 비교되지 않을 정도로 성공한 사례는 훨씬 더 많다는 점이다.

마지막으로 중요한 요건은 소액으로도 얼마든지 참여할 수 있는 적극적인 투자자다. 각각의 투자자가 중요한 요소가 되는 것이고, 그 투자자 전원은 원팀이 되어야 최상의 수익을 낼 수 있다.

흐트러지지 않는 원팀 그것을 만들기 위한 전제조건은 각 투자자가 지켜야 하는 절대적 규칙이다. 주변에서 진행했던 투자를 보면 전문성은 결여되고, 제대로 된 규칙도 케어시스템 없이 주먹구구식으로 진행되는 경우가 많았다. 참여하는 투자자 또한 지인 관계, 혈연관계로 한정되는 경우가 다반사였다. 결국 관계와 인정에 이끌린 이런 게임 방식은 실패의 확률만 높이게 되는 경우를 너무 많이 봐왔다. 그렇기 때문에 이제까지의 방식을 과감히 탈피하고 새로운 시스템으로 재탄생해야 한다.

투자는 철저한 확률 게임이다. 사람이든 기업이든 성공적인 투자를 많이 경험한 사람이 다음의 투자도 잘할 수 있는 확률이 당연히 높은 것이다. 이유는 간단하다. 돈이 되는 모든 물건에 대한 '투자의 체크리스트'는 정해져 있기 때문에 지식과 경험 그리고 누적된 데이터에 의해 그 조건에 부합하면 투자! 아니면 패스! 그렇게 해야 한다. 그런데 좋은 부동산일수록 비싸고, 투자 적합 물건은 경제적 여유가 있는 또 다른 이의 구매 욕구를 불러일으키게 되어 가격이 오르는 현상은 반복된다. 이렇다 보니 개인혼자 투자는 점점 힘들어지게 되고, 자연스럽게 공동의 힘이 필요한 시대로 바뀌게 되는 흐름이 된 것이다.

4. 법원경매 정보 사이트

부동산경매 정보를 얻기 위해서는 어떤 사이트를 확인해야 할까? 부동산경매 정보를 제공하는 곳은 국가기관인 대법원에서 제공하는 사이트가

| 대법원경매 홈페이지 https://www.courtauction.go.kr

대표적인 곳이라 할 수 있다. 하지만, 대법원 사이트는 경매를 입찰하고자 하는 투자자나 입찰자 입장에서 정보의 한계성을 가지고 있고, 일일이 자료를 찾아봐야 하는 번거로움이 있다.

대법원경매 사이트의 부족한 부분을 좀 더 알차게 구성하여 입찰자 입장에서 손쉽게 자료열람 및 권리분석을 이해할 수 있도록, 양질의 정보를 제공하는 곳이 경매 정보 사이트다.

권리분석에 꼭 필요한 등기사항증명서, 입찰 시 반드시 확인해야 하는 매각물건명세서, 현황조사서, 감정평가서 등의 입찰 관련 모든 정보를 제공하면서 입찰자들이 이곳저곳을 번거롭게 방문하지 않고 경매 정보 사이

| 리더스옥션 https://www.leadersauction.com/auction/ 경매락 홈페이지

트에서 제공하는 정보만으로도 충분히 입찰할 수 있다. 필자 또한 입찰의 길라잡이가 되고자 수년간의 심혈을 기울여 경매 정보 사이트 '경매락'을 2021년 오픈하여 현재 운영 중에 있다. 또한 최근에는 앱 서비스도 출시하였는데 경매락 앱은 위치기반 서비스를 기반으로 모바일에서 부동산 경매 물건 조회 및 각종 서류 확인까지 실시간으로 서비스 가능하며, 전국 어디를 가더라도 경매락을 여는 순간 내 위치를 중심으로 주변의 매각 물건을 찾아준다. 사이트와 앱 서비스 오픈 이후, 경매 투자자 사이에서 꼭 필요한 정보와 자료들로 구성된 가성비 좋은 앱과 사이트로 소문이 나면서 경·공매 분야에 관심이 있는 사람들이 즐겨 찾는 곳이 되었다.

| 경매락 앱 화면

03

개인 입찰과 공동 입찰
투자의 효과를 한 번에

1. 첫 투자가 중요하다

투자 클럽 회원 중 '권○'이라는 분이 있다. 이 회원은 평범한 직장인 중에 한 명이었다. 큰 변화 없는 평범한 직장생활 속에서 미래에 대한 대비책을 고민하던 중 우연히 리더스옥션에서 진행하는 필자의 부동산경매 강의를 수강하게 되었다. 부동산경매 강의도 처음 들어봤고 경매의 '경'자도 모르는 초보 투자자였다. 이왕 시작한 공부, 좀 더 욕심을 내어 스스로 실전 경매에 참여해 보기로 하였다고 한다. 그래서 수강 후 당사와의 인연을 이어가기 위해 필자가 운영 중인 소액 투자 BM클럽에 참여하게 되었고, 이후 실전 투자를 통해 부동산경매의 세상에 한 발짝 더 다가섰다. 종잣돈을 잘 분리하여 개인 입찰과 공동 입찰을 함께 진행했다.

개인 입찰로 낙찰받은 부동산은 2018 타경 1295 사건이다. 경기도 남양주시 도농동에 위치한 30평대 아파트였다. 감정가 3억 4천5백만 원에서 한 번 유찰되어 3억 2천1백만 원에 낙찰받았다. 낙찰 이후에 잔금대출과 빠른 명도로 현장을 마무리하고, 3억 5천1백만 원에 바로 매각을 진행했다. 낙찰 후 75일 만에 난생처음 경매를 통해 수익도 올리고, 짜릿한 경매 경험도 한 것이다.

처음이 중요하다. 특히 부동산 투자는 첫 경험이 앞으로의 투자 인생을 가른다고 해도 과언이 아니다. 첫 투자가 실패하면 투자를 접고 다시는 안 하는 경향이 있기 때문이다. 인생의 첫 번째 부동산 투자라면 수익이 크지

아파트 (임의경매)		**2018 타경 1295**		의정부지방법원	사건링크
매각기일 2018-06-08(금) 10:30				경매 17계 문의 : 031-828-0337	법원위치

소재지	[지 번] 경기도 남양주시 도농동 432-2 남양아이좋은집 제722동 제3층 제305호 [도로명] 경기도 남양주시 미금로57번길 22				
용도	아파트	채권자	구리농업협동조합	감정가	345,000,000원
전용면적	84.98㎡ (25.71평)	채무자	박철주	최저가	(70%) 241,500,000원
대지권	28.32㎡ (9평)	소유자	박철주	보증금	(10%) 24,150,000원
매각대상	일괄매각(토지/건물)	경매종류	임의경매	청구금액	208,411,918원
사건접수	2018-01-15	배당종기	2018-04-03	경매개시	2018-01-17
주의사항	주의사항 없음				

이미지   - 총 14장   경매절차 흐름도

기일내역   기일내역 전체 열기 ▼

회차	매각기일	최저매각금액	결과
신건	18.05.04	345,000,000원	유찰
낙찰|권●외 1명|입찰 10명|321,000,000원(93.04%) 2등 입찰가 : 314,897,000원			
일정	18.06.15	매각결정기일	허가
일정	18.07.30	대금지급기한 (납부 2018.07.30)	납부

| 권 ○ 회원이 낙찰받은 물건, 2018 타경 1295

영 수 증

최고가 공동매수신고인 겸 취인 대리인 권● 귀 하

사건번호	물건 번호	부동산 매각 보증금액	비고
2018타경1295	1	24,150,000원	

위 금액을 틀림없이 영수 하였습니다.

2018. 05. 08.

의정부지방법원 김병관사무소

김 병 관 사무서

※ 사건에 대한 문의는 민사 김병관 담당 경매계로 문의

| 투자 클럽 권 ○ 회원님의 낙찰영수증

| 권 ○ 회원이 낙찰받은 2018 타경 1295 사건의 매매계약서

않아도 취득부터 매각까지 프로세스 전체를 경험해 보는 것을 추천한다. 그 한 번의 좋은 경험이 부동산 감각을 일깨우고, 자신을 자극하는 기폭제가 되어 부동산 공부도 찾아서 하게 되고, 부지런 떨며 현장도 다니게 만든다는 사실을 기억하자. 부동산경매 세계에 처음 발을 들여놓게 되면 십중팔구는 아파트와 같은 주거용 부동산을 도전해 보는 경향이 있다. 이유는 간단하다. 접근하기도 쉽고 주변에서 많이 봐왔고, 결정적으로 다른 물건들에 비해 제일 잘 알고 만만하다고 느끼기 때문이다.

일반인들 머릿속에는 '부동산=아파트(주거용)'라는 공식이 자리하고 있는 것 같다. 암튼, 쉬운 것부터 차근차근 하나씩 배워가고 익혀가는 방법은 좋은 접근방법이다. 투자 클럽 권○ 회원은 이렇게 첫 단추를 잘 채우고 2차, 3차, 4차 투자도 일사천리로 진행하였다. 경매에 재미를 붙인 것이다.

| 권○ 회원의 첫 번째 매각 축하 기념사진

바로 두 번째 입찰을 진행했고, 또 낙찰을 받았다. 인천 서구 가좌동에 있는 아파트였다. 아파트에 대해 완전히 마스터할 때까지 한 우물만 파보는 거다. 아파트의 모든 것을 경험해 본다는 생각으로 말이다.

아파트 (임의경매)				**2017 타경 33676**		인천지방법원	사건링크
매각기일 2018-08-30(목) 10:00					경매 10계 문의 : 032-860-1610		법원위치
소 재 지	[지 번] 인천광역시 서구 가좌동 329-5외 8필지 가좌라일크빌아파트 제101동 제1304호 [도로명] 인천광역시 서구 열우물로282번길 16-6, 제101동 제1304호 [가좌동 329-5외 8필지 가좌라일크빌아파트]						
용도	아파트	채권자	농업협동조합자산관리회사(양도전:농협은행주식회사)			감정가	244,000,000원
건물면적	73.14㎡ (22.12평)	채무자	김은혜			최저가	(70%) 170,800,000원
토지면적	36.4㎡ (11평)	소유자	김은혜			보증금	(10%) 17,080,000원
매각대상	일괄매각(토지/건물)	경매종류	임의경매			청구금액	51,658,761원
사건접수	2017-11-02	배당종기	2018-01-08			경매개시	2017-11-03
주의사항	주의사항 없음						

이미지 - 총 8장 경매절차 흐름도

기일내역 기일내역 전체 열기 ▼

회차	매각기일	최저매각금액	결과
신건	18.07.27	244,000,000원	유찰
낙찰	권●	입찰 13명	212,111,000원(86.93%) 2등 입찰가 : 211,516,000원		
일정	18.09.06	매각결정기일	허가
		대금지급기한	

| 권 ○ 회원이 두 번째 낙찰받은 물건

| 권 ○ 회원의 두 번째 낙찰 물건 영수증

바로 이어서 세 번째로 인천 남동구에 위치한 2017 타경 33270 아파트 사건을 공략했다. 역시 낙찰 받았다. 벌써 세 번째 낙찰인 것이다.

아파트 (임의경매)				인천지방법원	사건링크
매각기일 2018-10-18(목) 10:00		**2017 타경 33270**		경매 11개 문의 : 032-860-1611	법원위치
소 재 지	[지 번] 인천광역시 남동구 논현동 66-5 논현유호엔시티2단지 제201동 제3층 제아파트302호 [도로명] 인천광역시 남동구 포구로 45, 제201동 제3층 제아파트302호 [논현동 66-5 논현유호엔시티2단지]				
용도	아파트	채권자	대구대동신용협동조합	감정가	329,000,000원
전용면적	84.99㎡ (25.71평)	채무자	김왕준	최저가	(70%) 230,300,000원
대지권	20.28㎡ (6평)	소유자	김왕준	보증금	(10%) 23,030,000원
매각대상	일괄매각(토지/건물)	경매종류	임의경매	청구금액	166,909,747원
사건접수	2017-10-31	배당종기	2018-01-15	경매개시	2017-11-01
주의사항	주의사항 없음				

이미지 - 총 10장 경매절차 흐름도

기일내역 기일내역 전체 열기 ▼

회차	매각기일	최저매각금액	결과
신건	18.09.04	329,000,000원	유찰
낙찰	권●	입찰 1명	242,110,000원(73.59%)		
일정	18.10.25	매각결정기일	허가
일정	18.11.23	대금지급기한 (납부 2018.11.19)	납부

| 권 ○ 회원이 세 번째 낙찰받은 물건

| 권 ○ 회원의 세 번째 낙찰 물건 영수증

감정가 3억 2천9백만 원에서 1회 유찰 후, 2억 4천2백11만 원으로 낙찰받았고, 낙찰 후 2달여 만에 2억 8천3백만 원에 바로 매각을 진행했다. 또 재미를 본 것이다. 게다가 경험까지 덤으로 해봤으니, 이제 자신감이 넘친다. 거칠 게 없는 것이다.

아파트 매매계약서

매도인과 매수인 쌍방은 아래 표시 아파트에 관하여 다음 내용과 같이 매매계약을 체결한다.

1. 부동산의 표시

소 재 지	인천광역시 남동구 포구로 45 (논현동, 유호엔시티2단지) 201동 302호					
토 지	지 목	대	대지권의 비율	2794분의 20.2794	대지권의 목적인 토지	2794 m²
건 물	구 조	철근콘크리트	용 도	공동주택(아파트)	전용면적	84.985 m²

2. 계약내용

제 1 조 (목적) 위 부동산의 매매에 있어 매도인과 매수인은 합의에 의하여 매매대금을 아래와 같이 지불하기로 한다.

매매대금	金 이억팔천삼백만원정	(₩283,000,000)		
계 약 금	金 이천일백만원정	(₩21,000,000)은 계약시에 지불하고 영수함.	영수자	권
잔 금	金 이억육천이백만원정	(₩262,000,000)은 2018년 12월 31일 에 지불한다.		

제 2 조 (소유권 이전 등) 매도인은 매매대금의 잔금 수령과 동시에 매수인에게 소유권 이전등기에 필요한 모든 서류를 교부하고 등기절차에 협력하며, 위 부동산의 인도일은 2018년 12월 31로 한다.

제 3 조 (제한물권 등의 소멸) 매도인은 위 부동산에 설정된 저당권, 지상권, 임차권 등 소유권의 행사를 제한하는 사유가 있거나, 제세공과 기타 부담금의 미납금 등이 있을 때에는 잔금수령시 까지 권리의 하자 및 부담 등을 제거하여 완전한 소유권을 매수인에게 이전한다. 다만, 승계하기로 합의하는 권리 및 금액은 그러하지 아니하다.

제 4 조 (지방세 등) 위 부동산에 관하여 발생한 수익의 귀속과 제세공과금 등의 부담은 위 부동산의 인도일을 기준으로 하되, 지방세의 납부의무 및 납부책임은 지방세법의 규정에 의한다.

제 5 조 (계약의 해제) 매수인이 매도인에게 중도금(중도금이 없을 때에는 잔금)을 지불하기 전까지 매도인은 계약금의 배액을 상환하고, 매수인은 계약금을 포기하고 본 계약을 해제할 수 있다.

제 6 조 (채무불이행과 손해배상) 매도자 또는 매수자가 본 계약상의 내용에 대하여 불이행이 있을 경우 그 상대방은 불이행한 자에 대하여 서면으로 최고하고 계약을 해제할 수 있다. 그리고 계약 당사자는 계약해제에 따른 손해배상을 각 상대방에게 청구할 수 있으며, 손해배상에 대하여 별도의 약정이 없는 한 계약금을 손해배상의 기준으로 본다.

제 7 조 (중개보수) 부동산개업공인중개사는 매도인 또는 매수인의 본 계약 불이행에 대하여 책임을 지지 않는다. 또한 중개보수는 본 계약 체결과 동시에 계약 당사자 쌍방이 각각 지불하며, 개업공인중개사의 고의나 과실없이 본계약이 무효, 취소 또는 해제되어도 중개보수는 지급한다. 공동 중개인 경우에 매도인과 매수인은 자신이 중개 의뢰한 개업공인중개사에게 각각 중개보수를 지급한다.

제 8 조 (중개보수 외) 매도인 또는 매수인이 본 계약 이외의 업무를 의뢰한 경우 이에 관한 보수는 중개보수와는 별도로 지급하며 그 금액은 합의에 의한다.

제 9 조 (중개대상물확인·설명서 교부등) 개업공인중개사는 중개대상물 확인·설명서를 작성하고 업무보증관계증서(공제증서 등) 사본을 첨부하여 2018년 12월 22일 거래당사자 쌍방에게 교부한다.

[특약사항]

1항 현시설상태의 계약이며, 매수인은 현장확인한 계약임.
2항 현재 등기부등본상 채권최고액 207,000,000원 근저당설정 계약이며, 매도인은 잔금일과 동시에 상환, 말소등기 해야한다.
3항 선수관리비(231,000원)는 매매대금과 별도로 잔금 하여야하며, 잔금일 기준으로 재세공과금을 정산하여야 한다.
4항 잔금은 매도인 계좌로 입금키로 한다.(신한은행 110-202-995-　)
5항 기타 명시되지 않은 사항은 민법 및 부동산관례에 따른다.
* 매도인과 매수인은 개인정보수집활용에 대한 설명을 듣고 적극 동의함
-이하 여백-

본 계약을 증명하기 위하여 계약당사자가 이의없음을 확인하고 각자 서명 또는 날인한다.　　2018년 12월 22일

매도인	주 소	경기도 안양시 동안구 흥안대로				성명	권	권
	주민번호		전 화		휴대전화 010-			
매수인	주 소	인천광역시 남동구 은봉호				성명 장지열	강지	
	주민번호		전 화		휴대전화 010-			
개업공인중개사	상 호	전국스타JS공인중개사사무소			상 호			
	소 재 지	인천광역시 남동구 포구로			소 재 지			
	등록번호		대 표		등록번호		대 표	인
	전 화				전 화			인

| 권 ○ 회원이 세 번째 낙찰 2017 타경 33270 물건의 매매계약서

다시 또 네 번째 도전을 했다. 이번엔 일산에 위치한 고급 아파트였다. 이렇게 아파트 4건을 개인 명의로 입찰을 진행해 오다가 절세 부분을 감안하여 다음엔 법인을 설립하여 투자를 진행하게 되었다.

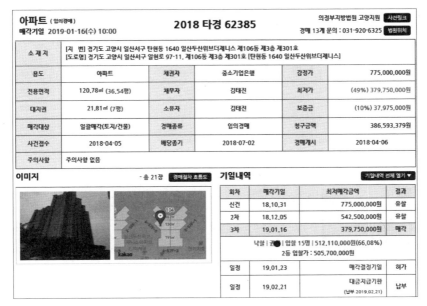

회차	매각기일	최저매각금액	결과
신건	18.10.31	775,000,000원	유찰
2차	18.12.05	542,500,000원	유찰
3차	19.01.16	379,750,000원	매각

낙찰 | 권○ | 입찰 15명 | 512,110,000원(66.08%)
2등 입찰가 : 505,700,000원

| 일정 | 19.01.23 | 매각결정기일 | 허가 |
| 일정 | 19.02.21 | 대금지급기한 (납부 2019.02.21) | 납부 |

| 권 ○ 회원이 네 번째 낙찰받은 물건

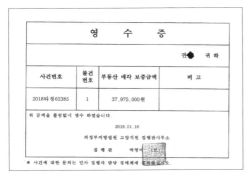

| 권 ○ 회원의 네 번째 낙찰 물건 2018 타경 62385 영수증

권○ 회원이 다섯 번째 법인 명의로 낙찰받은 아파트다. 멘토링을 받으며, 짧은 기간 동안 폭발적인 5건의 아파트 투자를 통해 수익은 물론 다양한 아파트 경매 경험을 쌓게 되었다. 개인 입찰은 개인 입찰대로 진행하면

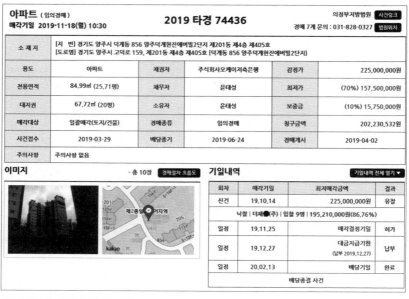

아파트 (임의경매) 매각기일 2019-11-18(월) 10:30		**2019 타경 74436**		의정부지방법원 사건링크 경매 7계 문의 : 031-828-0327 법원위치	
소재지	[지 번] 경기도 양주시 덕계동 856 양주덕계현진에버빌2단지 제201동 제4층 제405호 [도로명] 경기도 양주시 고덕로 159, 제201동 제4층 제405호 [덕계동 856 양주덕계현진에버빌2단지]				
용도	아파트	채권자	주식회사오케이저축은행	감정가	225,000,000원
전용면적	84.99㎡ (25.71평)	채무자	윤태성	최저가	(70%) 157,500,000원
대지권	67.72㎡ (20평)	소유자	윤태성	보증금	(10%) 15,750,000원
매각대상	일괄매각(토지/건물)	경매종류	임의경매	청구금액	202,230,532원
사건접수	2019-03-29	배당종기	2019-06-24	경매개시	2019-04-02
주의사항	주의사항 없음				

이미지 - 총 10장 경매절차 흐름도

기일내역 기일내역 전체 열기 ▼

회차	매각기일	최저매각금액	결과
신건	19.10.14	225,000,000원	유찰
낙찰 : 더채●(주) | 입찰 9명 | 195,210,000원(86.76%)			
일정	19.11.25	매각결정기일	허가
일정	19.12.27	대금지급기한 (납부 2019.12.27)	납부
일정	20.02.13	배당기일	완료
배당종결 사건			

| 권 ○ 회원이 법인 명의로 낙찰받은 물건

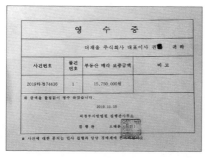

| 권 ○ 회원의 다섯 번째 낙찰 물건 2019 타경 74436 낙찰영수증

서 BM클럽 공동 입찰시스템을 통해 혼자서는 쉽게 접근할 수 없는 특수경매 사건도 소액(500만 원) 투자하면서 새로운 경험을 쌓기 시작한 것이다.

2. 물건에 따른 투자

이번 물건은 경기도 파주시 문산읍에 나온 경매 물건이다. 감정가 30억이 넘는 물건이다. 개인들이 쉽게 접할 수 있는 금액대도 아니고, 지분경매 사건으로 일반적인 물건도 아니다. 최초 3회차 때 낙찰이 이루어졌으나 낙찰자가 대금을 미납하는 바람에 재경매 사건으로 나온 물건이다. 낙찰자

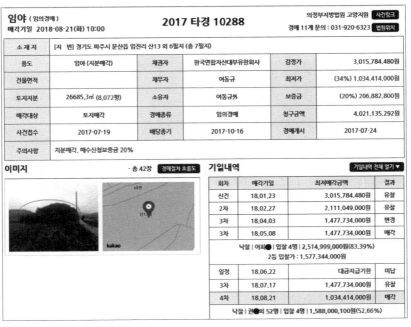

임야 (임의경매) 매각기일 2018-08-21(화) 10:00			**2017 타경 10288**		의정부지방법원 고양지원 사건링크 경매 11계 문의 : 031-920-6323 법원위치	
소재지	[지 번] 경기도 파주시 문산읍 임진리 산13 외 6필지 (총 7필지)					
용도	임야 (지분매각)	채권자	한국연합자산대부유한회사	감정가	3,015,784,480원	
건물면적		채무자	여동규	최저가	(34%) 1,034,414,000원	
토지지분	26685.3㎡ (8,072평)	소유자	여동규外	보증금	(20%) 206,882,800원	
매각대상	토지매각	경매종류	임의경매	청구금액	4,021,135,292원	
사건접수	2017-07-19	배당종기	2017-10-16	경매개시	2017-07-24	
주의사항	지분매각, 매수신청보증금 20%					

이미지   - 총 42장   경매절차 흐름도

기일내역   기일내역 전체 열기 ▼

회차	매각기일	최저매각금액	결과
신건	18.01.23	3,015,784,480원	유찰
2차	18.02.27	2,111,049,000원	유찰
3차	18.04.03	1,477,734,000원	변경
3차	18.05.08	1,477,734,000원	매각
낙찰 : 이회● 입찰 4명 2,514,999,000원(83.39%) 2등 입찰가 : 1,577,344,000원			
일정	18.06.22	대금지급기한	미납
3차	18.07.17	1,477,734,000원	유찰
4차	18.08.21	1,034,414,000원	매각
낙찰 : 권●外 52명 입찰 4명 1,588,000,100원(52.66%)			

| 권 ○ 회원을 비롯해 52명의 회원이 공동으로 낙찰받은 물건

가 특수권리관계 파악을 못 하고 너무 높은 가격에 낙찰받아 대금 미납이 된 것으로 추정된다. 이런 물건을 BM클럽 권○ 회원을 비롯하여 52명이 공동으로 입찰하여 15억 원대에 낙찰받았다. 권○ 회원도 공동 입찰에 참여하였다. 개인별 투자금은 500만 원이다, 앞선 아파트 낙찰 받아 매각하여 남은 수익금으로 투자를 한 것이다.

얼마나 효율적인가? 또한, 감정가 대비 거의 반값으로 낙찰받았으니, 출발도 좋다고 할 수 있다. 물론, 이렇게 많이 유찰이 된 것은 그만한 이유가 있다. 지분경매, 건물 매각 제외, 유치권 문제, 도로 관련 문제 등 대부분 특수한 물건인 경우가 많다. 그 이유를 정확히 파악하고, 해결하여 정상의 물건으로 만들어 시세대로만 매각할 수 있다면 괜찮은 투자가 된다. 이것

| 공동으로 낙찰받은 물건의 기념 사진

이 특수물건 공동 입찰 시스템의 장점이다.

　부동산 투자를 한다는 것은 참 쉽지 않은 일이다. 더군다나 경매로 투자한다는 것은 더욱 쉽지 않은 일이다. 경매의 '경'자도 모르는 일반인이 그것도 경매 특수물건을 접한다는 것은 거의 불가능에 가까운 일일 것이다. 하지만 초보자들도 쉽게 참여할 수 있도록 시스템이 만들어져 있다면 얘기는 달라진다.

　공동 입찰 시스템을 이미 많은 사람들이 경험했고, 지금도 경험해 가고 있다. 개인 입찰을 원하면 개인 입찰을 하면 된다. 또 공동 입찰을 원하면 공동 입찰을 진행하면 된다. 둘 다 원하면 둘 다 진행해도 된다. 만들어진 시스템을 원하는 대로 잘 이용하면서 수익과 경험이라는 두 마리 토끼를 함께 공략하면 되는 것이다.

2 부

돈 되는 부동산은
정해져 있다

부동산 투자는 '좋은 부동산을 싸게 취득하는 것'이 첫 번째로 중요한 항목임을 강조하고 또 강조한다. 좋은 지역의 물건은 내가 보기에도 좋지만, 제3자가 보더라도 우량하고 좋은 물건이기 때문에 관심도가 클 수밖에 없다. 좋은 물건을 싸게 취득해야만 나중에 출구전략에서도 유리한 상황을 이끌어 갈 수 있다.

01

부동산은 도로망과
교통망을 따른다

공동 입찰 시스템을 통해 투자한 사례를 살펴보자. 매각 물건을 보다 보면 좋은 물건을 보고 쾌재를 부르는 경우가 가끔 있다. 바로 다음의 사례가 그런 경우라고 할 수 있다.

사건번호 : 2015 타경 4854
소재지 : 경기도 안성시 서운면 신흥리 175-2 외 7필지
투자 포인트 : 서울~세종 간 고속도로 나들목 주변

좋은 물건을 잡기 위해선 인내를 가지고 때를 기다려야 하는 법이다. 2015년 경매시장에 등장할 때부터 오매불망 기다려온 물건이다. 왜 그토록 기다렸을까? 바로, 서울~세종 간 고속도로가 생기는 나들목 바로 옆에 최고의 입지를 가진 물건이기 때문이었다.

해당 사건은 경기도 안성시 서운면 신흥리에 위치한 물건으로 토지 면적 약 5,646평, 감정가 약 35억 6천만 원에 경매가 시작되었다.

국내에서 가장 유명한 고속도로를 경부고속도로라고 칭하는 데는 별다른 이견이 없을 것이다. 경부고속도로는 1968년 2월 1일에 착공하여 1970년 7월 7일에 완공되었으며, 고속도로 제1호선이다. 1968년 대한민국 최초로 개통된 경인고속도로에 이어 두 번째로 건설된 고속도로이다. 경부고속도로가 이렇게까지 유명한 이유는 1970년대부터 2000년대까지 대한민국 경제를 이끌었고, 1970년 본격적으로 개발이 시작된 강남의 역사와도 맞

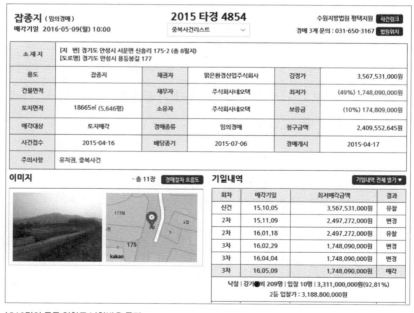

| 210명의 공동 입찰로 낙찰받은 물건

닿아 있기 때문이다.

　한남대교 남단을 축으로 남쪽으로 길게 뻗은 경부고속도로는 강남의 개발을 시작으로 분당, 용인 죽전. 동백, 수원 영통, 화성 동탄 등 굵직굵직한 대규모 아파트 건설사업 개발의 중심이었기 때문이었다. 그에 따라 부동산가격은 엄청난 상승을 가져왔다.

　대한민국의 중심인 서울 그중에도 리더라고 할 수 있는 강남권과 대한민국 제2의 심장이라는 경기도 리더인 분당권을 관통하며 지금도 부동산의 위상을 떨치며 톡톡히 제 역할을 하고 있다. 이런 경부고속도로가 2000년 초반을 지나면서 평일, 주말 할 것 없이 심하게 정체되기 시작하였고, 그에 대한 보완책으로 계획된 것이 포천~세종 간 고속도로이다. 포천~세종 간 고속도로의 명칭은 서울~세종 간 고속도로라고 불리기도 하고, 박근혜

| 본 물건의 현장 모습

서울~세종간 고속도로

사전환경성검토서(초안) 공람 및 설명회 개최공고

환경정책기본법 제25조의 5 및 동법 시행령 제8조의 2에 의거 『서울~세종간 고속도로』에 대한 사전환경성검토서(초안) 공람 및 주민설명회 개최 계획을 다음과 같이 공고합니다.

– 다 음 –

1. 사업개요
   가. 사 업 명 : 서울~세종간 고속도로 건설사업
   나. 사업구간 : 충청남도 공주시 장기면~경기도 구리시 토평동
   다. 연   장 : 129.1km
   라. 사업시행자 : 국토해양부(한국도로공사)

2. 공람기간 및 장소
   가. 공람기간 : 2009. 8. 10 ~ 2009. 9. 5
   나. 공람장소

구분	공람기관	공 람 장 소
서울시	강동구	구청 환경보전과
	송파구	구청 환경과
	구리시	시청 환경과·건설과
	하남시	시청 환경위생과
경기도	성남시	수정구청 환경위생과, 중원구청 환경위생과
	광주시	시청 도로사업과·환경보호과, 오포읍·광남동사무소
	용인시	시청 환경과·처인구청 산업환경과
	안성시	시청 환경과, 보개면·금광면·서운면·고삼면·안성2동 사무소
충청남도	천안시	시청 환경위생과·건설도로과, 수신면·입장면·북면·성남면·병천면 사무소
	연기군	군청 환경관리과·경제진흥과·건설과, 전동면·서면·남면 사무소
	공주시	시청 환경보호과, 장기면사무소

| 서울~세종 간 고속도로 주민설명회 공고 자료(2009년 8월)

前 대통령의 영향으로 제2경부고속도로라고 부르기도 한다.

서울~세종 간 고속도로 건설사업은 사실상 2009년 말부터 준비해온 사업으로 박근혜 前 대통령 3년 차 집권 절정 시기인 2015년 본격화되기에 이르렀다. 고속도로 구간 중 구리~포천 구간이 2012년 6월 30일에 착공하여 2017년 6월 30일에 전 구간이 개통되었다. 그로 인해 경기 북부지역인 구리와 포천 지역도 부동산 가격이 꾸준하게 상승하고 있는 지역이기도 하고, 특히 서울~세종 간 고속도로 전 구간이 완공되면 지가 상승 효과는 더욱더 가팔라질 것이다. 과거 10년간 서울~세종 간 고속도로 전체 구간 중에서도 고속도로 나들목 사업 예정지에 대한 자료를 확인하고 또 현장을 답사하며 투자의 타이밍을 확인하였다. 왼쪽은 2009년 8월 당시에 서울~세종 간 고속도로 주민설명회에 참석했을 때 받았던 주민설명회 공고 자료이다.

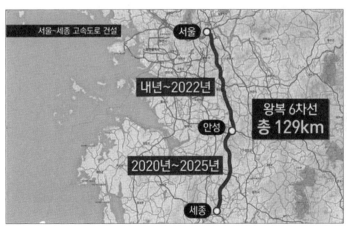

| SBS뉴스 보도 자료

박근혜 前 대통령의 서울~세종 간 고속도로(일명:제2경부고속도로) 건설 사업에 대한 애착은 남달랐다. 박근혜 前 대통령은 집권 시기에 이 역사적 사업을 반드시 자신의 업적으로 쌓기 위해 엄청난 노력을 할 것은 당연하고, 곧 본 사업에 대한 가시적인 발표들이 이어질 것을 직감했다. 역시 예감은 적중했다. 2015년 11월 19일 SBS 뉴스에 보도가 되었다.

1차 신건에 감정된 약 35억 6천만 원을 평당가격으로 나누면 평당가는 약 63만 원꼴이다. 개발 호재를 품고 있는 물건의 평당가 가격치곤 나쁘지 않았다. 고속도로가 착공만 된다면 단기간에 투자 원금의 두 배는 거뜬할 듯하다. 하지만, 좀 더 욕심을 내볼만한 물건이다. 나들목(가칭:서운·입장 나들목)이 생기는 위치를 정확히 파악하고 있는 우리 팀은 차분히 기다렸다.

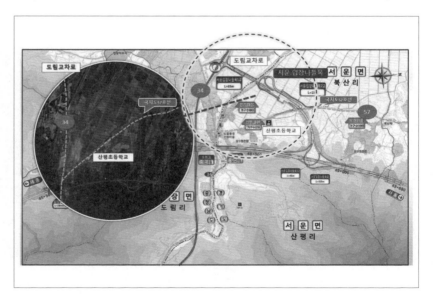

| 천안시 입장면 서운 입장 나들목 예정지 주변

2차 유찰을 거쳐 3회차 가격이 약 17억대까지 떨어질 때를 기다린 것이다. 평당가 약 31만 원 드디어 3회차 감정가의 49%, 입찰할 타이밍이 온 것이다. 이 가격대에만 잡을 수 있다면 완전 초대박을 장담할 수 있었다. 2016년 2월, 숨죽이며 조용히 입찰을 준비하고 있었다. 그런데 이게 무슨 일인가. 입찰에 대한 변경 신청이 들어온 것이다. 아직 이 물건이 세상에 많은 사람에게 알려지기 전에 남들 모르게 입찰을 준비하고 오로지 한순간을 위해 기다려 왔는데 변경이라니 그것도 2회씩이나 탄식이 나왔다. 게다가 안성시 서운면 이장단 협의회에서 서울~세종 간 고속도로 사업 확정을 기념하는 대형 현수막이 온 동네를 도배하다시피 내 걸린 게 아닌가.

큰일 났다. 긴가민가하던 고속도로 나들목 위치의 소문은 동네방네 이

| 안성시 서운면 이장단 협의회의 고속도로 사업 추진 환영 현수막

미 확정으로 기정 사실로 하는 분위기로 흘러가면서 주변 지역까지 빠르게 전파되었다. 게다가 안성 터미널 주변 부지에 대형 브랜드아파트(푸르지오)가 대대적인 홍보를 하면서 분양 몰이에 들어갔다.

이젠, 더 이상 눈치 볼 상황도 아니고 비공식적으로 준비하던 우리만의 조용하고 은밀한 입찰가 산정 계획은 물 건너갔다. 할 수 없었다. 이런 좋은 물건은 최저가격을 염두에 두고 입찰하게 되면 폐찰할 것이 뻔하기 때문에 수익을 목표로 전략을 바꿔 입찰에 참여했다.

실전 입찰의 팁을 말한다면 정보의 은밀성이 보장된 경우는 유찰을 기다린 후 저가 공략하는 것이고, 공개된 호재와 확실한 개발 예정이 있는 경우는 미래가치를 보고 공략해야 한다.

| 푸르지오 아파트 분양홍보관 모습

이번 경우는 공개된 호재와 확실한 개발압력이 있는 경우로 저가 공략이 힘들어진 상황이므로 아깝긴 하지만 미련 없이 미래가치를 보고 입찰가를 결정하게 되었다. 입찰 결과 우리 팀을 포함해 10팀이 입찰에 참여했다. 역시 예상대로 높은 경쟁률이다. '낙찰가 33억 1,100만 원! 공동 입찰 강가○ 외 209명!' 우리 팀이 낙찰을 받았다. 2등 가격은 31억 8,880만 원. 약 1억 2천만 원 차이로 짜릿하게 낙찰받는 순간이었다. 몇십억짜리 물건의 입찰에서 1~2억은 큰 차이가 아니니 만족했다.

하필, 입찰 절차가 진행 중인 몇 개월 사이에 이런 상황들이 벌어져서 최초 목표로 했던 저가 공략이 이뤄지지 않아 무척이나 아쉽긴 했지만, 미래가치를 보고 투자한 것이니 나쁘지 않다고 확신했다.

낙찰되었으니, 다음은 공동 입찰자 210명 전원의 농지취득자격증명서(일명, 농취증) 발급이다. 농·취·증을 발급받아 허가 결정된 후 항고기간을 거

영 수 증			
		강가○의 대리인 양태● 귀 하	
사건번호	물건 번호	부동산 매각 보증금액	비 고
2015타경4854	1	174,809,000원	

위 금액을 틀림없이 영수 하였습니다.

2016.05.09

수원지방법원 평택지원 집행관사무소

집 행 관   양덕수

※ 사건에 대한 문의는 민사 집행과 담당 경매계에 문의하실시오.

| 강가○ 외 209명의 낙찰영수증

처 잔금을 납부했다. 드디어, 210명 소유권이 취득된 것이다. 역사적인 날이다. 210명이 한마음 한뜻으로 공동 입찰을 성공적으로 이뤄내다니 정말 감격스러웠다.

낙찰 후 210명 앞으로 소유권이전등기를 마친 지 얼마 지나지 않아 2015년 11월 18일에 국토교통부에서 보도자료를 발표했다. 서울~세종 간 고속도로 사업을 민자사업 방식으로 2016년 말에 착공한다는 소식이었다. 이제 해당 사건에 관련한 잔무를 처리하면서 2016년 말 착공을 기다려보면서 가격상승 추이를 지켜보는 일만 남았다. 부동산 업력 20년 이상의 경험상 첫 삽을 뜨면 가격은 오르게 되어 있기 때문에 내심 좋은 소식을 기대해 볼 수 있었다.

| 2015 타경 4854 안성 신흥리 물건의 공동 입찰자 210명 등기권리증

그런데 변수가 발생했다. '2017년 3월 10일' 대한민국에 역사적인 사건이 터졌다. 박근혜 前 대통령의 탄핵이 결정된 것이다. 세상 누구도 박근혜 前 대통령 탄핵이라는 역사적인 변수는 예상하지 못했을 것이다. 그렇다면, 누구보다 강한 의지를 가지고 추진한 서울~세종 간 고속도로 사업은 어떻게 되는 것일까? 대통령을 다시 뽑아야 한다고?, 그럼, 서울~세종 간 고속도로 사업이 추진이 되기는 하는 것일까?, 백지화가 되는 것은 아닐까?, 기약 없이 늘어지는 것은 아닐까? 등 수많은 궁금증이 생길 것이다.

국토교통부 Ministry of Land, Infrastructure and Transport	**보 도 자 료**	경제혁신
	배포일시	2015. 11. 18(수) 총 6매(본문4, 붙임2)
담당 부서	도로정책과	담 당 자	• 과장 강희업, 사무관 오송천 • ☎ (044) 201-3875, 3876
보 도 일 시	2015년 11월 19일(목) 07:30 이후 보도하여 주시기 바랍니다.

서울-세종 고속도로, 민자사업으로 추진
빠르면 '16년말 착공, 중부선 혼잡구간 확장도 병행 추진

□ 서울-세종 고속도로가 민자사업으로 추진된다.

ㅇ 정부는 11월19일(목) 제22차 **경제관계장관회의**를 개최하여 서울과 세종을 연결하는 **연장 129㎞**(6차로), **총사업비 6조 7천억원**의 고속도로 건설 사업을 **민자사업**으로 추진하기로 하였다.

| 2015년 11월 18일에 국토교통부에서 발표한 보도자료

이렇듯 투자는 항상 예상치 못한 변수를 품고 있다. 통제할 수준의 변수를 꿰고 있어야 하는 것이다. 500만 원 1,000만 원의 소액으로 공동 입찰하는 시스템이 빛을 보는 것이다. 공동 입찰 시 예상했던 대로 진행되면 예상했으니 좋고, 변수가 생기면 큰돈을 투입하지 않았으므로 충분히 감

| 2017년 3월 22일 충북일보 기사 중에서

내할 정도로 리스크가 분산되는 것이기 때문에 나쁘지 않다. 이것을 리스크 관리능력이라 부른다. 이것이 공동 입찰의 장점이다.

차기 대통령선거에 나올 인물들을 살펴보았다. 문재인 후보가 대통령이 유력했다. 공약을 살펴보고 서울~세종 간 고속도로 사업에 대한 내용을 체크해 보았다. 다행이다. 박근혜 前 대통령이 추진하려던 사업에 대하여 현장의 필요성을 느끼고 공감하는 분위기다. 문재인 후보는 2017년 3월 22일 충청권 기자회견에서 서울~세종 간 고속도로 건설사업에 대해서 조기 추진과 완공을 약속하는 긍정적 모션을 취했다.

대신 조건이 붙었다. 서울~세종 간 고속도로 사업을 진행하는 것에는 크게 공감하지만, 박근혜 前 대통령이 추진하려는 사업방식, 즉 민간자본을 끌어들여서 진행하는 것에는 부정적 견해를 보인 것이다. 통행료의 과다 인상이 예상되기 때문이다. 친서민 정책을 표방하는 문재인 캠프 입장에서는 받아들일 수 없는 사업방식이었다. 그래서 한국도로공사 시행방식 즉, 나랏돈을 이용해서 개발하는 방향으로 사업방식을 선회한 것이다.

민간자본 사업에서 국가재정 사업으로 방향을 선회하게 되면 '자금조달 방식 및 타당성 조사'와 같은 과정 등 다시 검토해야 할 상황들이 발생할 수 있어서 원래 예상한 것보다는 시간이 좀 길어질 것으로 예상되는 대목이다. 하지만, 사업계획 자체의 철회가 아닌 방식에 따른 변경 부분이라 투자라는 큰 틀에서는 벗어나 보이지 않기 때문에 리스크에 대한 관리가 되고 있다고 판단했다.

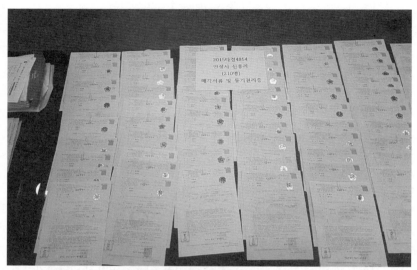

2015타경4854
안성시 신흥리
(210명)
매기서류 및 등기권리증

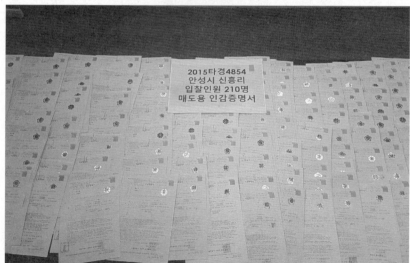

2015타경4854
안성시 신흥리
입찰인원 210명
매도용 인감증명서

| 2015 타경 4854, 안성 신흥리 공동 입찰자 210명의 등기권리증 및 매도용 인감증명서

국토교통부는 2019년 12월 26일 서울시와 세종시를 잇는 서울~세종 고속도로의 세종~안성 구간 공사를 착공한다는 보도자료를 냈다. 역시 예상한 대로 2년 정도 늦게 2019년 12월 26년 안성 구간이 착공에 들어가는 것이다. 이번 고속도로 건설은 정부의 국정운영 5개년 계획에 따라 공사비 9조 6,000억 원으로 총연장 128km 왕복 4~6차로의 고속도를 건설하게 되는 단군 이래 가장 규모 큰 고속도로 사업이다.

안성 구간에 대한 착공 소식이 전해지자 여기저기서 땅을 팔라는 연락들이 왔다. 좀 더 가지고 있으면 훨씬 더 좋은 가격에 매도할 수 있겠으나, 투자 클럽은 적당한 시기에 매각을 하여 수익금을 다시 재투자를 하고 또 그렇게 얻은 수익을 또 재투자하는 선순환 방식을 선호하기 때문에 매각

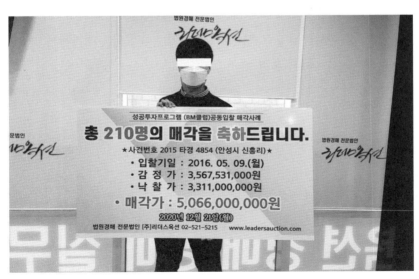

| 매각결산 및 배당금 지급모임 모습

을 결정하고 2020년 12월 매각을 진행했다. 투자는 단순하다. 남들보다 빠른 정보력으로 좋은 부동산을 선점하면 성공하는 것이다.

위 물건의 투자 내용을 정리하면, 2016년 5월 9일, 210명이 공동 입찰에 참여하여 경쟁자 9명을 제치고 약 33억 원에 낙찰받았고, 낙찰받은 부동산을 담보로 약 25억 원의 낙찰 잔금대출을 일으켰다. 대출금을 제외한 실제 투입된 금액은 약 8억 원으로 투자금을 최소화함과 동시에 리스크를 줄일 수 있었다.

투자금 8억을 210명으로 단순 계산하여 나누면 1인당 투자 금액이 약 380만 원이 투입된 셈이다. 이후, 50억 6600만 원에 매각! 처음 투자 시 낙찰 잔금대출금 약 25억을 빼고 나면 대략 25억 6,600만 원의 수익을 올리게 되었다. 이해를 돕기 위해 단순계산 방식으로 적용하였으며, 세금이나 각종 경비 등 구체적 내용은 편의상 제외하였다. 8억 원을 투자해서 약 25억 6,600만 원의 수익을 올린 것이다.

02

28억 낙찰, 66억 매각
또 한 번의 대박

어떤 지역에 도로망과 교통망의 신설은 부동산 가격에 엄청난 파급 효과를 준다. 다음 사례가 그런 교통망 신설 호재를 가진 경우였다.

사건번호 : 2018 타경 426(물건 번호 2)
소재지 : 경기도 안성시 삼죽면 미장리 389 외 11필지
투자 포인트 : 서울~세종 간 고속도로 나들목+물류 중심 38번 도로 인접

이전까지 안성의 고속도로망은 안성시청과 인근 안성터미널을 중심축으로 서쪽 끝에 치우쳐 있는 경부고속도로 안성IC와 동쪽 끝으로 치우쳐 있는 중부고속도로 일죽IC, 남쪽으로 치우쳐 있는 평택~제천 간 고속도로 남안성IC 등 사실상 안성의 중심부를 비켜 외곽으로 빠진 고속도로망의 모습이었다. 이런 도로망은 사실상 안성의 발전에 어느 정도 도움은 되겠지

임야 (임의경매)		2018 타경 426	2 ∨	수원지방법원 평택지원	사건링크

임야 (임의경매) 매각기일 2019-09-30(월) 10:00		중복사건리스트 ∨		경매 5계 문의 : 031-650-3154 법원위치	
소재지	[지 번] 경기도 안성군 삼죽면 미장리 389, 외11필지 (총 12필지)				
용도	임야	채권자	승계인서리제이차유동화전문유한회사(변경전:하나은행)외 2명	감정가	4,358,751,000원
건물면적		채무자	주식회사엔케이	최저가	(49%) 2,135,788,000원
토지면적	109043㎡ (32,985평)	소유자	허은하	보증금	(10%) 213,578,800원
매각대상	토지매각	경매종류	임의경매	청구금액	1,531,520,170원
사건접수	2018-01-12	배당종기	2018-04-09	경매개시	2018-01-15
주의사항	농지취득자격증명, 분묘기지권, 유치권, 중복사건				

이미지 - 총 26장 경매절차 흐름도

기일내역 기일내역 전체 열기 ▼

회차	매각기일	최저매각금액	결과
신건	19.02.18	321,141,000원	변경
신건	19.03.25	4,358,751,000원	유찰
2차	19.05.13	3,051,126,000원	변경
2차	19.06.17	3,051,126,000원	매각

낙찰 | (주) 동우씨엔에스외 | 입찰 2명 | 3,200,000,999원(73.42%)
2등 입찰가 : 3,164,454,000원

일정	19.06.24	매각결정기일	불허가
2차	19.08.12	3,051,126,000원	유찰
3차	19.09.30	2,135,788,000원	매각

낙찰 | 신민●외 79명 | 입찰 3명 | 2,888,000,100원(66.26%)
2등 입찰가 : 2,812,000,000원

| 낙찰 물건 사건 기본내역

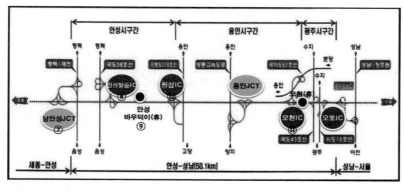

| 포천~세종 고속도로 안성 구간 노선도

만 파급효과가 클 정도로 크게 이바지한다고는 볼 수 없다. 하지만 이제 안성시의 앞으로의 상황은 180도 완전 다르게 전개될 것이다. 바로, 포천~세종 간 고속도로가 안성 중심을 관통하고 지나기 때문이다. 거기에 나들목만 무려 4곳이 만들어지니 천지개벽을 눈앞에 두고 있다고 해도 무리가 아니다.

지금 보게 될 사례도 안성시 서운면 신흥리 사례와 같은 포천~세종 간 고속도로 중 안성의 중심부에 만들어지는 '안성맞춤 나들목' 부터 약 3km 떨어진 입지 좋은 부동산이다. 경기도 안성시 삼죽면 미장리에 감정가 약 43억 5천만원의 임야가 경매로 나왔다. 면적도 약 33,000평 정도의 큰 규모로 평당가는 약 13만 원 정도 되었다. 2차례 유찰 끝에 80명의 공동 입찰로 감정가 66%인 약 28억 원대에 낙찰받았다. 평당가 87,000원대다. 경기도 웬만한 지역에 농림지역, 농업진흥지역의 토지도 평당 10만 원 이하

영 수 증			
신민●의 대리인 임종● 귀 하			
사건번호	물건 번호	부동산 매각 보증금액	비 고
2018타경426	2	213,578,800원	

위 금액을 틀림없이 영수 하였습니다.

2019.09.30

수원지방법원 평택지원 집행관사무소

집 행 관 박종식

※ 사건에 대한 문의는 민사 집행과 담당 경매계에 문의하십시오.

| 신민○ 외 79명의 낙찰영수증

| 포천~세종 고속도로 안성구간(안성맞춤 나들목 예정지) 공사 모습

는 찾기가 힘든 상황에서 볼 때 저렴한 낙찰임은 틀림없다. 투자에서 이기는 법은 간단하다. 단순하게 남들보다 빠른 정보력으로 좋은 부동산을 값싸게 선점하면 끝이다.

안성의 중심 안성터미널 인근에 새로 건설되는 포천~세종 간 고속도로 안성맞춤 나들목은 지리적 위치의 탁월한 입지 선정으로 안성의 심장부와 같은 역할을 할 것이기 때문에 주변 부동산들을 약 10년 전부터 꾸준히 관심을 가져온 필자는 투자할 시기를 기다리고 있었다. 포천~세종 간 고속도로 사업의 중앙에 해당하는 안성, 그중에서도 핵심지역인 도심지를 관통하는 나들목이 만들어진다. 단군 이래 최대의 사업 규모로 말이다. 투자는 타이밍이므로 무조건 발을 담그고 가야 한다. 뒤늦게 후회해도 의미 없고 부질없는 짓이다.

| 포천~세종 고속도로 건설사업 중 안성 구간 안성맞춤 나들목 예정지

| 중부권 물류의 중심이라고 할 수 있는 38번 국도와 인접합 물건지 현장

부동산공동경매로 강남빌딩 투자하기

충청남도 서산시, 당진시, 아산시를 거쳐 경기도 평택시, 안성시, 이천시를 관통하는 38번 국도는 서에서 동으로 횡단하는 대한민국 중부권 물류의 중심축이자 중요한 메인도로다. 도로명도 '서동대로'다. 핵심 관통 지역인 평택항과 평택 도심부, 그리고 나머지 거의 모든 구간이 '서동대로'로 지정되어 있다. 이름에서도 알 수 있듯 이후 안성시, 이천시 구간을 거쳐 동쪽으로 빠져나간다.

이천, 여주 등은 물류의 축으로 오래전부터 이미 자리하고 있는 지역들이며 이들 지역을 이어주는 영동고속도로의 기능 또한 물류의 역할이 가장 크다고 할 수 있다. 영동고속도로 나들목 주변 부동산들도 비싼 몸값을 자랑하는 것을 보면 앞으로 포천~세종 간 고속도로도를 기준으로 활발한 개발도 충분히 예상할 수 있다.

특히 38번 국도는 물류의 핵심 도로이므로 안성과 연결되어 시너지 효과도 기대할 수 있을뿐더러, 안성시 위쪽 용인시 원삼면에 SK하이닉스가 135만 평 규모(120조 원 이상 투자) 건설될 예정이다. 안성시는 양옆으로 평택(삼성전자 반도체공장)과 용인을 품고 있어 앞으로 황금라인을 구축할 수 있을 것이다. 그런 38번 도로에 접하고 있는 물건이 경매로 나온 것이다. 대박 아닌가.

게다가 때마침 30년 동안 안성시 개발을 발목 잡아 왔던 가현취수장이 2017년 10월 전격적으로 폐지됨에 따라 상류 지역의 공장설립 제한지역(상류 7km 이내) 25,924㎢와 공장설립 승인지역(상류 7km 초과 지역부터 15km 이내 지

| 당사에서 매매계약 진행하는 모습

| 2018 타경 426 물건 매각 축하 모습

역) 83,431㎢ 등 총 109,55㎢ 면적의 규제도 해제된 상태다. 이는 안성시 전체 면적의 20%로 서울 여의도 면적의 37배 이상이나 되는 면적이다. 그중에 본 물건지가 있는 삼죽면도 속해 있다.

> 안성시 관계자는 "보개면, 삼죽면, 안성1동 일부와 금광면 규제지역 주민들이 그동안 재산권 침해와 개발 제한으로 인한 피해가 대폭 해소됨에 따라 대규모 산업단지 조성 추진 등으로 경제적 파급효과가 발생할 것"이라며 "산업집적활성화 및 공장설립에 관한 법률에 따른 공장이나 표준산업분류에 따른 제조업체가 설립할 수 있게 되어 지역개발 촉진의 계기가 될 것으로 기대하고 있다"고 말했다.
> -안성신문(2017년 10월 18일)

안성이 계속해서 새로운 성장동력을 가진 도시로 도약하기 위한 준비를 하고 있다는 증표들이며 투자에 핫한 도시로 언급되는 이유라고 볼 수 있는 대목이다.

포천~세종 간 고속도로는 전국 최초 드론, IOT를 결합한 자율주행차용 스마트 하이웨이로 건설될 예정이었다. 직접적인 혜택을 받을 것으로 예상되는 안성 중심부와 안성맞춤 나들목 가까이 접한 본 물건은 그야말로 원석과 다름 없었고. 원석을 알아보는 혜안이 필요할 뿐이었다.

낙찰 후 66억에 매각을 진행했다. 공동 입찰한 80명이 함께 약 23억 원을 대출받았으니(지분율에 따라 이자도 발생함), 순 투자금은 5억 8천 원인 셈이다. 산술적으로만 계산해보면 1인당 순 투자금은 72만 5천 원이다. 각종 세금과 부대비용을 포함한다고 해도 엄청난 수익률이다. 개인이 혼자서는 입찰하기 힘든 금액대와 사이즈임이 틀림없다. 이런 이유로 공동 입찰시스템이 빛을 보는 것이다.

규모가 큰 부동산 매각 요령
① 해당 물건에 대해 지역적 분석과 개별적 분석에 대해 객관적이고 설득력 있는 SWOT 분석으로 강점(strength), 약점(weakness), 기회(opportunity), 위기(threat))에 대한 자료를 준비한다.
② 낙찰 이전 단계부터 토지에 대한 개발 행위 가능 관련 내용을 일목요연하게 정리한다.
③ 건축 및 설계전문가와 협의하여 해당 물건에 가장 적합한 유효 이용 상황에서 개발할 수 있는 종별에 대해 다양한 시나리오를 구상하여 최적의 가도면을 준비한다.
④ 매도의향서를 만들어 해당 분야의 메이저급 회사들 리스트를 확보한 후 부동산용지 매입팀 담당자에게 준비된 자료를 돌린다.
⑤ 자료에 대한 설득력과 매도가격에 대한 경쟁력이 있어야 한다.

위 과정은 '매각 또는 낙찰자가 직접 개발할 수도 있다는 경우의 수'까지 생각하면서 진행해야 한다. 만일을 위한 대안을 가지고 있어야 하기 때문이다. 또, 이렇게 연결된 정보와 인맥들은 부동산 투자 및 출구전략에 상당한 도움을 주기도 한다. 입찰 시부터 향후 좀 더 원활한 매각을 할 수 있는 기업체나 각종 단체 또는 매수 대기자를 확보하는 노력-해당 부동산이 필요한 업체는 어떤 업체들인지에 대한 분석과 해당 분야 규모가 크고 매출이 좋은 메이저급 업체의 리스트 확보 등-을 기울이게 되면 좀 더 정확한 매수자 타킷팅이 가능하다.

본 사건의 토지도 5가지의 개발계획안(전원주택 부지, 전원주택과 근린 생활시설 부지, 캠핑 및 야영장 부지, 물류 및 공장부지, 노유자시설 및 의료시설(요양병원 부지)을 가지고 입찰을 준비했고, 역시 예상한 대로 타킷팅 한 업체에서 몇 개월 뒤 매수 제안이 들어오게 되어 좋은 가격에 매각을 할 수 있었다.

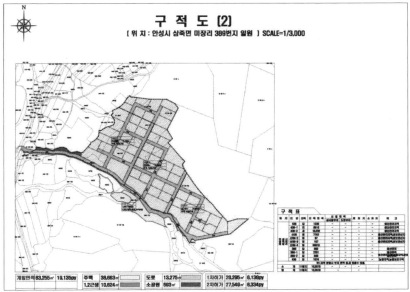

| 본 건의 현장에 대한 구적도면 샘플

03

도로가 뚫리는
물건 공략

성공적인 투자를 위해서는 무엇보다도 도로망의 신설과 확장력을 이해해야 한다. 경기도 고양시 일산동구 성석동에 감정가 약 12억 4천만 원 정도 되는 506평의 토지가 경매에 나왔다. 감정가 기준 평당가 약 246만 원 꼴이다.

사건번호 : 2019 타경 11483
소재지 : 경기도 고양시 일산동구 성석동 1039-9 외 1필지
투자 포인트 : 서울~문산 간 고속도로 더블 나들목 주변+저렴한 감정가

위치를 살펴보면 본 물건지는 경의중앙선 야당역과는 약 3km 떨어져 있으며, 2020년 11월 개통 예정인 서울~문산 간 고속도로 설문 나들목까

| 물건 현장 주변도

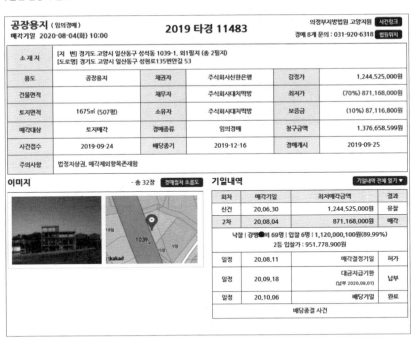

공장용지 (임의경매)
매각기일 2020-08-04(화) 10:00

2019 타경 11483

의정부지방법원 고양지원　사건링크
경매 8계 문의 : 031-920-6318　법원위치

소재지	[지　번] 경기도 고양시 일산동구 성석동 1039-1, 외1필지 (총 2필지) [도로명] 경기도 고양시 일산동구 성현로135번안길 53				
용도	공장용지	채권자	주식회사신한은행	감정가	1,244,525,000원
건물면적		채무자	주식회사대치떡방	최저가	(70%) 871,168,000원
토지면적	1675㎡ (507평)	소유자	주식회사대치떡방	보증금	(10%) 87,116,800원
매각대상	토지매각	경매종류	임의경매	청구금액	1,376,658,599원
사건접수	2019-09-24	배당종기	2019-12-16	경매개시	2019-09-25
주의사항	법정지상권, 매각제외항목존재함				

이미지　- 총 32장　경매절차 흐름도

기일내역　기일내역 전체 열기 ▼

회차	매각기일	최저매각금액	결과
신건	20.06.30	1,244,525,000원	유찰
2차	20.08.04	871,168,000원	매각
낙찰	강병●외 69명	입찰 6명	1,120,000,100원(89.99%) 2등 입찰가 : 951,778,900원		
일정	20.08.11	매각결정기일	허가
일정	20.09.18	대금지급기한 (납부 2020.09.01)	납부
일정	20.10.06	배당기일	완료
배당종결 사건			

| 낙찰 물건 사건 기본내역

지 1.3km, 사리현 나들목까지는 약 3km의 위치에 있는 최고 입지의 물건이라고 할 수 있다.

경기 서북부 핵심 도로 '서울-문산 고속도로' 11월 개통

2020년 01월 03일 (금) 16:11:03 　　　　　　　BBS NEWS ✉ bbsnewscokr@bbsi.co.kr

통일의 관문이 될 경기 서북부의 핵심 도로, 서울-문산 간 민자고속도로가 오는 11월 개통합니다.
사업시행자인 서울문산고속도로주식회사는 파주시 문산읍 내포리에서 고양시 덕양구 강매동까지
35.2㎞ 구간의 서울-문산 고속도로 공사가 78%가량 진행돼 오는 11월 6일 개통 예정이라고 밝혔습니다.
서울-문산 고속도로에는 분기점 3개와 나들목 8개, 요금소 2개, 휴게소 1개가 세워집니다.
도로가 개통하면 문산에서 수원까지의 소요 시간이 1시간 30분에서 1시간 안팎으로 단축될 전망이며, 자유로와 통일로 등 주요 간선도로의 교통량도 15% 가량 줄어들 것으로 예상됩니다.
또, 대규모 택지개발과 산업단지 조성으로 인구 유입이 늘어나고 있는 고양과 파주 지역 교통난 해소에도 큰 도움이 될 것으로 전망됩니다.

| 2020년 1월 3일 BBS뉴스 발췌

고양시는 북측으로 양주시, 파주시와 연접하고 남측으로는 한강을 끼고 서울시, 김포시와 인접해 있다. 고양시는 일산서구 일산동구 덕양구로 구분되어 있고, 2020년 4월 기준 인구수는 일산서구가 약 303,110명, 일산동구 약 299,276명, 덕양구 약 472,457명으로 총인구수는 1,074,853명을 기록하는 등 인구 유입이 꾸준하게 되는 곳이다.

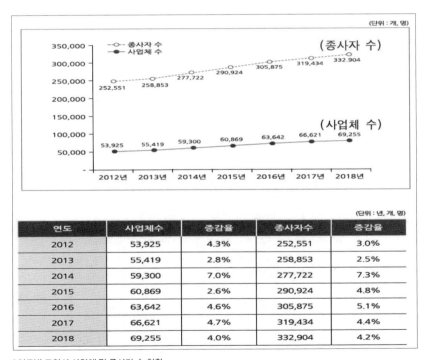

(단위 : 년, 개, 명)

연도	사업체수	증감율	종사자수	증감율
2012	53,925	4.3%	252,551	3.0%
2013	55,419	2.8%	258,853	2.5%
2014	59,300	7.0%	277,722	7.3%
2015	60,869	2.6%	290,924	4.8%
2016	63,642	4.6%	305,875	5.1%
2017	66,621	4.7%	319,434	4.4%
2018	69,255	4.0%	332,904	4.2%

| 연도별 고양시 사업체 및 종사자 수 현황

고양시는 인구가 꾸준하게 유입되고 있는 대표적인 지역이다. 그러한 인구는 앞선 자료를 보면 2012년 이후 2018년까지 사업체 및 관련 종사자 수 현황에서도 2%대 내지는 7%대까지 크고 작은 신규 사업체가 생겨나고 그에 따른 종사자 수 또한 지속적 증가세를 보인다.

소규모의 기업들이 선호하는 토지의 면적은 약 500~1,000평 내외로 창고 및 공장을 운영하고자 하는 중소기업들이 속속 유입되고 있어 물류창고나 공장의 수요가 급증할 것은 자명한 일이다. 따라서 공장 용지로 사용될 토지의 몸값은 지속해서 오를 것이며 현재도 매물이 귀한 추세이다. 또한, 기업을 뒷받침해 주어야 할 국가 또는 지자체는 가장 먼저 준비하는 과정이 인프라 구축. 즉 도로의 신설인 것이다. 서울~문산 간 고속도로가

| 건축 중단된 구축물이 있는 본 물건지의 현장사진

개통되면 경기 서북부의 시대를 한층 더 앞당겨 줄 것이며 파주와 일산동구가 10~20분 이내의 서울 생활로 접어들게 된다.

물건지 주변 토지 매매가격 및 거래되고 있는 매물을 세밀히 조사한 결과 인근지역의 농지인 전·답 가격이 200만 원~300만 원까지 형성되어 있었으며, 대지 가격은 350만 원~400만 원까지 형성된 내용을 확인할 수 있었다.

예정대로 서울~문산 간 고속도로가 2020년 11월 7일 개통되었다. 개통 이후 현장 상황이 궁금해 다시 낙찰받은 물건지 주변을 조사했다. 역시 예

| 본 물건지 주변 인근지역의 토지 가격표

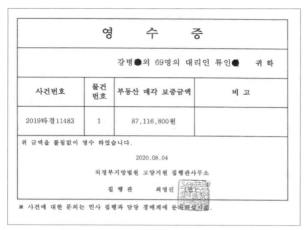

영 수 증			
강병●외 69명의 대리인 류인● 귀 하			
사건번호	물건 번호	부동산 매각 보증금액	비 고
2019타경11483	1	87,116,800원	
위 금액을 틀림없이 영수 하였습니다. 2020.08.04 의정부지방법원 고양지원 집행관사무소 집 행 관 최명진			
※ 사건에 대한 문의는 민사 집행과 담당 경매계에 문의하시기 바랍니다.			

| 강병○ 외 69명의 낙찰 영수증

| 2020년 11월 9일, 기호일보 발췌

상대로 나들목 주변의 땅들이 다시 꿈틀대기 시작했다. 누가 먼저랄 것도 없이 서로 몸값을 자랑하듯 가격들이 움직이고 있다.

왜 이렇게 토지가격이 춤을 출까? 그 이유는 서울~문산 간 고속도로 가 가지는 파급 효과 내지는 의의에 대해 간단히 살펴보면 이해가 될 것이다. 2024년 하반기부터는 교통체증이 심한 서울 시내를 피해 일산에서 마곡, 광명, 평택을 지나 17번 국도로 연결된다. 다시 17번 국도는 경부, 중부, 영동고속도로와 연결된다. 서울~파주 구간에 해당하는 서울~문산 고속도로는 다시 광명~서울 구간(2024년 5월 개통 예정)을 지나고 광명~평택 구간으로 이어지며(광명~평택 구간은 이미 2016년 개통하여 운행 중), 다시 평택~익산 구간으로 연결되어 전라도 지역으로 확장될 예정이다. 단순히 고속도로 하나의 구간 개통이 아니라 촘촘하게 연결되는 그물망을 이해하여 투자하는 것이다. 즉, 도로망이 생기고 교통망이 연결되는 곳! 그곳을 주목해야만 하는 이유인 것이다.

0 4

복선전철의 호재,
부천시 소사동 토지

부동산 시장의 여러 호재 중에서 도로망과 철도망 사업은 흥행 보증수 표와 같다. 특히 사업이 이미 시작되어 한창 개발 중인 곳은 더할 나위 없 이 안전하고 확실한 투자처가 된다.

사건번호 : 2016 타경 8874
소재지 : 경기도 부천시 소사본동 112-3 외 1필지
투자 포인트 : 소사~원시선 철도사업+소사역 주변 상업지역 토지

경기도 부천시 소사본동 일반상업지역의 토지 약 130평이 감정가 19억 5천만 원대로 경매로 나왔다. 평당가 1,500만 원 정도 감정된 가격이다. 1 회 유찰 후 2017년 4월 18억 5천만 원에 83명이 공동 입찰로 낙찰받았다. 평당 1,423만 원꼴이다.

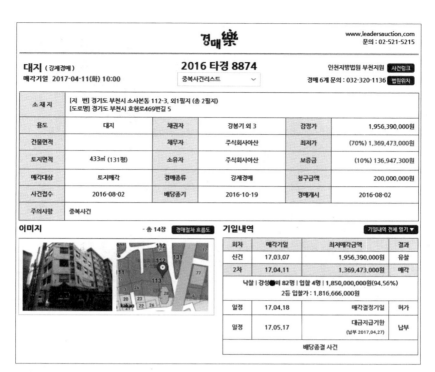

대지 (강제경매)				**2016 타경 8874**		인천지방법원 부천지원	사건링크
매각기일 2017-04-11(화) 10:00				중복사건리스트 ∨		경매 6계 문의 : 032-320-1136	법원위치

소재지	[지 번] 경기도 부천시 소사본동 112-3, 외1필지 (총 2필지) [도로명] 경기도 부천시 호현로469번길 5				
용도	대지	채권자	강봉기 외 3	감정가	1,956,390,000원
건물면적		채무자	주식회사아산	최저가	(70%) 1,369,473,000원
토지면적	433㎡ (131평)	소유자	주식회사아산	보증금	(10%) 136,947,300원
매각대상	토지매각	경매종류	강제경매	청구금액	200,000,000원
사건접수	2016-08-02	배당종기	2016-10-19	경매개시	2016-08-02
주의사항	중복사건				

이미지 - 총 14장 경매절차 흐름도

기일내역 기일내역 전체 열기 ▼

회차	매각기일	최저매각금액	결과
신건	17.03.07	1,956,390,000원	유찰
2차	17.04.11	1,369,473,000원	매각
낙찰	강성●외 82명	입찰 4명	1,850,000,000원(94.56%)		
2등 입찰가 : 1,816,666,000원			
일정	17.04.18	매각결정기일	허가
일정	17.05.17	대금지급기한 (납부 2017.04.27)	납부
배당종결 사건			

| 낙찰 물건 사건 기본내역

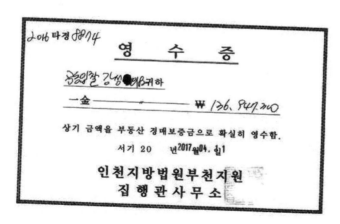

| 강성○ 외 82명의 낙찰 영수증

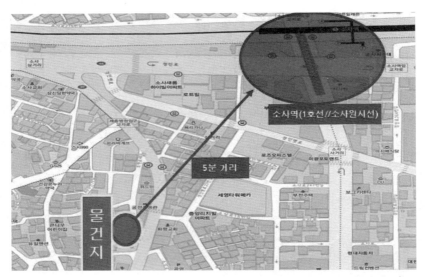

| 본 물건지 위치도

| 본 물건지 현장 사진

| 부동산공동경매로 강남빌딩 투자하기

소사역의 변신, 소사역은 소사~원시선의 복선전철 사업으로 입찰 당시 경기도 부천시 소사동에서 안산시 원시동까지 연결하는 사업을 진행 중인 현장이었다. 소사~원시 복선전철은 전동차로 24분 만에 소사에서 원시까지 이동이 가능하고, 안산선(화랑역), 신안산선(시흥시청역), 경인선(소사역) 등으로 환승이 가능하도록 계획되었다. 향후 수도권 남서부 광역교통망의 핵심 기능을 담당하여 부천·시흥·안산 등 인근 지역의 교통편의를 증진하고, 지역개발을 촉진하는 데 일조할 것으로 기대를 모은다. 또한, 북으로는 대곡~소사 복선전철·경의선·교외선과 연결되고, 남으로는 서해선과 직결되어 경부선에 집중된 화물 물동량을 분산 처리하여 경부선의 선로 용량 부족을 해소하고, 철도 화물운송 활성화에 기여할 것으로 기대되는 중요 핵

국토해양부 Ministry of Land, Transport and Maritime Affairs	**보 도 자 료**		희망의 땅 기회의 바다 국토해양부
	배포일시	2011. 3.24.(목) 총 4매(본문 2, 붙임 2)	
담당 부서	간선철도과	담당자	• 과장 권석창, 주무관 유충현 • ☎ (02)2110-8784, 8790
보 도 일 시		2011년 3월 25일(금) 조간부터 보도하여 주시기 바랍니다.	

소사~원시 복선전철 민간투자사업 착수

- 2011년 3월 25일 실시계획 승인, 3월 31일 공사착수 -

□ 국토해양부(장관 정종환)는 소사(경기도 부천시 소사동)~원시(경기도 안산시 원시동) 복선전철 민간투자사업(BTL[1])을 시행하기 위한 실시계획이 승인되어 3월 31일 공사를 착수하게 된다고 밝혔다.

| 소사~원시 복선전철, 국토부 보도자료

심사업이다.

이런 개발 호재를 가지고 있는 소사역 인근에 그것도 용도지역 중 가장 귀한 용도지역에 해당하는 상업지역의 땅이 경매로 나온 것이다. 낙찰만 받을 수 있다면 수익은 그야말로 보장된 것으로 판단했다.

| 소사~원시 복선전철 노선도, 국토부 자료

| 낙찰자 모임 및 대출자서 진행모습

| 2018년 6월 15일 서해선(소사~원시) 복선전철 개통 기념행사 모습, 연합뉴스

| 2018년 6월 15일 소사~원시선 복선전철 시승하는 김현미 前 국토부 장관, 연합뉴스

| 매각결산 및 배당금 지급모임 모습

2018년 6월 15일, 드디어 소사~원시선에 대한 개통식이 열렸다. 당시 김현미 국토부 장관의 시승식으로 각종 언론에서 머리기사로 다뤘다. 여기저기서 매수 제의가 들어왔다. 낙찰받은 가격에 10억 이상을 더 주겠다는 제의다. 계산기를 두드려 본 결과 꽤 괜찮은 수익률이다. 18억 5천만 원에 낙찰받았고, 29억 4,700만 원으로 매각을 진행했다. 초기 경매낙찰 시 대출로 에버리지 효과를 노렸으니 수익률 또한 상당한 결과였다.

다시 한번 도로망과 교통망의 호재에 따른 투자 성공의 짜릿한 희열을 공동 입찰한 83명이 함께 느끼는 순간이었다.

05

⊶—o

서울의 중심부 투자도
거뜬한 공동 경매

돈 될 만한 매각 물건을 고르다 보면, 군침을 흘릴 만큼 좋은 부동산을 만나는 경우가 간혹 있는데, 바로 다음의 두 가지 사례가 그런 케이스라고 할 수 있다. 대한민국 서울의 핵심 3대 상권을 꼽자면 여의도&영등포, 광화문&명동, 강남권을 들 수 있을 것이다.

사건번호 : 2018 타경 108091
소재지 : 서울특별시 영등포구 영등포 4가 433-30
투자 포인트 : 영등포역+신세계백화점+상업지역 토지

이번 사례는 영등포 중심 상권의 경매사건이다. 본 물건은 서울특별시 영등포구 영등포동 4가 433-30에 소재한 경매사건으로 여의도와 마포구 그리고 목동으로의 접근성이 뛰어난 서울 서 측의 교통요지로 본 물건지

대지 (공유물분할을위한경매)		2018 타경 108091		서울남부지방법원	사건링크
매각기일 2020-10-28(수) 10:00				경매 10계 문의 : 02-2192-1340	법원위치

소재지	[지 번] 서울특별시 영등포구 영등포동4가 433-30 [도로명] 서울특별시 영등포구 영중로3길 6				
용도	대지	채권자	정다면(선정당사자)	감정가	3,401,800,000원
건물면적		채무자	정인숙 등	최저가	(64%) 2,177,152,000원
토지면적	73㎡ (22평)	소유자	정다면 등	보증금	(10%) 217,715,200원
매각대상	토지매각	경매종류	공유물분할을위한경매	청구금액	0원
사건접수	2018-12-20	배당종기	2019-12-10	경매개시	2019-09-04
주의사항	법정지상권, 토지만매각, 매각제외항목존재함				

이미지   - 총 10장   경매절차 흐름도

기일내역   기일내역 전체 열기 ▼

회차	매각기일	최저매각금액	결과
신건	20.06.09	3,401,800,000원	유찰
2차	20.08.12	2,721,440,000원	유찰
3차	20.10.28	2,177,152,000원	매각
낙찰 : 강석○외 102명 / 입찰 2명 / 2,488,000,100원(73.14%) 2등 입찰가 : 2,439,999,000원			
일정	20.11.04	매각결정기일	허가
일정	20.12.11	대금지급기한 (납부 2020.11.30)	납부
일정	21.01.05	배당기일	완료
일정	21.01.12	배당기일	완료
배당종결 사건			

| 낙찰 물건 사건 기본내역

인근의 고밀도 상업시설군 및 유흥·판매시설군들이 모여있는 중심에 토지가 경매로 나왔다.

　본 건 부동산(토지)에서 도보 1분 거리에 서울지하철 1호선 영등포역이 있으며, 본 건 바로 옆에 신세계백화점 영등포점과 타임스퀘어가 위치하여 중심 및 일반상업용지로서 탁월한 입지를 자랑하는 물건이다. 부동산은 '첫째도 위치(입지), 둘째도 위치(입지), 셋째도 위치(입지)'라고 했다. 그만큼 위치(입지)는 투자에 있어서 그 어떤 요소보다도 가장 중요한 것이다.

　영등포역 일대는 대한민국에 몇 안 되는 특이한 상권 구조로 되어 있는

| 신세계백화점 영등포점 바로 옆에 보이는 본 물건의 모습

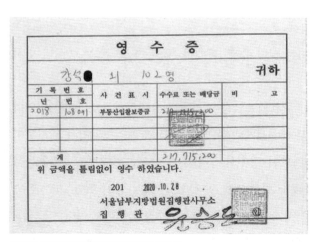

| 강석○ 외 102명이 공동으로 낙찰받은 영수증

곳이다. 즉, 10대 청소년들부터 60대 장년층까지 아우르는, 과거와 미래가 공존하는 그런 곳이다. 신세계백화점을 시작으로 롯데백화점, 타임스퀘어 상권들은 고급스러움과 최신의 유행을 이끄는 트렌드 메카의 기능을 담당하고 있고, 향수를 불러일으키는 오랜 전통의 먹자골목, 지하철역, 영등포시장 상권 등이 자리하고 있어 365일 사람들로 늘 붐비는 곳이다. 그런 곳에 감정가 약 34억에서 73%인 24억 8,800만 원(평당가 1억 1,300만 원)에 103명이 공동으로 상업지역의 땅을 낙찰 받았다.

영등포역 주변 상권보다도 한참이나 아래 등급으로 쳐주는 청량리역 일대 주변 가격이 1억 2천만 원~1억 5천만 원 정도인 점을 고려해보면, 첫 단추를 정말 잘 채운 것이다. 이제 막 엄청난 개발이 시작될 곳이기 때문이다.

뭐든지 출발이 중요하지만, 특히 부동산 투자는 '좋은 부동산을 싸게 취득하는 것'이 첫 번째로 중요한 항목임을 강조하고 또 강조한다. 좋은 지역의 물건은 내가 보기에도 좋지만, 제3자가 보더라도 우량하고 좋은 물건이기 때문에 관심도가 클 수밖에 없다. 좋은 물건을 싸게 취득해야만 나중에 출구전략에서도 유리한 상황을 이끌어 갈 수 있다.

특히, 현재의 조건도 중요하지만 향후 발전 가능성, 개발 호재 등 '좀 더나은 모습으로의 확장성'이 있느냐 없느냐도 투자의 성패를 가르는 중요한요소기 때문에 주변 개발정보를 확인하고 계속 모니터링 하는 과정은 꼭필요하다.

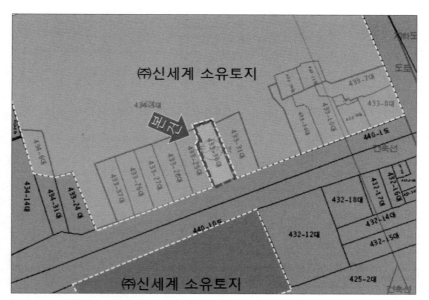

| 본 건의 위치도(위) 및 지적 개황도(하)

입찰을 준비할 때부터 영등포역 주변에 대한 개발계획을 반 발짝 빠르게 예상하였다. 역시나 2021년 4월에 진행된 4차 서울시 도시계획위원회에서 영등포 도심역세권 도시 정비구역 지정 및 정비계획 결정안이 가결되었다. 영등포역 인근 주변이 이제 슬슬 개발의 시동을 걸고 탄력을 받을 것

| 낙찰받은 본 건의 현장 모습

제4차 도시계획위원회 개최결과
【2021. 4. 7(수) 14:00, 돈의문 박물관 내 열린회의실】
■ 총 6건(원안가결 1, 조건부가결 1, 수정가결 3, 보류 1)

연번	안건명	개 요	심의결과	비고
1	〈시설계획과〉 도시관리계획(용도지역) 및 도시계획시설(종합의료시설 ,공원) 결정(변경)(안) - 보라매 병원 안심호흡기전문센터 건립 및 중랑구 공원 신규결정	○ 위 치 : 동작구 신대방동 722번지 일대(30,523㎡) ○ 내 용 : 도시계획시설(종합의료시설,공원) 및 용도지역 결정(변경) · 종합의료시설(보라매병원): 24,523㎡ → 30,523㎡ (증 6,000㎡) · 공원(보라매공원): 415,141㎡ → 409,141㎡ (감 6,000㎡) · 용도지역 변경: 제1종 일반주거지역 → 제2종일반주거지역(6,000㎡) · 공원(대체공원): 223,100㎡ 신규 지정(중랑구 신내동)	수정가결	〈신규〉 교육문화계획팀/ 도시공원계획TF 임우형 (2133-8411)
2	〈시설계획과〉 도시관리계획(용도지역) 변경 결정 및 용적률 완화 심의(안)-우이동 유원지	○ 위 치 : 강북구 우이동 산 14-3번지 일대(80,060㎡) ○ 내 용 : 용도지역 변경 및 용적률 완화 심의 · 용도지역 변경: 제1종 일반주거지역 → 자연녹지지역 · 용적률 완화 : 자연녹지지역 내 용적률 50% → 85%이하	원안가결	〈신규〉 공공시설정책팀 김성길 (2133-8408)
3	〈시설계획과〉 도시계획시설(유수지)내 건축물(체육시설) 설치를 위한 심의(안)	○ 위 치 : 영등포구 대림동 611번지 일대(25,200㎡) ○ 내 용 : 유수지 내 체육시설 설치를 위한 유수지 복개에 대한 적정성 유무 ※ 도시·군계획시설의 결정구조 및 설치기준에 관한 규칙, 제119조제2호 나목	조건부가결	〈신규〉 공공시설정책팀 김성길 (2133-8408)
4	〈도시활성화과〉 남대문 도시정비형 재개발 구역 제7-1지구 정비구역 지정 및 정비계획 결정(변경)(안)	○ 위 치 : 중구 남창동 9-1 일대(2,171.1㎡) ○ 내 용 : 정비구역 지정 및 정비계획 결정(변경) · 주용도: 업무, 판매 → 주거 · 용적률: 670%→가준 600%, 허용 734.21%, 상한 988%이하 · 건폐율: 60%이하, 최고높이: 70m이하	보류	〈신규〉 도시활성화정책팀 조거석 (2133-4633)
5	〈도시활성화과〉 영등포 도심 역세권 도시정비형 재개발구역 정비구역 지정 및 정비계획 결정(안)	○ 위 치 : 영등포동4가 461-3일대(23,094㎡) ○ 내 용 : 정비구역 지정 및 정비계획 결정	수정가결	〈신규〉 도시활성화정책팀 배현경 (2133-4635)
6	〈도시활성화과〉 문래동 도시정비형 재개발사업 정비구역 지정 및 정비계획 결정(변경) 및 경관심의(안)	○ 위 치 : 문래동1가~3가일대(185,385㎡) ○ 내 용 : 정비구역 지정 및 정비계획 결정(변경) 및 경관심의	수정가결	〈신규〉 도시활성화정책팀 배현경 (2133-4635)

| 서울시 도시계획위원회 자료

으로 보인다. 그동안 영등포구는 많은 지역 현안들이 지체되고 있으면서 도시의 슬럼화가 빠르게 진행되던 곳이었다. 하지만, 최근에 각종 개발 호재들이 속속 가시화되면서 영등포 일대 부동산 시장의 대변화를 예고하고 있다. 뛰어난 입지 조건에서도 그동안 노후화된 이미지 때문에 상대적으로 저평가 받아왔던 영등포는 풍부한 각종 개발 호재들로 상승세를 타기 시작했다.

영등포구는 2020 서울 도시기본계획에서 부도심으로 분류되어 있던 지역이었다. 하지만 꾸준하게 영등포구가 차지하는 입지의 중요성과 그 위상이 높아지다 보니, 2030 계획에서는 도심부로 분류되었고 그에 걸맞은 다양한 개발의 기반을 다지게 되었다.

과거 영등포 주변은 강남과 어깨를 나란히 할 정도로 매우 높은 가치를 인정받던 곳이기도 했으나, 준공업지역이라는 용도지역 분류의 특성상 공장지대가 크게 자리하게 되면서 개발의 한계성을 가지게 되었다. 그렇게 세월은 점점 흘러 기본적인 생활 인프라 시설들은 확장되지 못하고 정체, 노후화되기 시작하면서 도시의 순기능을 저해하는 요소들이 많아지게 되었다. 이후, 새로운 활력을 불어넣을 수 있는 도시 기능을 원하는 목소리가 높아지게 되었고, 서울시는 시대적 요구에 맞춰 주변 지역과의 관계 개선을 위한 노력에 나서게 되었다.

현재, 영등포구 2030 개발계획에 따르면 영등포동 4가(본 물건지 주변 인근) 일대에 도시 및 주거환경정비 계획법에 따른 도심 재정비사업이 진행 중이며, 고밀도 주상 복합아파트가 들어설 전망이다. 서울시는 25개 자치구 중 영등포구를 서남부지역의 예술, 쇼핑, 교통, 문화의 중심지로 집중적으로 육성한다는 계획이다. 그곳이 우리 팀이 낙찰받은 신세계백화점, 타임스퀘어, 영등포역 일대 주변이다.

또한, 낙찰받은 물건 주변으로 신월 여의 지하도로와 서부간선도로 지하도로 사업의 개통, 그리고 신안산선, GTX-B 노선 등 굵직한 교통 호재들이 진행되고 있고, 영등포 도심역세권 재개발, 제2 세종문화회관 건립 등 교통망 확충과 주변 환경 개선 및 개발로 영등포 일대의 대변화가 전망되고 있다. 아울러, 본 건과 접한 영중로를 대중교통 전용지구로 지정하여 대중교통 이용자들의 편의를 증대하고 본 건 인근의 대선제분 소유 토지를 복합산업문화거점으로 탈바꿈하여 현재 사업 시행 중이다.

| 영등포구 도심개발 실현 계획안, 영등포구청

| 영등포구 도심개발 실현 계획안, 영등포구청

| 파이낸셜뉴스 기사(2021.4.8)

또한, 50년 동안 자리를 지키던 영등포역 인근 쪽방촌과 타임스퀘어 앞을 차지하고 있던, 사실상 서울에 마지막으로 남아있던 집창촌도 역세권 주거단지로 재개발될 예정이어서 역사 속으로 사라질 날이 얼마 남지 않은 듯하다. 그 자리에 초고층 주상복합건물들이 자리를 대신할 예정이다. 이렇게 되면 영등포가 서울 서남권의 중심으로 우뚝 서게 될 것이라는 것이 주변의 평가다. 노른자위의 입지가 좋은 곳은 현재의 모습이 어떻든 간에 반드시 개발된다. 개발되면 사람이 몰리고 상권은 더욱더 활성화되며, 부동산가격은 오르기 마련이다.

우리가 낙찰받은 땅 위에 존재하는 건물에 대해 정리를 하고 나면, 수익형 부동산으로 만들어 꾸준하게 임대수익을 봐도 좋고, 각종 호재 거리를 통해 주변이 개발된다면 새롭게 개보수를 통해 통매각을 진행해도 좋을 듯하다. 행복한 상상력을 불러일으키는 기분 좋은 투자다. 이처럼 좋은 지역은 반드시 살아남게 된다. 토지든 건물이든 상가든 아파트든 그 어떤 부동산이라도 좋은 입지에 투자해야 하는 것을 명심해야 한다.

다음 사례 또한 명실상부한 대한민국의 중심 상권인 명동! 서울시 중구 명동에 나온 경매사건이다.

사건번호 : 2019 타경 104892
소재지 : 서울특별시 중구 명동2가 54-36
투자 포인트 : 명동+상업지역 부동산

| 영 수 증 | | | | |

귀 하

강성● 외 124

사 건 번 호		부동산 매수신청 보증금	물 건	비 고
타경	번 호		번 호	
2019	104892	320,235,400		
합 계				

위 금액을 틀림없이 영수 하였습니다.

20나   2. 3 .

서울중앙지방법원 집행

| 강성○ 외 124명이 공동으로 낙찰받은 영수증

근린시설 (공유물분할을위한경매)

2019 타경 104892

매각기일 2021-02-03(수) 10:00

서울중앙지방법원 `사건링크`

경매 10계 문의 : 02-530-2714 `법원위치`

소 재 지	[지 번] 서울특별시 중구 명동2가 54-36 [도로명] 서울특별시 중구 명동6길 2-2				
용도	근린시설	채권자		감정가	5,003,677,800원
건물면적	168.6㎡ (51평)	채무자	정동섭	최저가	(64%) 3,202,354,000원
토지면적	61.5㎡ (19평)	소유자		보증금	(10%) 320,235,400원
매각대상	일괄매각(토지/건물)	경매종류	공유물분할을위한경매	청구금액	0원
사건접수	2019-06-17	배당종기	2019-09-06	경매개시	2019-06-21
주의사항	주의사항 없음				

이미지

- 총 10장 `경매절차 흐름도`

기일내역

`기일내역 전체 열기 ▼`

회차	매각기일	최저매각금액	결과
신건	20.04.01	5,003,677,800	유찰
2차	20.05.13	4,002,942,000	유찰
3차	20.06.17	3,202,354,000	매각
일정	20.06.24	매각결정기일	불허가
낙찰 | 이OO | 입찰 1명 | 3,399,999,999원(67.95%)			
신건	20.09.16	5,003,677,800	변경
신건	20.10.21	5,003,677,800	유찰
2차	20.11.25	4,002,942,000	유찰
3차	20.12.22	3,202,354,000	변경
3차	21.02.03	3,202,354,000	매각
낙찰 | 강성●외 124명 | 입찰 5명 | 4,069,100,000원(81.32%)			
2등 입찰가 : 3,900,000,000원			

| 낙찰 물건 사건 기본내역

토지와 건물이 함께 진행된 일괄 매각 사건이다. 수익형 부동산의 전형적인 롤모델 지역인 명동도 흔들렸다. 시국이 코로나19의 영향으로 명동도 어려운 시기이기 때문이다. 하지만 1998년 IMF와 2008년 금융위기를 경험한 예전의 학습효과를 통해 우리는 알고 있다. 회복될 것이라는 강한 믿음이 생긴 것이다. 그것을 입증이라도 하듯이 감정가 50억이나 되는 물건을 5팀이나 입찰에 참여했다. 약 40억 가량을 입찰가로 쓰고 당당히 우리 팀이 낙찰받았다. 평당 2억 정도 되는 입찰가격이다. 대신 세월이 필요한 투자라고 보고 안전장치가 필요했다. 이럴 때 빛을 발하는 것이 리스크를 줄일 수 있는 공동 입찰이다.

서울의 가장 핵심 중심지에 공동 입찰로 깃발을 꽂게 된 것이다. 혼자서는 감히 상상도 못 하는 공동 입찰을 통해 누구도 부인할 수 없는 결과를 만들어 내었고 지금도 진행 중인 것이다. 혼자서는 감당하기 힘든 금액대이기도 하고 코로나의 영향이 언제 정상으로 회복될지 명확하지 않은 상태에서 이 어려운 시기를 극복할 수 있는 개미투자자들의 유일한 방법은 공동 입찰뿐이다. 125명이 함께 진행했고 투자 금액도 소액이기 때문에 리스크도 줄어든다.

평소 같았으면 경매는 고사하고 매매 물건도 잘 안 나오는 곳의 대표적인 곳이 명동이다. 이런 코로나19 시국이 아니었다면 우리나라에서 가장 비싼 땅값을 자랑하는 명동에 투자한다는 것은 절대 쉽지 않았을 것이다.

최소 2~3년 아니 넉넉히 4~5년이 지나면 원래의 명동다운 모습으로 회복되리라는 믿음이 투자를 할 수 있게 만들었다. 느긋한 마음을 가지고 때를 기다리면 된다. 2019년도에 감정된 가격에서 코로나 영향으로 2021년에 낙찰받았으니 저렴하게 낙찰받은 셈이다. 코로나19가 어느 정도 해소되는 시점이 되고 외국인들의 발길이 다시 찾게 되는 시점에는 적당한 가격에 임대를 놓을 수도 있을 것이다. 위기일 때 오는 것이 기회라고 했던가. 몇 년 지나 보면 시간이 말해 줄 것이다.

구글 검색에서 '명동 땅값'이라고 검색을 해보았다. 대한민국에서 가장 비싼 땅으로 명동의 네이처리퍼블릭 건물이 있는 땅이 평당 6억 8천만 원으로 17년째 1위라는 2021년 5월 30일 뉴스핌 인터넷 기사가 눈에 띈다. 또한, 국토교통부(국토부)가 2020년 말 발표한 전국 표준지 공시지가에 따르면 명동 네이처리퍼블릭 부지 가격은 1㎡당 2억 650만 원(평당가 약 6억 8,145만 원)으로 18년 연속 최고가를 기록 중이다. 면적이 169.3㎡(약 51평)임을 감

| 명동 땅값 - 구글 검색 결과

안하면 부지 전체 가격은 350억 원에 육박하는 셈이다.

이 토지 또한 IMF 때 경매로 약 41억 원에 낙찰받아 현재까지도 보유 중인 부동산이라는 점이다. 전국 땅값 상위 10위는 모두가 명동 일대의 땅들이라는 것은 새삼 놀라운 사실이다. 우리 팀(강성○ 외 124명)이 낙찰받은 명동 토지도 평당 2억 정도로 낙찰받았으니, 네이처리퍼블릭(평당 6억 8천만 원)에 비하면 정말 싸게 낙찰받은 것을 다시 한번 느끼는 순간이다. 물론, 토지가 위치하는 입지도 다르고, 토지마다 개별성이 강하기 때문에 가격의 단순 비교는 사실 불가하다. 하지만 명동 중심부에 위치하고, 중심부 섹터에 들어가는 자리라는 의견에는 이견은 없을 것이다. 아무리 보수적으로 본다고 해도 즉, 네이처리퍼블릭(평당 6억 8천만 원) 땅값의 50%인 반값 정도의 가격이라 해도 평당 3억 4천만 원인 셈인 것을 고려하면 낙찰가격이 절대 나쁘지 않다는 것을 다시 한번 강조하고 싶다.

즉, 그 가격에 비하면 우리가 낙찰받은 가격은 경쟁력 있는 가격임이 틀림없었다. 경기가 회복되고, 글로벌 상권으로 K패션, K뷰티 상품을 파는 관광명소로 제2의 도약을 맞이하는 그날이 되면 분명 명동은 다시 회복할 것이다. 어려울 때를 버티는 자가 결국 승리하게 된다는 믿음을 가지고 말이다.

| 입찰 당시 명동 건물의 현장모습

06

개발지의 배후지 공략은
투자의 정석

성공적인 부동산 투자를 위해 가장 먼저 체크해야 할 사항은 좋은 지역을 선택하는 것이다. 좋은 지역을 아주 간단히 확인할 수 있는 것 세 가지는 인구 유입, 개발 계획, 도로망(교통망)이다. 그중에서도 첫 번째는 인구다. 즉, 인구가 많거나 늘어나고 사람이 모일 수 있는 곳이어야 한다. 인구의 이동과 유입되는 패턴을 보면 흔히들 말하는 뜨는 지역을 판단하기가 용이하다.

부동산 가격 특히, 토지가격에 긍정적 영향을 주는 주된 요인을 보면 인구의 증가, 도시의 개발 및 확장, 도시의 팽창 속도, 접근성과 연관된 도로나 철도와 같은 기반 시설의 증설 및 개설, 각종 개발 계획 및 건설, 고급 일자리의 증가 등 부동산가격을 상승시키는 요인은 한둘이 아니다.

일자리가 늘어난다는 것은 인구가 늘어난다는 것을 말하고, 인구가 늘어난다는 것은 곧 일자리가 늘어난다는 것으로 이해하면 맞다. 즉, '일자리=인구 증가'라고 보면 된다.

이처럼 부동산가격을 상승시키는 여러 요인 중 가장 핵심이라고 할 만한 인구 증가에 대한 부분을 살펴보면 다음과 같다. 인구 증가 요인은 출산에 따른 자연적 증가와 인구 이동에 따른 사회적 증가 두 가지로 요약될 수 있다. 출산에 따른 인구의 증가는 사실상 기대하기 힘든 것으로 본다면 '사회적 증가'가 주된 증가 요인이 된다.

사회적 증가의 주된 원인은 일자리(직업, 취직)에 의한 것과 학교(학군)에 의한 것이다. 이 중에서도 학군에 의한 경우는 주로 도시 권역 내에서 일어나는 현상으로 토지 가격보다는 아파트 등과 같은 건물 가격에 직접적인 영향을 미치는 요소이기 때문에 이를 배제하면 남는 것은 일자리(직업, 취직)에 의한 것으로 요약된다.

일자리 중 조선과 항만, 항공, 철강, 제철, 디스플레이, 석유화학, 반도체, 자동차산업, 첨단산업, 복합리조트 등 사람을 많이 필요로 하는 고급 산업 분야들이 유치되었거나 예정인 지역은 투자 우선 지역이다. 이들은 경제 전반을 이끌어가는 국가 산업의 선두 그룹에 속하는 산업군으로 주로 국가 차원이나 대기업들이 주도하는 산업이라 할 수 있다. 이런 산업이 있는 부산, 울산, 포항 등 대부분 경제적으로 윤택하고 여유가 있다. 하지만 그런 산업이 있는 지역에서도 이미 성장의 단계가 지난 지역보다는 이제 막

성장을 하거나 계획을 세운 곳이 유력하다.

일자리에 의한 인구의 증가는 말 그대로 '인구의 증가'가 아닌 '인구의 이동'이라고 보는 것이 맞는 표현이다. 예를 들어 부산에 사는 청년이 일자리를 위해 경기도로 옮겨 왔다면 부산 인구는 -1, 경기도 인구는 +1이 되는 것이며, 그 차이는 2가 되는 것이다.

상당 부분의 일자리를 창출하는 곳이 대기업이라고 본다면 대기업이 몰려 있는 서울과 수도권에는 일자리 때문에라도 사회적 인구 증가는 계속될 것이다. 어느 취업 전문 기관에서 전국의 4년제 대졸 신입 구직자 354명의 입사 희망 지역에 대해 설문조사를 실시한 결과 58.2%가 서울에서 일하고 싶다고 밝혔으며, 10.7%는 인천·경기 등 수도권(서울 제외)을 희망해 전체 응답자 10명 중 7명이 서울 및 수도권 기업에 입사를 희망하는 것으로 나타났다고 한다. 일자리가 늘어나는 곳. 즉 대기업이 유치되는 배후지에 투자한 다음의 사례를 보자.

경기도 평택시 서탄면 수월암리에 나온 매각 물건이다. 감정가 약 36억 대에서 경매가 시작되어 17억 8천만 원대에서 낙찰이 되었다가 매각 불허가 결정으로 다시 경매되었고, 무려 17팀이 입찰에 참여, 우리 팀 82명이 공동 입찰로 28억 6천3백만 원, 감정가 79%에 낙찰받았다.

사건번호 : 2013 타경 18477
소재지 : 경기도 평택시 서탄면 수월암리 675-6외 4필지
투자 포인트 : 도로 확장·포장+토지 보상+대규모 산업단지 배후지

창고 (임의경매)
매각기일 2015-09-07(월) 10:00

2013 타경 18477

수원지방법원 평택지원 [사건링크]
경매 5계 문의 : 031-650-3154 [법원위치]

소재지	[지 번] 경기도 평택시 서탄면 수월암리 산73-3, 외 4필지 (총 5필지)				
용도	창고	채권자	평택축산업동조합	감정가	3,608,547,000원
건물면적	140㎡ (42.35평)	채무자	최향복	최저가	(49%) 1,768,188,000원
토지면적	15377㎡ (4,652평)	소유자	최향복외1명	보증금	(10%) 176,818,800원
매각대상	토지/건물일괄매각	경매종류	임의경매	청구금액	2,190,000,000원
사건접수	2013-11-21	배당종기	2014-02-11	경매개시	2013-11-22
주의사항	농지취득자격증명, 분묘기지권, 유치권				

이미지
- 총 25장 [경매절차 흐름도]

기일내역 [기일내역 전체 열기 ▼]

회차	매각기일	최저매각금액	결과
신건	14.05.26	3,608,547,000원	유찰
2차	14.06.30	2,525,983,000원	유찰
3차	14.08.04	1,768,188,000원	변경
3차	14.09.11	1,768,188,000원	매각
낙찰	고●	입찰 1명	1,784,000,000원(49.44%)	
일정	14.09.18	매각결정기일	불허가
3차	15.09.07	1,768,188,000원	매각
낙찰	가기●외81명	입찰 17명	2,863,000,000원(79.34%)	
2등 입찰가 : 2,772,000,000원			
일정	15.09.14	매각결정기일	허가
일정	15.10.21	대금지급기한 (납부 2015.09.25)	납부
배당종결 사건			

| 낙찰 물건 사건 기본내역

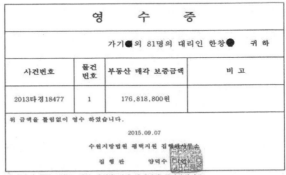

| 가기○ 외 81명이 공동으로 낙찰받은 물건의 영수증

평택은 삼성, LG 등 반도체 디스플레이 클러스터와 완성차 업체 및 관련 부품기업 클러스터로 4차 산업 혁명의 중심 도시로 거듭나고 있다는 평가를 받는 곳이다. 평택에는 총 15개 산업단지(1천 702만 4천793㎡)에 680개 기업체가 가동 중이고, 약 5만여 명이 일하고 있다. 특히, 수월암 일대는 대기업 관련 1차, 2차 협력 회사들이 공장 및 물류 부지 등을 확보하기 위한 움직임을 보이는 지역으로 꽤 인기가 높은 지역이다.

본 사건의 최초 경매 시작일은 2014년 5월경이었으나 유찰되다가 9월경 3차 때 낙찰 후 농지취득자격증명서 미발급 사유로 매각 불허가되어 1년이 지난 2015년 9월에 다시 경매가 진행된 사건이다. 그 사이 물건지 주변의 현장들이 개발되기 시작한 상황이었고, 더군다나 현장 조사 당시 본 물건지 바로 앞의 도로를 확장하는 포장 공사가 진행 중이었다.

최초 경매가 진행될 당시보다 훨씬 좋은 투자 여건으로 바뀌고 있는 현장 모습에 주변 조사를 해보니 경쟁입찰자가 상당하겠다고 판단되었고, 역시 예상대로 많은 경쟁자가 몰려들었다. 그만큼 좋은 물건이라는 방증이다. 특히 본 물건지는 오산세교 2택지지구로부터 3km, 향남 IC로부터 3km, LG 산업단지 3km, 진위일반산업단지 5km 등 입지적으로도 뛰어났으며, 인근지역에 고덕국제신도시와 삼성전자 반도체 공장도 개발하고 있어 향후 미래가치 또한 우수한 물건이었다.

또한, 낙찰받은 토지의 일부(675-10)가 도로 확장·포장 공사 범위에 들어가서 수용되게 되어 추가로 보상금을 지급받을 수 있었다. 물론 입찰하기 전에 확인한 내용이다. 주변의 도로공사가 마무리되고 본 물건지 주변으로

| 본 물건지 주변 도로의 확장 공사 및 주변 개발 모습

| 낙찰자 모임 및 대출자서 진행 모습

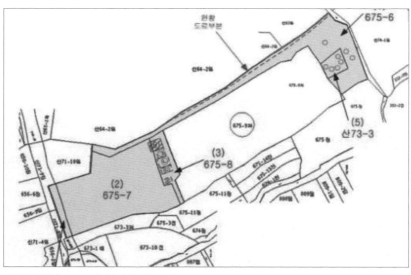

| 평택 수월암리 675-10번지와 지적개황도 모습

크고 작은 중소기업들이 공장을 세우고 창고를 지으며 몰려들기 시작했다. 상황을 살펴보니 이때쯤이 매각할 타이밍이다.

낙찰받은 가격은 28억 6,300만 원(약 평당 61만 원), 매각가는 51억 2,100만 원(약 평당 110만 원)이었다.

| 토지수용 통지 및 보상금 지급 확인서

| 본 건 주변 도로 확장 및 포장 공사 마무리 모습

| 매각 결산 및 배당금 지급 모임 모습

사건번호 : 2015 타경 3463
소재지 : 충청남도 천안시 서북구 직산읍 모시리 216-7
투자 포인트 : 개발 예정지의 배후지 선점

이번 물건은 개발 예정지 배후지를 남들보다 반 발짝 빠른 투자사례이
다. 도시첨단산업단지로 주목받고 있는 천안시 직산읍 모시리 50번지 일
원, 사업 규모 26만 1,237㎡(약 7만 9천 평)의 면적에 충남 천안시가 직산읍
모시리에 도시첨단산업단지 유치를 위한 입지 수요 조사서를 국토교통부
에 제출한 상태로 이 지역에 매각 물건이 떴다. 직산 도시첨단산업단지 주
요 유치업종으로는 파급효과가 큰 자동차부품, 2차 전지 산업, 스프링 소
재 가공, 공공 연구기관 유치를 통한 연구 개발 기능, 산업단지 형 행복주
택 공급 등을 비롯해 고부가가치 첨단산업단지, 복합산업단지 등으로 조성
한다는 계획이다.

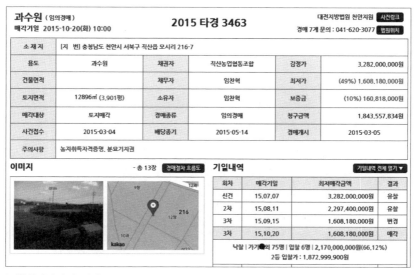

| 낙찰 물건 사건 기본내역

| 사전 입찰 전략회의 모습

| 입찰 당시 현장의 모습

부동산공동경매로 강남빌딩 투자하기

| 매각 결산 및 배당금 지급 모습

소문만으로도 영향을 받는 것이 토지시장이다. 하물며 구체적 실행계획들이 차근차근 진행되고 있는 것을 알게 된 이상 투자를 망설일 이유가 없다. 투자도 용기가 필요하고 실행력도 필요한 분야다.

이런저런 다양한 투자를 진행하다 보면 소위 말하는 '눈먼 땅'이 걸리는 경우가 간혹 있다. '눈먼 땅'이란 개발 호재도 적당히 있으면서 투자 금액대도 그렇게 높지 않고, 지역 특성상 향후 매수인 입장에서는 꼭 필요한 물건(잡종지가 적당히 섞여 있어 야적장으로 사용하는 등 다양한 활용을 고려해 볼 수 있는 부동산 중에 일반투자자들 눈에는 잘 안 띄고 관련업종 종사자에게는 꼭 필요한 물건)을 말한다. 다음이 그런 사례라 할 수 있다.

사건번호 : 2014 타경 14313
소재지 : 세종특별자치시 전의면 유천리 433 외 2필지
투자 포인트 : 세종시의 후광효과+적당히 용돈벌이 하기 좋은 물건

이번 물건은 세종시의 배후지로 소액으로 단기간에 투자한 사례이다. 감정가 약 9억 3천5백만 원에서 고윤○ 외 42명이 소액으로 공동 입찰해서 7억 8천8백만 원으로 낙찰받았다. 전체 면적은 1,689평으로 지목이 주로 잡종지로 이루어진 토지이다. 세종특별자치시가 성장하는 개발과정으로 볼 때 적당한 이익을 취하고 빠져나올 수 있는 그런 물건이라 입찰을 진행했고 매각가는 9억 8천만 원, 예상대로 적당히 용돈벌이한다 생각하기 좋은 물건이었다.

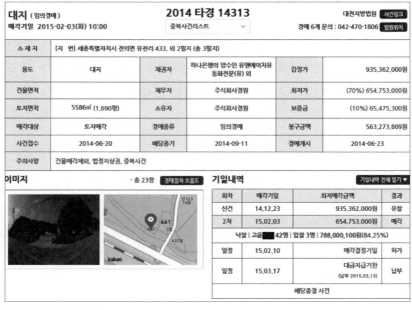

대지 (임의경매)			2014 타경 14313		대전지방법원 사건링크	
매각기일 2015-02-03(화) 10:00			중복사건리스트 ∨		경매 6계 문의 : 042-470-1806 법원위치	
소재지	[지 번] 세종특별자치시 전의면 유천리 433. 외 2필지 (총 3필지)					
용도	대지	채권자	하나은행의 양수인 유엔에이차유 동화전문(유) 외	감정가	935,362,000원	
건물면적		채무자	주식회사경원	최저가	(70%) 654,753,000원	
토지면적	5586㎡ (1,690평)	소유자	주식회사경원	보증금	(10%) 65,475,300원	
매각대상	토지매각	경매종류	임의경매	청구금액	563,273,809원	
사건접수	2014-06-20	배당종기	2014-09-11	경매개시	2014-06-23	
주의사항	건물매각제외, 법정지상권, 중복사건					

이미지	- 총 23장 경매절차 흐름도	기일내역			기일내역 전체 열기 ▼

회차	매각기일	최저매각금액	결과
신건	14.12.23	935,362,000원	유찰
2차	15.02.03	654,753,000원	매각
낙찰	고윤▨ 42명	입찰 3명	788,000,100원(84.25%)		
일정	15.02.10		매각결정기일	허가
일정	15.03.17		대금지급기한 (납부 2015.03.13)	납부
		배당종결 사건		

| 낙찰 물건 사건 기본내역

지번	면적	지목	용도
433	89㎡ (26.92평)	대지	계획관리 지역
434-1	509㎡ (153.97평)	잡종지	계획관리 지역
441	4,988㎡ (1508.86평)	잡종지	계획관리 지역

| 지적개황도 모습

| 물건지 현장 모습

| 고윤○ 42명이 공동으로 낙찰받은 영수증

| 낙찰자 모임 모습

이번 사례는 경기도 안성시 도기동에 나온 물건으로 개발지 배후지 투자의 정석을 보여주는 사례이다. 본 물건지는 아양택지지구로부터 1km, 남안성 IC로부터 2km, 제2의 평택으로 급부상하고 있는 안성시내 요지 중에 23번 국도를 끼고 있는 좋은 위치의 물건이다.

사건번호 : 2014 타경 9081(물건 번호1)
소재지 : 경기도 안성시 도기동 476-1
투자 포인트 : 개발예정지의 배후지 공략

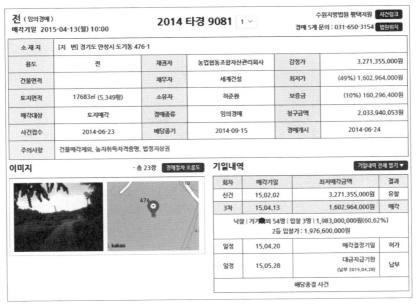

전 (임의경매) 매각기일 2015-04-13(월) 10:00		2014 타경 9081	1 ∨	수원지방법원 평택지원 [사건링크] 경매 5계 문의 : 031-650-3154 [법원위치]	
소재지	[지 번] 경기도 안성시 도기동 476-1				
용도	전	채권자	농업협동조합자산관리회사	감정가	3,271,355,000원
건물면적		채무자	세계건설	최저가	(49%) 1,602,964,000원
토지면적	17683㎡ (5,349평)	소유자	하준환	보증금	(10%) 160,296,400원
매각대상	토지매각	경매종류	임의경매	청구금액	2,033,940,053원
사건접수	2014-06-23	배당종기	2014-09-15	경매개시	2014-06-24
주의사항	건물매각제외, 농지취득자격증명, 법정지상권				

이미지 - 총 23장 [경매절차 흐름도]

기일내역 [기일내역 전체 열기 ▼]

회차	매각기일	최저매각금액	결과
신건	15.02.02	3,271,355,000원	유찰
3차	15.04.13	1,602,964,000원	매각
낙찰	가가**외 54명	입찰 3명	1,983,000,000원(60.62%) 2등 입찰가 : 1,976,600,000원		
일정	15.04.20	매각결정기일	허가
일정	15.05.28	대금지급기한 (납부 2015.04.29)	납부
배당종결 사건			

| 낙찰 물건 사건 기본내역

사업명 : 아양지구택지개발사업
위치 : 안성시 옥산, 석정, 아양, 도기동 일원
면적 : 847,839.4㎡(256,921평)

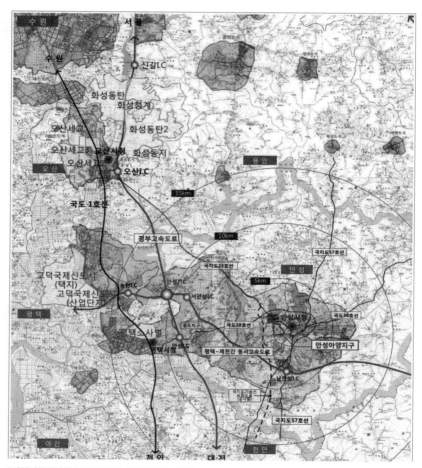

| 아양지구택지개발사업 배치도, 안성시청 홈페이지

| 입찰 당시 안성 아양택지지구 개발현장 모습

| 입찰 당시 현장모습

평택과 접해있는 안성은 충청도·전라도·경상도를 잇는 교통의 요지로 고삼(古三)저수지·금광(金光)저수지·마둔(馬屯)저수지·칠곡(七谷)저수지 등이 주변의 농경지에 관개용수를 공급할 정도로 농산물 작황이 훌륭한 지역이다. 그런 이유로 농산물의 집산지로 안성장이 유명하다. 전 토지의 48%가 산지로 구성되어 있을 정도로 개발할 수 있는 평평한 땅이나 경사가 얕은 땅이 귀한 지역이기도 하다.

경부고속도로가 서부지역을 남북으로, 중부고속도로가 동쪽을 남북으로 지나고 있지만 중심부인 안성 시내를 관통하지 못해 사실상 교통망의 중심에서 벗어난 느낌을 지울 수 없다. 물론 2008년 말 평택~음성 간 고속도로가 개통되어 경부고속도로의 교통량을 분산시켜주는 역할을 하고는

영 수 증			
가기●외 54명의 대리인 정승● 귀 하			
사건번호	물건 번호	부동산 매각 보증금액	비 고
2014타경9081	1	160,296,400원	

위 금액을 틀림없이 영수 하였습니다.

2015.04.13

수원지방법원 평택지원 집행관

집 행 관   양덕수

※ 사건에 대한 문의는 민사 집행과 담당 경매계에 문의하십시오.

| 가기○ 외 54명이 공동으로 낙찰받은 영수증

있다지만 그동안 경기도 지역 내에 개발이 더딘 지역 중 대표적인 곳이 안성시라 할 수 있다.

그런 안성시가 최근 몇 년 전부터 변하기 시작했다. 대규모 택지개발사업을 시작으로 도로망을 계획하고 인구 유입을 꾀하고 있다. 그 중심축에는 아양 택지지구가 있고 바로 그 배후지에 좋은 물건이니 탐나지 않을 수 없었다.

낙찰가 약 19억 8천3백, 매각가 29억, 55명의 개미투자자가 모여 엄청난 투자 효과를 낸 것이다. 투자는 흐름과 타이밍이 중요하다. 흐름이란 어떤 지역이 그동안 저평가 또는 개발성장동력을 닫지 못하고 있다가 어느 순

| 매매계약서 작성 모습

간 서서히 변화를 꾀하는 움직임들이 나타난다. 그것들을 알아차려야 한다. 그 지역의 개발 흐름도 정치, 경제, 사회적 변화에 따라 롤러코스트 타듯 흐름이 있다. 그 지역의 개발 흐름과 속도감 있는 현장 변화를 감지해낼 수 있는 능력도 필요하다. 다년간 투자 경험에서 쌓인 본능적인 투자 감각. 그것을 바로 '촉'이라 부른다.

| 매각결산 및 배당금 지급 모임 모습

사건번호 : 2014 타경 19860 (물건 번호:3)
소재지 : 경기도 하남시 감북동 378-22
투자 포인트 : 입지가 좋은 곳의 가치

　입지가 좋은 곳은 언젠가 그 가치를 한다. 본 물건의 현황상 위치는 서하남IC 출구에서 100m, 한국도로공사 부지 맞은편에 소재하고 있으며, 주변은 음식점, 단독주택, 빈 집터, 창고 등이 혼재해 있는 아직은 미성숙 지역이다. 하남시는 서울~춘천 고속도로, 서울외곽순환도로, 올림픽대로, 포

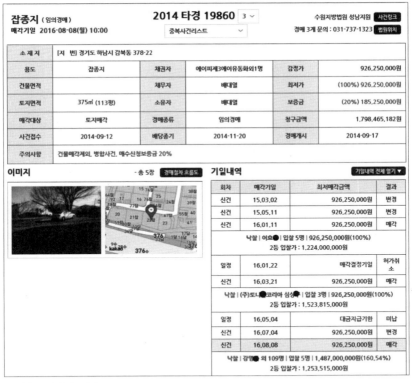

잡종지 (임의경매) 매각기일 2016-08-08(월) 10:00		**2014 타경 19860** 3 ∨ 중복사건리스트		수원지방법원 성남지원 사건링크 경매 3계 문의 : 031-737-1323 법원위치	
소 재 지	[지 번] 경기도 하남시 감북동 378-22				
용도	잡종지	채권자	에이피제3에이유동화외1명	감정가	926,250,000원
건물면적		채무자	배대열	최저가	(100%) 926,250,000원
토지면적	375㎡ (113평)	소유자	배대열	보증금	(20%) 185,250,000원
매각대상	토지매각	경매종류	임의경매	청구금액	1,798,465,182원
사건접수	2014-09-12	배당종기	2014-11-20	경매개시	2014-09-17
주의사항	건물매각제외, 병합사건, 매수신청보증금 20%				

이미지　　　　- 총 5장　경매절차 흐름도

기일내역　　기일내역 전체 열기 ▼

회차	매각기일	최저매각금액	결과
신건	15.03.02	926,250,000원	변경
신건	15.05.11	926,250,000원	변경
신건	16.01.11	926,250,000원	매각
낙찰 : 이효●	입찰 5명	926,250,000원(100%) 2등 입찰가 : 1,224,000,000원		
일정	16.01.22	매각결정기일	허가취소
신건	16.03.21	926,250,000원	매각
낙찰 : (주)토니●코리아 심상●	입찰 3명	926,250,000원(100%) 2등 입찰가 : 1,523,815,000원		
일정	16.05.04	대금지급기한	미납
신건	16.07.04	926,250,000원	변경
신건	16.08.08	926,250,000원	매각
낙찰 : 강명● 외 109명	입찰 5명	1,487,000,000원(160.54%) 2등 입찰가 : 1,253,515,000원		

| 낙찰 물건 사건 기본내역

천~세종 간 고속도로(예정), 강동대교 등 교통접근성이 상당히 좋은 곳으로
미사지구, 위례지구, 하남강일공공주택지구 등 서울시의 주택수급 대체지
로 급부상 중인 곳이며, 늘 신도시 후보지에 오르내리는 입지 좋은 곳이기
도 하다. 지하철 5호선의 연장(강일역, 미사역, 풍산역 등)과 9호선 연장선의 연장
으로 인한 부동산 가격 상승은 당연히 예상되는 지역이었다.

위의 사건내역을 살펴보면 감정가 약 9억 2천6백만 원, 낙찰가는 14억 8
천7백만 원으로 무려 감정가의 161% 가격으로 입찰해서 낙찰받았다. 신건
에 그것도 감정가를 살짝 넘긴 정도가 아니라 160% 넘게 입찰가격을 적어
낸 것은 분명한 이유가 있다.

| 네이버 지도로 찾아본 물건 위치

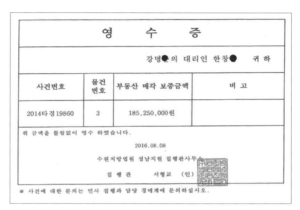

영 수 증			
강명●의 대리인 한창● 귀 하			
사건번호	물건번호	부동산 매각 보증금액	비 고
2014타경 19860	3	185,250,000원	

위 금액을 틀림없이 영수 하였습니다.

2016.08.08

수원지방법원 성남지원 집행관사무소

집 행 관   서형교   (인)

※ 사건에 대한 문의는 민사 집행과 담당 경매계에 문의하십시오.

| 강명○ 외 109명이 공동으로 낙찰받은 영수증

| 낙찰자 모임 모습

첫 번째, 입지가 워낙 뛰어나다 보니 투자를 위해 매매로 사려고 해도 적당한 매매 물건이 없는 상황에서 때마침 경매 물건이 등장했다는 점, 두 번째, 서하남 IC 100m 부근에 위치하여 사통팔달 연결되는 도로망과 신설되는 교통망들이 진행되고 있다는 점, 세 번째, 범강남권으로 인정하기 시작하는 하남시 감북동의 지리적 위치는 향후에도 높은 몸값을 자랑할 것이라는 점 등이다. 이러한 이유로 투자자 110명이 신건에 높은 가격으로 입찰하였고, 이후 무려 10억의 수익을 낸 24억 3천만 원에 매각하였다.

| 매각 결산 및 배당금 지급 사진

07

개발계획에서 해제된 물건 투자하기

부동산 투자에서 입지가 중요하다는 말은 수없이 들어봤을 것이다. 왜 중요할까? 부동산이 위치하는 곳을 소재지라고 한다. 소재지를 다음과 같이 설명해 보면 훨씬 이해가 잘되고 투자의 느낌이 올 것이라 확신한다. 본 매각 물건이 나온 곳이 '경기도 평택시 현덕면 대안리'다. 본 물건은 평택호 관광단지로 지정되었다가 해제된 지역에 해당하는 물건이다.

사건번호 : 2014 타경 12032
소재지 : 경기도 평택시 현덕면 대안리 101-5 외 6필지
투자 포인트 : 평택호관광단지 해제되는 물건+저평가된 감정가

경기도는 대한민국의 기업과 인구 그리고 산업이 가장 많이, 빠르게 늘어나는 곳이다. 그중에 평택시는 세계적인 대기업 삼성과 LG가 선택했고. 경기 남부권의 교통요충지로 급부상 중이고 첨단산업의 메카로 자리 잡고 있는 곳이다. 좀 더 자세히 살펴보면 현덕면은 개발의 박차를 가하고 있는 현덕지구(70만 평) 개발사업과 평택호관광단지 사업이 시작되는 곳으로 그중 대안리는 평택의 서·남부지역을 관통하기 위해 새롭게 계획된 '평택호 횡단 도로'가 지나는 곳이다. 자세한 내용은 뉴스 기사를 참고하기 바란다.

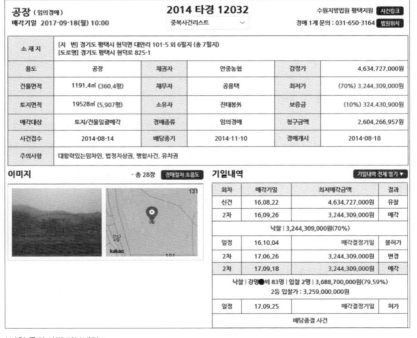

| 낙찰 물건 사건 기본내역

전국뉴스

chosun.com 조선일보 chosun.com

"평생 본다 해도 질리지 않을 것... 지금이 평택 투자 최적기"

권상은 기자

입력 : 2017.08.30 03:06

삼성·LG 등 대규모 투자해 산업단지 개발
고덕신도시·미군기지, 부동산 경기 이끌어
평택항은 7년째 자동차 수출입 1위

평택항 자동차 전용부두와 컨테이너 부두에 차량과 화물이 빼곡이 들어차 선적을 기다리고 있다. / 경기평택항만공사 제공

◇삼성·LG 등 대규모 투자 나서

7월 4일 본격 가동에 들어간 삼성전자 평택 반도체단지는 전체 면적이 289만㎡(87만5000평, 축구장 약 400개 넓이)로, 현재 국내 최대 반도체 생산 단지인 기흥·화성 단지를 합한 면적(91만평)과 맞먹는 규모다. 단일 반도체 생산라인 투자로는 사상 최대 규모로 41조원의 생산유발, 15만명의 고용창출을 기대하는 프로젝트이다. 이 때문에 '삼성 효과'를 기대하며 인근에서 부동산 개발도 활발하게 진행되고 있다.

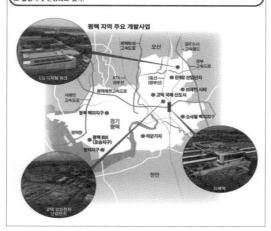

| 평택 투자에 대한 관련 기사(조선일보)

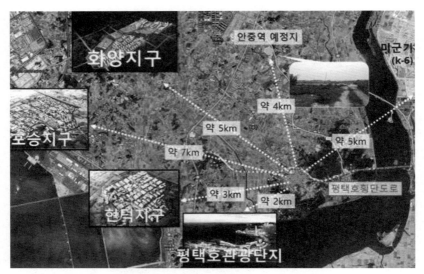

| 물건지(별표시) 주변 개발 예정 내용

| 본 경매 물건에 대한 물건브리핑 모습

본 매각 물건은 반경 약 2km~5km 내에 화양지구 도시개발사업지, 황해경제자유구역 포승지구(BIX), 현덕지구 개발 예정지, 안중역세권 개발지, 평택호관광단지 개발사업 및 평택호 횡단 도로 건설 등 서평택 일대의 굵직한 개발 호재가 진행되고 있는 곳이다. 2014년에 경매가 진행된 물건으로 감정가 46억 3천4백만 원에 토지면적은 5,907평으로 규모가 큰 매각 물건이 저평가되어 경매에 나온 것이다. 평당 약 78만 4천 원꼴이다. 1회 유찰된 이후 우리 클럽 회원 84명이 약 36억 8천8백7십만 원에 낙찰받았다. 낙찰된 평당가는 62만4천 원꼴이다. 당시 평택호 횡단 도로 개발사업이 진행 중이었고, 물건지 주변의 매물도 귀해 꾸준히 가격상승이 이어지고 있는 지역이므로 좋은 가격에 낙찰받은 사례라 할 수 있다.

|해당 물건 현장사진

| 낙찰받을 당시 물건 주변 평택호횡단도로 공사모습

영 수 증

강명●의 대리인 한인● 귀 하

사건번호	물건번호	부동산 매각 보증금액	비 고
2014타경12032	1	324,431,000원	

위 금액을 틀림없이 영수 하였습니다.

2017.09.18.

수원지방법원 평택지원 집행관사무소

집 행 관   김채수

※ 사건에 대한 문의는 민사 집행과 담당 경매계에 문의하십시오.

| 강명○ 외 83명이 공동으로 낙찰받은 영수증

1) 개발성격 및 목표

가) 개발성격

- ○ 개발유형 : 국제형 복합 휴양관광단지
- ○ 표적시장 : 전국권, 동북아시아(중국, 일본 등), 미국
- ○ 이용실태 : 체험 및 휴양시설로 국제형 복합 휴양관광단지로서의 이용계획

2) 개발기본구상(안)

사계절 자연과 문화의 즐거움이 있는 곳 「친수형 복합 관광휴양지」

▶ 동북아시아와 미국을 타켓으로 하는...
　　　　　　　　체험형 국제적 관광거점

▶ 국내 관광자원의 연계 및 차별화를 통한...
　　　　　　　　복합형 리조트 조성

▶ 천혜의 자연자원(인공담수호)을 중심으로 다양한 Contents가 자연·인간·문화역사속에서 속에서 어우러지는... 　　새로운 스타일의 창조

3) Zonning

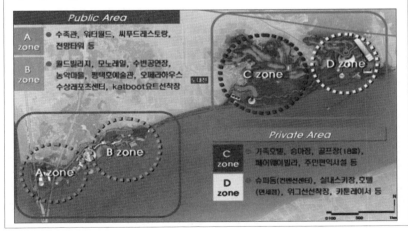

| 평택호 관광단지 개발계획안

본 물건을 반드시 입찰해야만 하는 또 하나의 결정적인 이유가 있다. 원래 본 매각 물건은 평택호관광단지 개발사업 지역 內에 포함되었던 곳이었다. 약 80만 평 규모로 진행되던 개발사업은 현덕면 권관리, 대안리, 신왕리 등을 포함하고 있었으나, 과도한 개발 면적으로 사업성 악화 및 지지부진한 진행을 우려, 약 20만 평 규모로 축소하면서 본 매각 물건은 사업지 대상 지역에서 제외되었다. 체계적 개발을 위해 개발행위 제한지역(사유재산권 행사 제한)으로 묶였던 곳이 이렇게 해제되면 이제까지 해당지역 지주들에게 사유재산권 행사를 막아온 보상의 개념으로 해당 지역을 '성장관리방안 수립지역'으로 지정하고 기반 시설 설치 및 용도, 각 토지 유형별 개발의 가이드라인을 정하여 개발을 할 수 있도록 풀어주게 된다.

| 평택호관광단지 해제지역 성장관리방안 수립 지역 총괄도

그에 따른 인센티브 즉 본 물건지 주변 약 91.3%가 계획관리지역이기 때문에 건폐율(40%에서 50% 상향)과 용적률(100%에서 125% 상향)을 상향해준다. 정부 정책 진행 과정 중에 개발지역 내에 포함되었다가 사업 규모의 축소로 인해 개발지역 배후지로 풀려나는 형상이 되는 것이다. 이렇게 되다 보니 그동안 눌려 있던 개발압력의 가치를 한 번에 가져오게 되어(일명:스프링효과) 토지가격 상승으로 이어진다. 앞으로 토지 가치상승 여력이 얼마가 될지는 아무도 모르지만 한 가지 확실한 것은 개발지의 배후지로서 활용가치는 지속될 것이다.

| 평택시와의 주민 동의서 제출 및 보상 절차 개시 협의 사진

토지가격 상승에 따른 평당 가격으로 시뮬레이션하면 투자의 미래가치가 실감 날것이다. 5,907평×62만 4천 원(평당가)=약 36억 8천8백7십만 원(낙찰가), 5,907평×80만 원=약 47억 2천5백6십만 원, 5,907평×100만 원=약 59억 7백만 원. 본 물건을 낙찰 받고 법적인 문제들(유치권, 법정지상권, 구거점용, 무허가 건축물처리 및 임차인의 명도 등)을 해결하고 나니 반가운 소식이 들려왔다. 2021년 6월. 평택호관광단지 사업에 필요한 보상 절차가 시작된 것이다. 개발지 현장이 움직이기 시작했으니 이런저런 수익적 방안을 고민하기 시작했다. 평택호관광단지 사업 진행 상황을 보며 일부 필지를 매각하여(약 6,000평에 가까운 면적이니 천천히 분할 매각하여 수익 실현도 가능) 투자금을 우선 회수하고, 단계별로 수익을 노리는 방안도 적극 고려해 볼 필요가 있었다.

마침 적극적인 매수자가 있어 재투자를 위해 55억 5천5백만 원에 매각을 결정하였다. 예상한 정도의 금액이니 나쁘지 않은 결과인 듯하다.

| 매각 물건 배당 모습 사진

〈성장관리 방안 제도 이해하기〉

1. 관련 법령 및 지침
국토의 계획 및 이용에 관한 법률 58조(개발행위 허가의 기준 등)
④특별시장·광역시장·특별자치시장·특별자치도지사·시장 또는
군수는 난개발 방지와 지역특성을 고려한 계획적 개발을 유도하기
위하여 필요한 경우 대통령령으로 정하는 바에 따라 개발행위의 발
생 가능성이 높은 지역을 대상 지역으로 하여 기반 시설의 설치·변
경, 건축물의 용도 등에 관한 관리 방안(이하 "성장관리 방안"이라
한다)을 수립할 수 있다.

2. 성장관리 방안수립지침
가. 성장관리 방안의 성격 및 정의
○성장관리 방안은 개발압력이 높아 무질서한 개발이 우려되는 지
  역 등을 대상으로 해당 지자체장이 자율적으로 수립하는 계획
○성장관리 방안은 미래의 개발행위를 예측하여 이에 대한 계획적
  개발 및 관리 방향을 제시하는 유도적 성격의 계획
○성장관리 방안수립지역:지역 특성, 개발 여건 등을 고려하여 계획
  적 개발 및 관리를 통한 난개발 방지를 목적으로 성장관리방안
  을 수립하기 위하여 설정한 지역 또는 성장관리방안이 수립된 지
  역
○성장관리 방안:개발 압력이 높은 지역 등에 대하여 기반 시설의
  설치 변경, 건축물의 용도 등에 관한 기본방향을 미리 설정함으로
  써 당해 지역의 계획적 개발을 유도해 나가고자 하는 방안

3. 성장관리 방안의 개념
○유도계획:개발압력이 높은 지역에 미래 개발행위의 기본방향을
  미리 설정하여 계획적 개발을 유도
○비시가화지역의 계획적 관리의 필요성이 높은 지역에 자율적으로
  수립

4. 성장관리 방안의 수립내용
○적용지역:계획관리지역, 생산관리지역, 자연녹지지역
○수립내용:도로, 공원, 주차장 등 기반 시설의 배치와 규모에 관한
  사항(필수사항)

건축물의 용도 제한, 건축물의 건폐율·용적률(필수사항)
건축물의 배치·형태·색채·높이
환경관리계획 및 경관계획
○계획 규모:계획관리지역의 경우 30,000㎡ 이상
　　　　 그 외 지역의 경우 규모제한 없음

4. 성장관리 방안과 지구단위계획 비교
○지구단위계획은 공공성이 강한 계획으로, 가구 및 획지계획, 건축
　물의 용도, 밀도, 형태 등에 대해 일정 범위내에서 규제 또는 유도
　하고 있음, 또한 공공재원을 투입하여 기반 시설(도로, 공원, 주차
　장 등 : 개발사업자가 행하는 경우 제외) 등을 계획하고 설치함
○성장관리 방안은 난개발 방지를 위한 개발행위허가 가이드라인
　으로 공공재원의 투입은 지양함(단 필요시 도시계획시설로 결정)

구분	성장관리방안	지구단위계획(비도시지역)	비고
목적	○ 무질서한 난개발 예상지역을 계획적 개발로유도 ○ 개발행위허가의 가이드라인	○ 주거형, 관광휴양형, 산업유통형 등의 개발사업을 위한 계획	규제성
설정지역	○ 계획관리지역(30,000㎡ 이상) ○ 생산관리지역, 자연녹지지역	○ 계획관리지역 또는 계획관리지역 50% 이상인 지역 ○ 개발진흥지구	-
계획내용	○ **도로, 공원, 주차장 등 기반시설의 배치와 규모 (필수사항 : 추후 도시계획시설로 결정 가능)** ○ 건축물의 용도제한, 건폐율, 용적률 (필수) ○ 건축물의 배치·형태·색채·높이 ○ 환경관리계획, 경관계획	○ 기반시설의 배치와 규모 (도시계획 시설로 결정, 개발사업의 경우 사업자 설치) ○ 그 외 지구단위계획수립 지침에 제시된 내용	도시계획시설 결정의 차이

5. 인센티브계획

구분	기준 (계획관리지역)	인센티브	인센티브 확보 후	비고
건폐율	40%이하	**합계 : 10%** ─ 도로계획 : 5% ─ 권장용도 : 3% ─ 규제내용 : 2% ※ 2개 이상 준수시 인센티브 부여	50%이하	
용적률	100%이하	**합계 : 25%** ─ 도로계획 : 12.5% ─ 권장용도 : 7.5% ─ 규제내용 : 5% ※ 2개 이상 준수시 인센티브 부여	125%이하	

※ 인센티브 기준을 초과하여 준수하는 경우, 인센티브는 법적 기준까지만 인정함

6. 법적 제한사항(국토의 계획 및 이용에 관한 법률, 평택시 도시계획 조례)

구분	계획관리지역
건폐율	○ 40%이하
용적률	○ 100퍼센트이하 (다만, 법 제78조제1항제2호에 따라 성장관리방안을 수립한 지역의 용적률은 125퍼센트 이하로 한다)
층수	○ 4층 이하
	1. 「국토의 계획 및 이용에 관한 법률 시행령」에 따라 건축할 수 없는 건축물 가. 4층을 초과하는 모든 건축물 나. 공동주택 중 아파트 다. 제1종 근린생활시설 중 휴게음식점 및 제과점으로서 국토교통부령으로 정하는 기준에 해당하는 지역에 설치하는 것

| | | | 라. 제2종 근린생활시설 중 일반음식점·휴게음식점·제과점으로서 국토교통부령으로 정하는 기준에 해당하는 지역에 설치하는 것과 단란주점 |

<table>
<tr><td rowspan="9">건축물의
용도</td><td>라. 제2종 근린생활시설 중 일반음식점·휴게음식점·제과점으로서 국토교통부령으로 정하는 기준에 해당하는 지역에 설치하는 것과 단란주점
마. 판매시설(성장관리방안이 수립된 지역에 설치하는 판매시설로서 그 용도에 쓰이는 바닥면적의 합계가 3천제곱미터 미만인 경우는 제외한다)
바. 업무시설
사. 숙박시설로서 국토교통부령으로 정하는 기준에 해당하는 지역에 설치하는 것
아. 「건축법 시행령」 별표 1 제16호의 위락시설
자. 공장 (일부업종 제외)

2. 지역여건 등을 고려하여 도시계획조례로 정하는 바에 따라 건축할 수 없는 건축물(법 시행규칙 별표 2 제7호에서 도시계획조례로 정하는 지방하천은 「하천법」 제7조에 따른 지방하천을 말한다)</td></tr>
</table>

7. 건축물의 용도 계획

○건축물의 용도 계획은『평택시 도시계획조례』상 용도지역별 입지 가능한 건축물의 용도 중 Zone 별 특성을 고려하여 권장용도, 허용용도, 불허용 도로 계획함

○성장관리방안의 허용 용도는 도시계획조례상 가능한 건축물의 용도 범위 내에서 허용하는 것임

○ : 권장, ▲ : 허용, X : 불허

건축물의 용도 (건축법시행령 별표1)	계획관리지역					농림지역	
	도시계획조례	성장관리형 (주거형)	개발유도형 (전원형)	개발유도형 (관광휴양형)	자연보전형	도시계획조례	자연보전형
단독주택	●	○	▲	▲	○	● (농어가주택)	○
공동주택	● (아파트 제외)	○	▲	▲	▲	X	X
제1종 근린생활시설	● (일부 제외)	▲	▲	○	▲	● (나목 제외)	▲
제2종 근린생활시설	● (일부 제외)	▲ (너목 제외)	▲ (너목 제외)	○ (너목 제외)	▲ (너목 제외)	● (일부 제외)	▲
문화 및 집회시설	●	▲	▲	▲	▲	● (마목)	▲
종교시설	●	▲	▲	▲	▲		▲
판매시설	● (연면적 3천㎡ 미만)	▲	▲	○	▲	X	X
운수시설	●	X	X	▲	X	X	X
의료시설	●	▲	▲	▲	▲	X	X
교육연구시설	●	▲	▲	▲	▲	● (초등학교)	▲
노유자시설	●	▲	▲	▲	▲	X	X

수련시설	●	▲	▲	○	▲	●	▲
운동시설	●	▲	▲	○	▲	X	X
업무시설	X	X	X	X	X	X	X
숙박시설	●(일부지역 제외)	X	X	X	X	X	X
위락시설	X	X	X	X	X	X	X
공장	●(일부 업종 제외)	X	X	X	X	X	X
창고	●	▲	▲	▲	▲	▲(농업창고)	▲(농업창고)
위험물 저장 및 처리시설	●	▲	▲	▲	▲	●(가스충전소)	▲
자동차 관련시설	●	▲	▲	▲	▲	X	X
동물 및 식물 관련 시설	●	X	X	X	X	●	X
자원순환 관련 시설	●	X	X	X	X	●	X
교정 및 군사시설	●	X	X	X	X	●	X
방송통신시설	●	▲	▲	▲	▲	●	X
발전시설	●	▲	▲	▲	▲	X	X
묘지 관련 시설	●	X	X	X	X	●	X
관광휴게시설	●	▲	▲	○	▲	X	X
장례식장	●	X	X	X	X	●	X
야영장 시설	●	▲	▲	▲	▲	●	▲

8. 성장관리 방안 수립 지역의 위치 및 면적
  ○위치 : 평택시 현덕면 대안리 산67번지 일원
    (평택호관광단지 해제(예정)지역 및 주변 계획관리지역)
  ○면적 : 2,505,220㎡ (계획관리지역 91.3%)

명 칭	위 치	면적(㎡)
평택호관광단지 해제(예정)지역 성장관리지역	평택시 현덕면 대안리 산67번지 일원	2,505,220

| 평택 성장관리방안수립지역 설정도

08

개발지역의
환지 투자

평택~부발선 철도사업과 안성 스타필드 후광 효과가 있는 경기도 안성시 공도읍 마정리에 근린시설을 입찰 공략했다. 근린시설은 수익형 부동산에 속하는 물건이지만 이번에는 미래 토지가치를 보고 입찰을 결정했다.

사건번호 : 2019 타경 2887
소재지 : 경기도 안성시 공도읍 마정리 112-64 외 2필지
투자 포인트 : 저가 공략+평택~안성~부발선 철도사업+안성 스타필드 후광효과
+일부 필지 보상

감정가 약 27억 7천9백69만 원에서 3명이 경합한 끝에 약 18억 7천만 원에 99명이 공동낙찰 받았다. 우리는 529평 토지가격(가치)만 보고 입찰하였다. 감정된 평당가는 약 530만 원, 낙찰받은 평당가는 약 353만 원. 게다

가 필지 일부가 도로로 편입되면서 받게 될 보상금 약 1억 원을 계산하면 투자의 첫 단추는 잘 끼운 셈이다.

자료에서 보는 것처럼 본 물건은 안성의 중심도로이자 핵심 도로인 38번 도로를 축으로 반경 약 4~5km 거리에 안성IC, 서안성IC, 남안성IC까지 교통망이 훌륭한 입지의 물건이다. 현재 38번 도로 공도읍 시내 구간은 차로 인해 교통혼잡이 매우 심해 확장·포장 공사가 한창 진행 중이었다. 특히, 물건지가 속하고 있는 공도읍은 향후 계획인구 12만 명의 주거, 상업, 물류, 유통, 위락, 교육 등을 중심으로 한 서부 생활권의 핵심지역이다.

근린시설 (임의경매) 매각기일 2020-08-10(월) 10:00		**2019 타경 2887**		수원지방법원 평택지원 경매 5계 문의 : 031-650-3154	사건링크 법원위치
소재지	[지 번] 경기도 안성시 공도읍 마정리 112-64 (총 3필지) [도로명] 경기도 안성시 대림동산길 51				
용도	근린시설	채권자	농협자산관리회사	감정가	2,797,900,900원
건물면적	1839.18㎡ (556.35평)	채무자	전공석	최저가	(49%) 1,370,972,000원
토지면적	1749㎡ (529평)	소유자	정숙자외 1명	보증금	(10%) 137,097,200원
매각대상	일괄매각(토지/건물)	경매종류	임의경매	청구금액	1,304,225,013원
사건접수	2019-03-29	배당종기	2019-06-18	경매개시	2019-04-01
주의사항	유치권, 매각제외항목존재함				

이미지   - 총 22장   경매절차 흐름도

기일내역   기일내역 전체 열기 ▼

회차	매각기일	최저매각금액	결과
신건	19.08.12	2,796,690,900원	유찰
2차	19.09.30	1,957,684,000원	변경
일정	19.11.04	2,789,400,900원	유찰
3차	19.12.09	1,952,581,000원	변경
신건	20.05.18	2,797,900,900원	유찰
2차	20.06.22	1,958,531,000원	유찰
3차	20.08.10	1,370,972,000원	매각
낙찰	강○○외 98명	입찰 3명	1,870,100,000원(66.84%) 2등 입찰가 : 1,632,798,090원	
일정	20.08.18	매각결정기일	허가
일정	20.09.24	대금지급기한 (납부 2020.08.27)	납부

| 낙찰 물건 사건 기본내역

경기도 최남단에 위치한 안성은 서울~세종 간 고속도로, 평택~부발선 철도사업, 동탄~안성~청주공항 내륙수도권 전철 사업, 죽산 복합관광 단지 및 안성테크노밸리를 중심으로 16개의 산업단지 추진, 스타필드 안성점 영업개시 등 대형 개발 호재를 품고 있는 지역이다. 예전 안성 모습은 잊어도 좋다. 평택과 용인을 끼고 앞으로 엄청난 변화를 이끌 것이다.

본 물건지가 있는 공도읍은 크고 작은 각종 도시개발사업이 한창 진행 중에 있는 곳이다. 주변으로는 고급주택부터 신축 중인 다세대, 근생건물 등 다양한 종별의 부동산이 위치하기 시작했다. 그만큼 입지가 훌륭해 공급은 부족하고 수요는 많다는 얘기다. 이 물건이 2019년 처음 경매 나왔을 때부터 원하는 가격대까지 유찰되기를 기다리며 지속적인 모니터링을 통해 입찰 시점을 노리고 있었다. 그러던 중 마정리 도시계획시설 결정 및 실시계획인가 고시가 떴다. 좀 더 확실하게 투자할 수 있는 타이밍이다.

| 해당 물건 위치도

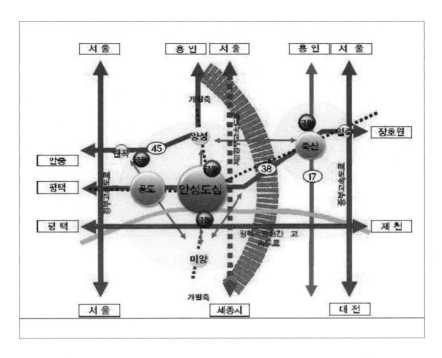

| 안성시 공간구조 구상안

| 본 물건의 현장 모습

| 낙찰자 모임 및 대출자서 진행 모습

입찰하고자 하는 토지도 일부 필지가 포함된다는 사실을 획득하였고, 정확한 데이터를 확인하기 위해 현황측량도를 입수하여 분석에 들어갔다. 이렇듯 성공적인 투자를 위해선 치밀한 전략이 필요하다.

경 기 도 보

제6312호   2019. 10. 7 (월)

안성시 고시 제2019-227호
공도 마정 도시계획시설(도로:중로3-30호선 외1개노선) 결정(변경) 및 실시계획인가 고시

1. 우리시 공도읍 마정리 112-69번지 일원의 도시계획시설((도로:중로3-30호선 외1개노선))에 대하여 지역 현황에 맞는 선형변경과 도로개설을 위해 「국토의 계획 및 이용에 관한 법률」제30조 규정에 따라 경미한 변경 결정을 하고 같은 법 제32조 및 「토지이용규제기본법」제8조 규정에 따라 지형도면 고시합니다.
2. 도시계획시설의 도로개설을 위해 같은 법 제88조 규정에 따라 실시계획인가하고 같은 법 제91조 규정에 따라 그 내용을 다음과 같이 고시합니다.

2019. 10. 7.
안 성 시 장

□ 도시계획시설 결정(경미한 변경)
 1. 교통시설
  가. 도시계획시설(도로:중로3-30호선, 소로3-42호선) 결정(변경) 조서

| 구분 | 규모 | | | | 기능 | 연장 (m) | 기점 | 종점 | 사용 형태 | 주요 경과지 | 최초 결정일 | 비고 |
	등급	류별	번호	폭원 (m)								
기정	중로	3	30	12	집산 도로	1,002.5	중로1-11호선	소로2-68호선	일반 도로	-	2001.3.26. (안성시고시 제2001-25호)	
변경	중로	3	30	12	집산 도로	1,002.5	중로1-11호선	소로2-68호선	일반 도로	-		
기정	소로	3	42	8	국지 도로	1,634	중로3-30호선	중로2-4호선	일반 도로	-	2001.3.26. (안성시고시 제2001-25호)	
변경	소로	3	42	8	국지 도로	1,634	중로3-30호선	중로2-4호선	일반 도로	-		

  나. 도시계획시설 결정(변경) 사유서

변경전 도로명	변경후 도로명	변경내용	변경사유
중로 3-30호선	중로 3-30호선	• 도로선형변경	• 기 결정된 도시계획결정선을 현황 지형에 맞게 변경
소로 3-42호선	소로 3-42호선	• 가각부 도로선형변경	• 중로3-30호선 선형변경에 따라 가각부분 선형변경

□ 도시계획시설 실시계획인가(도로:중로3-30호선, 소로3-42호선)
 가. 사업시행지의 위치 : 공도읍 마정리 112-69번지 일원
 나. 사업의 종류 및 명칭자
  1) 종 류 : 도시계획시설 사업
  2) 명 칭 : 공도 마정 도시계획시설(도로:소로중로3-30호선외 1개노선) 개설공사
 다. 사업의 규모

|안성시 고시문

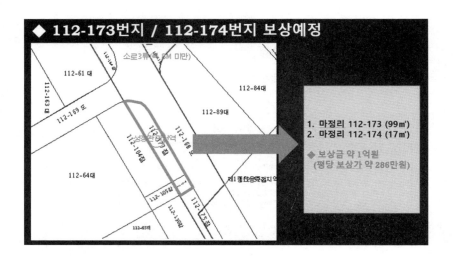

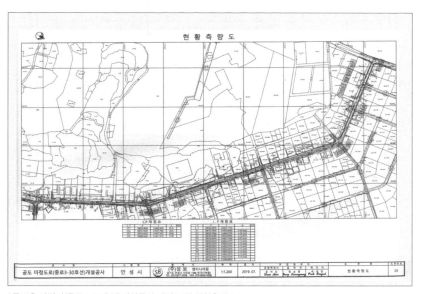

| 공도읍 마정리(중로3-30호선)개설공사 지적도 및 현황측량도

보상될 금액도 조사했다. 보상가 약 1억 원, 이미 국가에서 주기로 한 확정된 수익금이니 입찰가격 결정과 성공적인 투자에 있어 경쟁력이 확보된 셈이다. 입찰 결과, 실제로 감정가보다 10억 가깝게 싸게 낙찰받았으니 일단 성공 안착이다.

공도읍에는 축구장 28배 크기의 중부권 최대복합쇼핑몰로 스타필드 안성점이 2020년 10월 영업개시 하였다. 초대형 유통시설인 스타필드가 들어선 이후 부동산가격 고공행진을 가져온 하남 미사, 고양시 등의 사례에서도 알 수 있듯이 부동산가격 상승에 긍정적 영향을 미칠 것이다. 또한, 한창 공사 중인 서울~세종 간 고속도로 건설사업과 본궤도에 오를 평택~안성~부발선 철도사업도 공도지역에 좋은 효과를 가져다줄 것이다.

이렇게 호재가 많은 곳에 투자해야 투자의 성공 가능성이 높아질 것이고 확실한 투자를 할 수 있다. 크게는 안성시의 발전이 작게는 공도읍의 발

구분	수용방식	환지방식	혼용방식	
			분할혼용	미분할혼용
개념	· 종전토지 보상 후 시행자가 조성된 토지 매각	· 종전 토지 소유권 유지상태에서 사업비 부담후 조성된 토지로 환지 잔여 조성토지(체비지)는 시행자가 매각하여 사업비 충당	· 수용방식과 환지방식 각각 적용	· 수용방식에 의거 사업시행 환지신청토지는 환지 지정
종전토지	· 보상 후 시행자에게 소유권 이전	· 토지소유자가 소유권 유지 권리행사 가능	· 수용방식과 환지방식 각각 적용	
조성토지	· 시행자가 매각	· 환지로 지정 채비지는 시행자가 매각	· 수용방식과 환지방식 각각 적용	· 시행자가 매각 환지로 지정(체비지 없음)
준공전 사용	· 준공전 사용 허가 후 사용	· 환지예정지 사용	· 수용방식과 환지방식 각각 적용	

| 사업시행 방식별 특성, 도시개발업무 편람

손실보상 계약서

1. 사 업 명 : 공도 마정도로(중로3-30호선) 개설공사

2.물건의 표시 및 보상금

물건	소재지		지 번	지 목 (종 류)	면 적 (수 량)	단 가	보 상 액	비 고
토지	공도읍	마정리	112-173	잡	99 ㎡	830,000	82,170,000	
토지	공도읍	마정리	112-174	잡	17 ㎡	813,000	13,821,000	

물건	소재지		지 번	구조	면 적 (수 량)	단 가	보 상 액	비 고
지장물	공도읍	마정리	112-173, 112-174	아스콘+콘크리트	62 ㎡	1,581,000	1,581,000	
지장물	공도읍	마정리	112-173, 112-174	조경석	3 ㎡	300,000	300,000	
지장물	공도읍	마정리	112-173, 112-174	H:3.5	1 개	205,000	205,000	
계					116 ㎡		98,077,000	

위 공공사업에 편입되는 상기 토지 및 보상물건의 손실보상액에 있어 안성시장을 "갑"이라 청하고 피 보상자   강용 외 98명   을(를)"을"이라 청하여 다음과 같이 계약을 체결한다.

제 1 조(보상금액) 위 손실대상 물건의 보상금은 공익사업을위한토지등의 취득및 손실보상에 관한법률 동시행령, 동시행규칙이 정하는바에 따라 "갑"이 산정한 일금   ₩98,077,000원   으로 한다.

제 2 조(보상금의지급) "을"은 계약체결후 "갑"이 요구하는 서류를 제출하였을 때에는 보상금 전액을 은행계좌로 입금한다.

제 3 조(보상물량및보상금변경) "갑"이 공사시행 과정에서 천재지변 기타부득이한 사유로 인하여 편입물건에 증감이 발생하였을 때에는 "갑"과"을" 쌍방간에 협의하여 "갑"이 제1조의 규정에 의거 보상금을 변경할수 있으며 이 경우 "갑"이 "을"에게 보상금변경을 통보하고 "을"은 이를 승락함으로서 계약변경을 갈음한다.

제 4 조(보상금정산) 전조의 규정에 의거 발생된 보상금의 증감액은 지체없이 정산하여야 한다.

제 5 조(등기서류의하자보완) "갑"이 제2조의 규정에 의하여 보상금을 지급하고 소유권이전촉탁함에 있어 "을"이 서류상의 하자로 인하여 소유권이전등기가 불가피할 때에는 "을"은 즉시 필요한 서류를 보완 조치를 강구하여 "갑"이 소유권이전등기조치를 취하는데 지장이 없도록 하여야 한다.

| 손실보상계약서

전이 곧 우리가 투자한 물건의 미래가치가 될 것이다. 앞으로 좋은 결과를 기대할 수 있다.

도시개발구역의 환지 투자법! 투자는 확실하고 안전한 것이 좋다. 당연

위 임 장

○ 보상금 내역

소 재 지			면 적(㎡)	지분	단 가(원)	보상금액(원)	위임금액(원)	비 고
읍면	동리	지 번						
공도읍	마정리	112-173	99	별도첨부	830,000	82,170,000	82,170,000	토지
공도읍	마정리	112-174	17	별도첨부	813,000	13,821,000	13,821,000	토지

소 재 지			지장물명	구조및규격	편입면적 (수 량)	보상금액(원)	위임금액(원)	비 고
읍면	동리	지 번						
공도읍	마정리	112-173, 112-174	바닥포장	아스콘+콘크리트	62㎡	1,581,000	1,581,000	지장물
공도읍	마정리	112-173, 112-174	화단	조경석	3㎡	300,000	300,000	지장물
공도읍	마정리	112-173, 112-174	입간판	H:3.5	1개	205,000	205,000	지장물
계						98,077,000	98,077,000	

본인의 상기 토지 및 지장물이   공도 마정도로(중로3-30호선) 개설공사   )에 편입되는바 보상금 수령에 관한 모든 일체의 권한을(리더스 옥션)에 위임합니다.

위임자   주소 : 경기도 오산시 동부대로

성명 :   강용●외 98인   (별도날인)

수임자   주소 :

성명 :   리더스옥션   (인)

붙임   위임자, 수임자 인감증명서 1통

안성시장 귀하

|99명의 위임장

한 얘기다. 모든 경우가 그렇진 않겠지만 적어도 환지 투자 방법은 부동산 투자에서 가장 확실하고 안전한 몇 가지의 투자방법 중 한 가지다. 물론 체크포인트를 잘 짚는다는 전제 조건은 필요하다. 도시개발구역의 환지 투자법에 대해 간단히 설명하면 다음과 같다.

도시개발사업이란 계획적인 도시개발이 필요한 지역에 지정되는 도시개발구역 안에서 주거·상업·산업·유통·정보통신·생태·문화·보건 및 복지 등의 기능이 있는 새로운 단지 또는 신시가지를 조성하기 위해 시행하는 사업을 말한다. 쉽게 말해 제멋대로 생긴 일정한 마을을 반듯반듯 신도시화 시키는 개발사업으로 이해해도 무방하다. 도시개발사업 방식은 사업의 용이성, 규모 등 그 성격과 토지취득 방식에 따라 '수용 또는 사용방식' '환지 방식' '혼용방식' 등 3가지로 분류하고 있다.

도시개발의 방식이 지난 수십 년간 수용방식에 편중되게 추진되면서 토지소유자들의 강제수용에 반대한 규탄시위와 국민청원 등이 거세지면서 2018년 토지보상법을 개정하기에 이르게 되었다. 또한, 수용방식에 따라 시중에 토지보상금이 풀리면서 주변 부동산 시장에 대한 불안을 자극하는 촉매제 역할이라는 부정적 평가가 높았다.

또한, 오랜 세월 해당 지역에 터 잡고 살아가던 원주민들이 도시개발이 진행됨에 따라 새로운 곳으로 흩어져 이주해야 하는 문제는 '이웃 간 관계의 파괴'로 이어져 더불어 살아가는 이웃 간 삶의 방식에서 고령의 고립된 삶으로 변화됨에 따른 스트레스와 갈등이 심화하는 것에 대한 사회적 문제도 야기되었다. 따라서, 재산권 침해와 삶의 질 저하에 따른 부정적 영

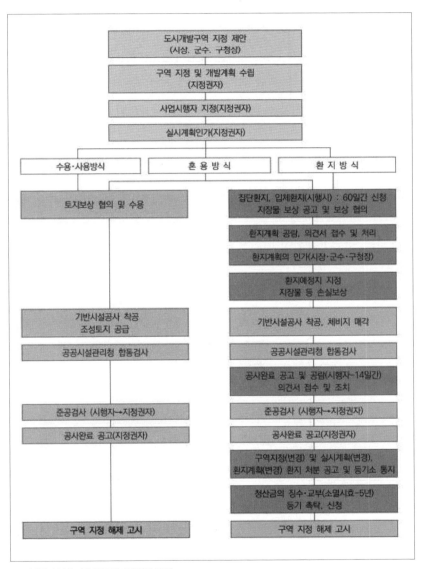

| 도시개발사업 추진절차(도시개발업무 편람)

수용방식은 전면적 매수방식으로 사업지구 내 토지를 전부 취득하여 사업을 진행하는 방식을 말한다. 말 그대로 사업시행자가 사업지구 내 토지소유자들에게 금전을 주고 토지를 매입하는 방식이다. 수용방식의 특징은 일단 사업의 규모가 크고 원주민들에게 지급되는 보상가를 낮추기 위해 공시지가가 낮은 지역을 추진하는 데 주로 활용된다.

환지 방식은 사업지구 내의 종전 토지소유자들의 권리변동 없이 사업 시행 후 새롭게 정리된 토지로 이전시키는 방식을 말한다. 사업지구의 지가가 인근지역보다 월등히 높아 사업비 증가 등 수용방식이 곤란한 경우에 사용되는 방식이다. 환지 방식이 수용방식과 가장 큰 차이점은 사업 초기

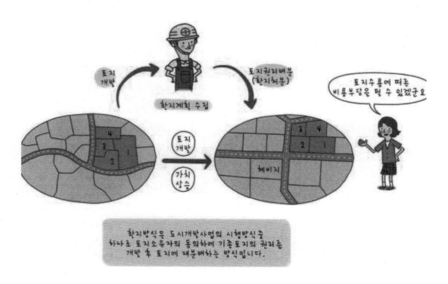

| 환지방식 도시개발사업 시행방식(서울시 홈페이지)

보상비 지급이 필요 없기 때문에 사업비용을 낮추면서, 개발 후 다시 토지로 되돌려주기 때문에 원주민인 토지소유자들의 민원도 상대적으로 적다. 수용방식보다 환지 방식이 개발사업 후의 개발이익이 종전 토지소유자들에게도 배분되는 구조라는 점과 개발사업 이후 원주민의 재정착률도 수용방식보다 상대적으로 높다는 점에서 '이웃과 관계의 지속성' 면을 고려할 때도 기존 토지 소유자 입장에서는 수용방식에 비해 환지 방식이 상대적으로 유리하다고 할 수 있다.

환지 방식에 따른 투자 시 주의할 상항은 면적이 작아 환지로 지정하지 않고 금전으로 청산할 경우 청산금에 대한 적정성 여부가 문제 될 수 있으니 주의해야 한다. 즉, 환지 방식에서는 감정평가 금액에 비례율을 곱하여 산정한 권리가액을 기준으로 환지를 지정하고 과소토지는 금전으로 청산하게 된다.

환지란 도시개발사업 시 해당하는 토지의 위치, 지목, 면적, 이용도, 기타 여러 사항을 고려하여 사업 시행 후 소유주에게 재배분하는 택지 혹은 이에 따른 행위를 말한다. 즉, 종전에 임야, 농지 등의 정리되지 않은 모습의 토지를 주택건설에 알맞게 새롭게 다듬어서 돌려받는 방식이다. 환지의 종류는 공동주택 용지(아파트)건설을 위한 집단 환지와 단독주택용지, 근린생활시설 용지를 위한 개별환지로 구분된다. 미개발 상태의 토지에서 새롭게 도로, 공원, 학교 등과 같은 공공시설과 사업시행자의 사업비 충당을 위해 마련해둔 체비지 등에 의한 면적을 제외하고 토지를 돌려주기 때문에 토지면적이 일정부분 줄어들게 된다. 이때 줄어드는 면적의 비율을 감보율이라고 한다. 그래서 환지 투자에서 감보율은 체크해야 할 요소이다. 감보율 외에도 환지 된 이후의 토지가치가 환지 전의 토지가치보다 상승하는 비율(비례율)이 더 중요한 투자 포인트라 할 수 있다.

참고로, 환지 계획에서 정하여진 환지는 그 환지처분이 공고된 날의 다음 날부터 종전의 토지로 보게 되며 환지처분의 효과로 환지는 그 환지처분의 공고가 있는 날의 익일부터 이를 종전토지로 보게 되고, 종전의 토지 소유자는 그날부터 종전 토지에 대한 소유권을 상실함과 동시에 새로 부여된 환지의 소유권을 취득하게 된다.

다음 사례는 수원시 영통구 신동지구 도시개발 사업지구 內 있었으며, 종전토지 410㎡에서 환지 확정 면적은 141㎡로 줄어들면서 용도지역은 2종 일반주거지역으로 변경되었다. 이 사례를 통해 개발 구역의 환지 투자법을 알아보자.

사건번호 : 2014 타경 23064(물건 번호 4)
소재지 : 경기도 수원시 영통구 신동 516-3
투자 포인트 : 도시개발사업지 內 환지예정지 공략하기

지분경매로 나온 토지이기 때문에 상대방 지분권자는 본 토지를 흡수 매입해야 토지이용을 극대화할 수 있다. 특히, 지분경매는 공유자 우선 매수신청제도를 이용하여 공유지분을 획득할 수 있고, 공유자는 당해 매각기일 종결 전까지 보증금을 제공하여야 하며, 매수신청권리를 행사하지 않

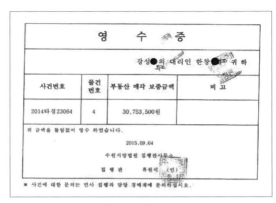

| 강성○ 외 22명이 공동으로 낙찰받은 영수증

대지 (임의경매)

2014 타경 23064 4 ∨

수원지방법원 [사건링크]

매각기일 2015-09-04(금) 10:30

충북사건리스트 ∨

경매 13계 문의: 031-210-1273 [법원위치]

소재지	[지 번] 경기도 수원시 영통구 신동 516-3				
용도	대지 (지분매각)	채권자	국민은행외1	감정가	439,335,420원
건물면적		채무자	용인주류합명회사	최저가	(70%) 307,535,000원
토지지분	244.7㎡ (74평)	소유자	최영진	보증금	(10%) 30,753,500원
매각대상	토지매각	경매종류	임의경매	청구금액	412,667,884원
사건접수	2014-05-14	배당종기	2014-09-05	경매개시	2014-05-15
주의사항	건물매각제외, 병합사건, 유치권, 충복병합사건, 충복사건, 지분매각				

이미지 - 총 15장 [경매절차 흐름도]

기일내역 [기일내역 전체 열기 ▼]

회차	매각기일	최저매각금액	결과
신건	15.06.18	437,720,000원	변경
신건	15.07.22	439,335,420원	유찰
2차	15.09.04	307,535,000원	매각
낙찰: 강성○외 22명	입찰 6명	383,600,000원(87.31%) 2등 입찰가 : 328,956,000원		
일정	15.09.11	매각결정기일	허가
일정	15.10.22	대금지급기한 (납부 2015.09.23)	납부
배당종결 사건			

| 낙찰 물건 사건 기본내역

는 경우에는 차회 기일부터는 우선권이 없으므로 이것만 잘 피하면 좋은 투자가 될 것 같았다. 결론만 간단히 말하면 3억 8천3백60만 원에 낙찰 받아 5억 4천6백7십8만 원에 매각하였으니 나쁘지 않은 수익이다.

| 매각결산 및 배당금 지급모임 모습

| 물건의 현장사진

부동산공동경매로 강남빌딩 투자하기

기호	소재지	귀 제시목록(종전토지)		환지 확정지		평가면적 (㎡)	용도지역
		지번	면적(㎡)	지번	면적(㎡)		
5	영통구 신 동	508-1	129	937-1	278.2	160.1	2종일주
9		515-1	353				2종일주
6		515-2	658	935-4	385.5	385.5	2종일주
7		516-3	410	937-2	236.6	141.22	2종일주
8		515-3	487	923-4	422.1	177.38	2종일주

| 환지 확정지 현황

다음 사례도 환지 투자법에 의해 투자를 진행하였고 투자가치 판단을 하는 방법도 앞선 사례와 유사하다.

사건번호 : 2016 타경 103230(물건 번호6+물건 번호3)
소재지 : 충청남도 천안시 서북구 성성동 202-6+성성동 376-11
투자 포인트 : 도시개발 사업지 內 환지예정지 공략하기

앞의 사례와 마찬가지로 이번 사례들도 천안시 서북구 성성동 일원에 천안 성성신도시개발 사업이 활발히 진행 중인 사업 구역에 포함되는 토지가 경매된 사례다.

본 건까지 현황상 위치는 천안IC 출구에서 직선거리로 3.8km에 소재하고 인근지역에 천안산업단지, 백석농공단지, 천안 유통단지 등 많은 산업단지가 넓게 포진되어있으며, 그 주변으로 재직 중인 근로자는 약 8만여 명으로 인근 주거시설들과 성성동 도시개발 사업으로 공급되는 약 7,900세대로는 그 많은 수요를 감당하지 못할 정도로 주변의 밀집 인구가 많은 지역이다. 수원의 광교신도시에 랜드마크로 자리 잡은 '광교호수공원'처럼 업성저수지도 본격적인 개발이 시작되어 향후 주변 환경이 개선됨에 따라 새로운 신흥 주거지로 떠오르기 충분한 가치가 있는 지역이다. 경매 나온 사건 중 환지로서 투자가치가 높은 입지의 2건을 공략하였다. 그 결과, 물건번호 6번은 97명(공동 입찰)이 20억 6천3백만 원에 3번 물건은 84명(공동 입찰)이 18억 9천9백만 원에 각각 낙찰받았다.

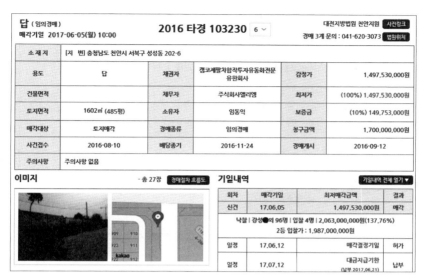

답 (임의경매) 매각기일 2017-06-05(월) 10:00		**2016 타경 103230** 6 ∨			대전지방법원 천안지원 사건링크 경매 3계 문의 : 041-620-3073 법원위치		
소재지	[지 번] 충청남도 천안시 서북구 성성동 202-6						
용도	답	채권자	캠코제팔차합작투자유동화전문 유한회사	감정가		1,497,530,000원	
건물면적		채무자	주식회사앨리엠	최저가		(100%) 1,497,530,000원	
토지면적	1602㎡ (485평)	소유자	임동익	보증금		(10%) 149,753,000원	
매각대상	토지매각	경매종류	임의경매	청구금액		1,700,000,000원	
사건접수	2016-08-10	배당종기	2016-11-24	경매개시		2016-09-12	
주의사항	주의사항 없음						

이미지 - 총 27장 경매절차 흐름도

기일내역 기일내역 전체 열기 ▼

회차	매각기일	최저매각금액	결과
신건	17.06.05	1,497,530,000원	매각
낙찰	강성●외 96명	입찰 4명	2,063,000,000원(137.76%)
	2등 입찰가 : 1,987,000,000원		
일정	17.06.12	매각결정기일	허가
일정	17.07.12	대금지급기한 (납부 2017.06.21)	납부

| 낙찰 물건 사건 기본내역 2016 타경 103230, 물건 번호6)

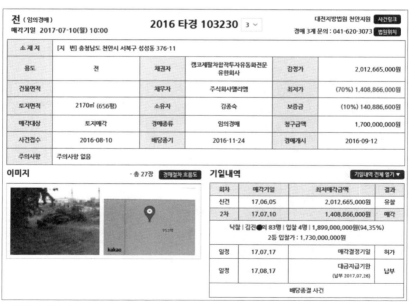

전 (임의경매) 매각기일 2017-07-10(월) 10:00		**2016 타경 103230** 3 ∨			대전지방법원 천안지원 사건링크 경매 3계 문의 : 041-620-3073 법원위치		
소재지	[지 번] 충청남도 천안시 서북구 성성동 376-11						
용도	전	채권자	캠코제팔차합작투자유동화전문 유한회사	감정가		2,012,665,000원	
건물면적		채무자	주식회사앨리엠	최저가		(70%) 1,408,866,000원	
토지면적	2170㎡ (656평)	소유자	김종숙	보증금		(10%) 140,886,600원	
매각대상	토지매각	경매종류	임의경매	청구금액		1,700,000,000원	
사건접수	2016-08-10	배당종기	2016-11-24	경매개시		2016-09-12	
주의사항	주의사항 없음						

이미지 - 총 27장 경매절차 흐름도

기일내역 기일내역 전체 열기 ▼

회차	매각기일	최저매각금액	결과
신건	17.06.05	2,012,665,000원	유찰
2차	17.07.10	1,408,866,000원	매각
낙찰	김진●외 83명	입찰 4명	1,899,000,000원(94.35%)
	2등 입찰가 : 1,730,000,000원		
일정	17.07.17	매각결정기일	허가
일정	17.08.17	대금지급기한 (납부 2017.07.26)	납부
		배당종결 사건	

| 낙찰 물건 사건 기본내역(2016 타경 103230, 물건 번호3)

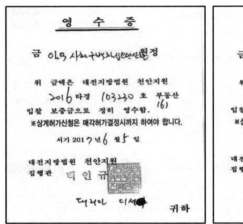

| 물건 번호 6번 및 3번 영수증

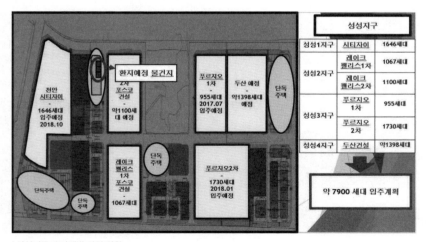

| 성성지구 도시개발 사업 현황

환지 투자는 지금의 모습이 아닌 향후 도시가 개발되었을 때를 보고, 즉 미래가치를 보고 개발지 섹터 안에 들어가는 토지를 구입하는 것이니만큼 토지 투자의 기초적인 리스크가 없는 안전한 투자다. 개발이 될까 안 될까 하는 근원적인 고민은 필요 없기 때문이다. 하지만, 가격에 대한 판단은 중요하기 때문에 각각의 토지 자체가 가지는 개별적인 리스크보다는 주변으로부터 그 지역(도시개발구역을 통해 신도시 지역이 되므로)이 얼마나 좋은 지역으로 인정받을 수 있을까에 대한 고민이 투자의 중요한 요소가 된다.

내가 투자하고자 하는 지역이 투자가치가 있는가? 내가 투자하고자 하는 환지의 위치는 그 구역에서도 좋은 위치인가? 결국, 이것으로 귀결된다.

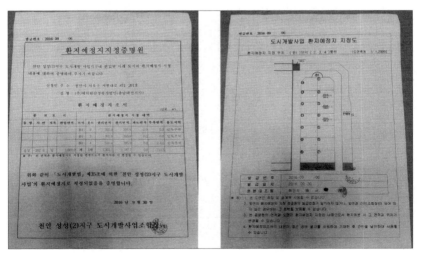

| 환지예정지 증명원과 환지예정지 지정도

4. 시행자와 그 주된 사무소의 소재지(변경)

　가. 도시개발사업 시행자
　　- 기정 : (가칭) 천안 성성2지구 도시개발조합
　　- 변경 : 천안 성성2지구 도시개발사업조합

　나. 주된 사무소의 소재지
　　- 기정 : 충청남도 천안시 서북구 성성동 179-3번지, 103호
　　- 변경 : 충청남도 천안시 서북구 성성1길 15, 201호(성성동)

5. 도시개발사업의 시행기간 및 시행방식

　가. 시행기간(변경)
　　- 기정 : 2013년 5월 (실시계획인가일) ~ 2016년 12월 (환지처분일)
　　- 변경 : 2015년 10월 (실시계획인가일) ~ 2017년 12월 (환지처분일)

　나. 시행방식 : 환지방식

6. 토지이용계획 및 기반시설계획(변경)

구　분		면적(㎡)			구성비 (%)	비 고
		기정	증/감	변경		
합　계	도시개발구역	192,354	-	192,354	100.0	
주거용지	소 계	107,070	감) 2,997	104,073	54.2	(100.0%)
	공동주택용지	80,943	감) 399	80,544	41.9	(75.6%)
	단독주택(근생)용지	11,529	감) 1,024	10,505	5.5	(10.8%)
	준주거시설용지	14,598	감) 1,574	13,024	6.8	(13.6%)
기반시설 용 지	소 계	85,284	증) 2,997	88,281	45.8	
	도 로	48,010	감) 1,070	46,940	24.4	
	보행자전용도로	306	증) 1,439	1,745	0.9	
	주 차 장	1,362	증) 1,606	2,968	1.5	
	완충녹지	16,058	증) 749	16,807	8.7	
	어린이공원	2,151	감) 85	2,066	1.1	
	학 교　유치원	3,065	증) 213	3,278	1.7	공립유치원
	중학교	14,332	증) 145	14,477	7.5	

| 천안 성성2지구 도시개발구역 개발계획(변경)안

환지투자 3가지 체크포인트
1. 외부 요인 등의 영향으로 사업진행이 무산되거나 지연 또는 청산절차로 환지에서 제외되는지 여부를 체크.
2. 매입(낙찰) 가격에 대한 적정성 판단으로 현 시점에서 비싸게 구입하는지 체크.
3. 감보(율) 적용이 된 이후 즉, 환지 이후의 토지가치가 환지 전의 토지가치보다 상승하는 비율(비례율)이 어떠할지를 체크.

투자자 입장에서 확실하고 안전한 투자를 원한다면 차라리 조금 기다리더라도 사업의 불확실성이 제거되고 어느 정도 가시권에 들어왔을 때 투자하는 것도 바람직하다. 도시개발법에 따라 환지예정지로 지정되면 작성하게 되는 '환지예정지 증명원'과 '환지예정지 지정도' 그리고 '환지 계산서' 등은 공식적이고 객관적인 자료들이다. 우리 팀도 입찰을 준비할 때 좀 더 명확하고 확실한 투자를 원했기 때문에 관련 자료를 입수해서 철저히 분석하고 입찰에 참여했다. 이런 수치화된 자료는 확정된 내용이기 때문에 투자의 객관적 판단이 가능하다.

| 환지 계산서

2020년 3월 25일 발표한 〈국토교통부 2019년 말 기준 전국 도시개발 구역 현황통계발표〉 보도자료에 따르면 「도시개발법」 시행(2000. 7. 28.) 이후 2019년 말까지 지정된 전국 도시개발구역의 수는 524개, 총면적은 167.5㎢로 여의도 면적(2.9㎢)의 약 58배 규모이며, 이 중 218개(58.2㎢) 사업이 완료되고 306개(109.3㎢)는 시행 중인 것으로 나타났다.

| 국토부 보도자료

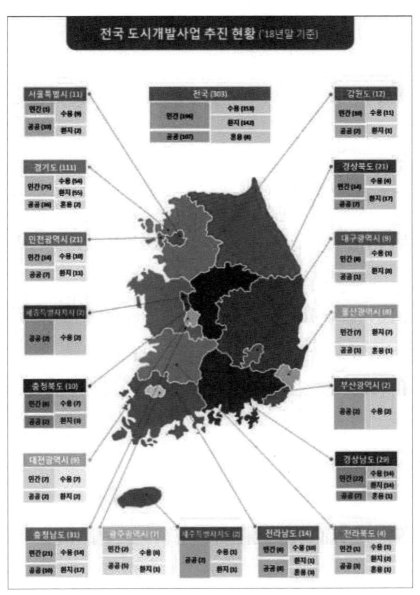

| 전국 도시개발사업 추진 현황 ('18년말 기준) |

서울특별시 (11)
| 민간 (1) | 수용 (9) |
| 공공 (10) | 환지 (2) |

경기도 (111)
인간 (75)	수용 (54)
	환지 (55)
공공 (36)	혼용 (2)

인천광역시 (21)
| 인간 (14) | 수용 (10) |
| 공공 (7) | 환지 (11) |

세종특별자치시 (2)
| 공공 (2) | 수용 (2) |

충청북도 (10)
| 인간 (8) | 수용 (7) |
| 공공 (2) | 환지 (3) |

대전광역시 (9)
| 인간 (7) | 수용 (7) |
| 공공 (2) | 환지 (2) |

전국 (303)
민간 (196)	수용 (153)
	환지 (142)
공공 (107)	혼용 (8)

강원도 (12)
| 민간 (10) | 수용 (11) |
| 공공 (2) | 환지 (1) |

경상북도 (21)
| 민간 (14) | 수용 (4) |
| 공공 (7) | 환지 (17) |

대구광역시 (9)
| 인간 (8) | 수용 (1) |
| 공공 (1) | 환지 (8) |

울산광역시 (8)
| 민간 (7) | 환지 (7) |
| 공공 (1) | 혼용 (1) |

부산광역시 (2)
| 공공 (2) | 수용 (2) |

경상남도 (29)
인간 (22)	수용 (14)
	환지 (14)
공공 (7)	혼용 (1)

충청남도 (31)
| 민간 (21) | 수용 (14) |
| 공공 (10) | 환지 (17) |

광주광역시 (7)
| 민간 (2) | 수용 (6) |
| 공공 (5) | 환지 (1) |

세종특별자치시 (2)
| 공공 (2) | 수용 (1) |
| | 환지 (1) |

전라남도 (14)
민간 (6)	수용 (10)
	환지 (1)
공공 (8)	혼용 (3)

전라북도 (4)
민간 (1)	수용 (1)
	환지 (2)
공공 (3)	혼용 (1)

| 전국 도시개발사업 추진 현황(2019년 말 기준)

사업 시행 방식은 수용 48.4%(148개), 환지 49.3%(151개), 수용과 환지 방식을 혼용하여 시행하는 혼용방식이 2.3%(7개)로 나타났으며, 사업시행자별로는 민간시행자가 차지하는 비율이 68.0%(208개)로, 민간사업의 비중이 공공시행자(32.0%, 98개)보다 상대적으로 높았다. 지역별 사업 규모는 개발압력이 높은 경기도가 172개, 54㎢ 구역으로 가장 많았고 경남(59개, 18㎢), 충남(59개, 14㎢), 경북(46개, 12㎢) 등의 순으로 나타났다. 자료에서 보는 것처럼 경기도 지역이나 충청권 지역이 상대적으로 개발압력이 높고 실제 사업도 많이 이루어지고 있다는 것을 알 수 있다. 이런 곳들이 대표적 투자지역이 된다.

09

사연 있는 매각 물건
공략하기

이번에는 사연 있는 물건들의 투자공략법을 살펴보도록 하자.

소액으로 공동 입찰 진행할 물건을 찾던 중 안성시 미양면 갈전리에 도로가 눈에 들어왔다. 주변 토지들에 대한 권리관계도 확인해 보니 경매 나온 도로와 접하고 있는 토지도 자금난을 겪고 있어서 조만간 경매 진행될 예정이라는 정보를 얻을 수 있었다.

사건번호 : 2009 타경 11226(물건 번호 3번)
소재지 : 경기도 안성시 미양면 갈전리 228-14 외 5필지
투자 포인트 : 도로 경매+현장 해결의 진수

지적도와 위성사진, 그리고 현황도를 살펴보니 먼저 경매로 나온 진입도로를 낙찰 받아 놓으면, 경매 예정 토지(별표 표시)는 맹지가 되고 훗날 유찰을 거듭하면 도로의 소유권을 가진자가 헐값에 경매 예정 토지를 낙찰 받을 수 있게 된다. 소위 말해 길목을 자르는 투자방법인 셈이었다.

입찰 당일! 조순○ 외 10명이 공동 입찰에 참여해서 4천7백만 원에 낙찰 받았다. 이제부터 작전 돌입이다.

| 현장 위성 사진(경매나온 진입 도로 및 경매 진행 예정 토지(★표시), 진입도로 관련 업체 6곳)

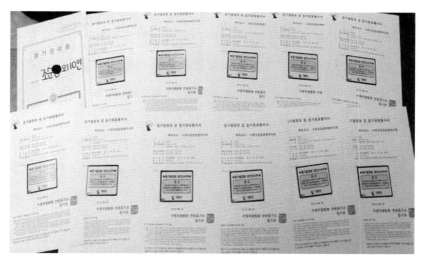

| 조순○ 외 10명의 등기필증 서류

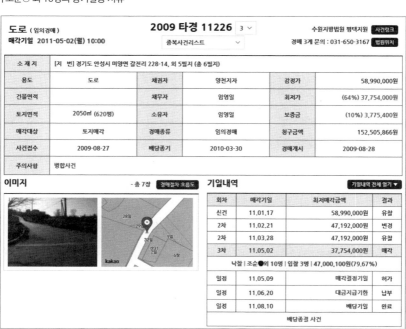

| 낙찰 물건 사건 기본내역

우선, 경매 진행 예정 토지가 경매 시장에 등장하기 전까지 현장에 문제를 만들어 그럴싸하게 꾸며야 한다. 남들이 접근 못하도록 도로를 이용하는 이용자에 대한 법적조치와 현장 장악, 이렇게 투 트랙(Two Track)으로 진행한다.

우리가 낙찰받은 진입도로를 이용해야만 자신의 사업지를 이용할 수 있는 6개 기업에 대해 낙찰받은 소유자들 명의로 도로 사용 제한에 대한 내용증명을 발송했다. 내용증명의 주된 내용은 우리가 낙찰받은 도로를 계속 사용하는 경우 지료청구(부당이득 반환청구)를 할 것이며, 만일 지료 미지급으로 인한 채무불이행 시 부동산 및 일반재산에 대한 압류 조치를 예고한 것이다.

우리측 내용증명을 받은 6개 업체는 수신된 내용증명을 반박하는 답변서를 공동명의로 회신해 왔다.

회신내용을 살펴보면 이렇다. 공장허가를 받을 당시 진입도로 확보를 위해 자신의 회사를 포함한 4개의 업체가 도로의 전소유자에게 사용합의서를 받아 안성시로부터 적법하게 공장허가를 득해서 조성된 유일한 도로라는 점을 부각했다. 또, 도로에 대해 임의로 사용 제한 할 경우 업체들이 공동 대응하여 형법상 교통방해죄와 회사에 대한 업무방해죄를 물을 것이며, 민법상 통행금지 가처분 및 영업손해에 따른 손해배상 청구 등 민·형사상 강력한 법적 대응을 할 것이라는 내용이다. 이러한 답변서를 받은 우리 입장에서는 한번 해보자는 선전포고로 이해했고, 한발 더 나아가 답변서를 조목조목 반박하는 마지막 6장의 최후통첩을 업체들의 대표성을 가

내용증명

-도로사용제한에 대하여-

발신인: 대표자 유성● (외 10인) *서울 동작구 사당동*
수신인: 미르●(대표 박찬●) *경기도 안성시 미양면 갈전리*
부동산표시: 경기도 안성시 미양면 갈전리 228-14외 5필지

1.당사자관계

발신인 유성●외 10인(이하 발신인)은 수원지방법원 평택지원 2009타경 11226(3)
부동산 임의경매 사건에서 2011.5.2. 최고가 매수인으로 결정되고, 2011.5.9.매각
허가결정을 받아 2011.5.27.대금납입을 함으로써 위 표시 부동산의 소유권을 취득
하였습니다.

수신인 미르●은 안성시 미양면 갈전리   에 위치한 공장을 운영하면서
위 표시 부동산을 진입로로 상시 사용하고 있는 회사입니다.

2.발신인의 조치

발신인은 위 표시부동산에 대한 소유자로서 위 부동산 사용자에 대해 지료(사용
료)를 청구할 수 있으며(부당이득 반환청구), 지료의 체납 등 채무불이행시엔 사용
인의 부동산 및 일반재산에 대한 압류를 통해 집행할 수 있습니다. 또한, 현재 도로
에 대한 발신인과 수신인 사이에 어떠한 사용관계에 대한 약정이 없는 점 등 도로
사용에 대한 협의가 완료될 때까지 잠정적 조치로 진입로 사용을 제한하겠습니다.
수신인의 직원임을 증명하는 자만 통행할 수 있으니 직원증을 항상 소지하고 출입
하도록 조치하시기 바랍니다. 따라서, 외부인들의 출입은 통제하겠으니 이점 양지하
시기 바랍니다.

3.결론

이상 발신인은 수신인과 원만한 합의가 있길 바랍니다.

이 우편물은 2011-10-28
제 3120401013141호에 의하여
내용증명우편물로 발송하였음을 증명함
서울사당동우체국장

2011. 10. 28.

위 발신인 유성●

| 진입도로를 사용하는 6개 업체 중 대표업체에 발신한 내용증명

주 식 회 사 미 르 기 술

우435-776 경기도 군포시 당정동 522의2 SK벤티움 103동 803호 / 전화 (031)202-5999 / 전송 (031)202-5990

문서번호 : MIR1111-0027

시행일자 : 2011. 11. 3

수　　신 : 유성● (주소 : 서울 동작구 사당동

참　　조 :

제　　목 : 불법 도로사용제한 통보에 대한 답변서

　　1. 귀하의 일익 번창을 기원합니다. 귀하께서 발송하신 2011.10.28 내용증명에 대하여 하기와 같이 당사의 의견을 표명합니다.

　　2. 경기 안성시 갈전리 228-14번지 외 5필지의 도로는 당사 외 4개사가 공동으로 2006년 갈전협동화단지 공장허가시 진입도로를 확보하기 위해, 상기 도로의 전 소유주에게 사용합의서를 받아 안성시청으로부터 진입도로로써 적법한 허가를 득해 조성한 유일한 도로입니다.

　　3. 귀하께서 상기 도로에 대해 경매를 통해 소유권을 취득하였다고 하나, 도로에 대한 통행을 임의로 제한하는 행위는 불법으로 형법 제185조 일반교통방해죄에 해당하여 10년 이하 징역 또는 1천500만원 이하의 벌금에 처하게 되어있습니다. 또한 회사에 대한 업무방해행위로 형법 제314조 업무방해죄도 성립하여 5년 이하 징역 또는 1천5백만원 이하의 벌금에 처할 수 있습니다. 대법원판례 역시 도로부지의 소유관계나 통행권리관계, 통행인의 많고 적음을 가리지 않고, 차량 의 통행 등을 임의로 제한하는 행위는 형법 제185조 일반교통방해죄에 해당한다고 판시하고 있습니다. 그럼에도 불구하고 만약 귀하께서 임의로 통행을 제한하는 경우에는 상기 형법상 처벌을 구하는 고소,고발과 동시에 민법상 통행방해금지가처분 및 영업손해배상청구 등 민,형사상 강력한 법적대응을 할 것입니다.

　　4. 다만, 귀하께서 제기한 도로의 지료(사용료) 문제에 대한 당사의 입장은, 귀하께서 관할관청으로부터 허가를 득하여 적법한 절차를 통해 사용료징수 등을 요청하신다면, 당사에서도 절차에 따라 문제해결에 임할 것임을 알리는 바입니다.

이 우편물은 2011-11-03
제 3414002007566호에 의하여
내용증명우편물로 발송하였음을 증명함
군포당동우체국장

주식회사 미르●● 대표이사 박찬●

| 상대방 측 대표회사로부터 받은 답변서

내용증명

-진입로 소유권행사를 위한 최후 통첩-

발신인: 유성● (외 10인)

　　　　서울 동작구 사당동

수신인: (주)미르●●(대표 박찬●)

　　　　경기도 안성시 미양면 갈전리

부동산표시: 경기도 안성시 미양면 228-14외 5필지

　귀하가 2011. 11. 3.자 내용증명에서 발신인과 전혀 협의할 의사가 없음을 표명 했는바, 귀하의 성의 없는 태도와 공허한 내용증명서면을 받고 발신인 (외10인)은 分岐撑天했으나, 귀하의 無知가 귀하의 입장을 인식하지 못 한 것 같아 상세한 내용으로 아래와 같이 최후의 通牒을 보내니 빠른 시일 내에 협의를 위한 可視的 행위를 보여주시기 바랍니다.

1. 2011.11.3.자 수신인 답변서에 대한 반박

　(1)일반교통방해죄(형법 제185조)에 대하여

　　1)객관적 구성요건의 해당성 여부

　　　관련판례-형법 제185조의 일반교통방해죄는 일반공중의 교통안전을 그 보호법익으로 하는 범죄로서 육로 등을 손괴 또는 불통하게 하거나 기타의 방법으로 교통을 방해하여 통행을 불가능하게 하거나 현저하게 곤란하게 하는 일체의 행위를 처벌하는 것을 그 목적으로 하는 죄로서, 여기에서 '육로' 라 함은 <u>일반공중의 왕래에 공용된 장소, 즉 특정인에 한하지 않고 불특정 다수인 또는 차마가 자유롭게 통행할 수 있는 공공성을 지닌 장소를 말한다.</u> **'피고인 소유의 임야 내 타인의 음식점으로 통하는 진입도로'가 일반교통 방해죄에서 정한 불특정 다수인을 위한 공공성을 가진 도로라고 보기 어렵 다.**(출처: 대법원 2010.2.25. 선고 2009도13376 판결【일반교통방해】)

　　　그러나, 귀하가 사용하는 진입로는 귀하와 4개사만 공동으로 공장영업을 위한 사용일 뿐 **일반공중의 왕래에 공용된 장소는 아니라 할 것입니다.** 위 판결에서 보듯 음식점 영업을 위한 진입로와 다를 바 없다고 보여집니다.

- 1 -

진입도로를 사용하는 6개 업체 중 대표업체에 발신한 2차 내용증명 1p

2)주관적 구성요건의 해당성 여부

발신인은 정당한 소유자로서 직원여부를 확인하고 통행을 시킬 목적으로 사용을 제한한다고 했는바, 이는 교통을 방해할 목적과 고의가 없는 점은 명백합니다.

3)위법성 조각사유

발신인은 위 표시 부동산의 정당한 소유자로써 위 진입로에 대한 정당한 소유권행사 즉 소유권취득 후 귀하를 비롯한 4개업체에 부당이득반환청구와 사용료청구를 위해 위 표시 부동산의 사용현황에 대한 조사가 필요하며, 외부의 불필요한 차량의 출입을 제한함으로써 사유지임을 대외에 표방하고 인식을 강화하여 위 표시 부동산의 매각을 진행하기 위함입니다.

따라서, 발신인의 정당한 행위는 사회상규에 위배되지 않는 바 향후 취할 조치에 오해 없으시길 바랍니다.

4)소결

이상 형법 제185조의 일반교통방해죄는 객관적 구성요건에 조차 해당하지 않아 성립여지가 없으며, 가사 객관적 구성요건에 해당하여도 방해인식에 대한 고의와 교통방해 목적이 없는 점은 명백하다 할 것이며, 구성요건에 해당한다할 지라도 위법성이 조각되어 본 죄는 성립여지가 없다고 할 것입니다. 위와 같이 명백하게 성립여지 없음에도 발신인의 조치에 형사상 조치를 취하면 발신인도 무고죄로 수사기관에 조치를 취할 밖에 없음을 주지하시기 바랍니다.

(2)업무방해죄(형법 제314조)에 대하여

1)구성요건 해당성 여부

허위사실을 유포하거나 위계 또는 위력으로써 사람의 업무를 방해함으로 성립되는 범죄인데 발신인이 수신인에게 보낸 내용상 외부인 출입을 통제하겠다는 의미이지 귀하의 업무를 방해하겠다는 의미가 아닌데 針小棒大함은 참으로 유감스럽다 하지 않을 수 없습니다.

또한 대법원은 「업무방해죄의 '威力'이란 사람의 자유의사를 제압·혼란케 할 만한 일체의 세력으로, 위력에 해당하는지는 범행의 일시·장소, 범행의 동기, 목적, 인원수, 세력의 태양, 업무의 종류, 피해자의 지위 등 제반 사정을 고려하여 객관적으로 판단하여야 한다.」(대법원 2010.11.25. 선고 2010도9186 판결)라고 판시하고 있습니다. 따라서, 발신인의 향후 조치는 형법상 업무방해죄가 성립되지 않음은 분명합니다.

- 2 -

| 진입도로를 사용하는 6개 업체 중 대표업체에 발신한 2차 내용증명 2p

2)위법성 조각사유

발신인의 소유권행사가 사법상 권리남용에 해당하지 않는 이상 적법한 소유권행사로 인해 수신인의 업무가 방해받아 본 죄의 구성요건에 해당한다할지라도 위법성이 조각되어 형법상 업무방해죄는 성립되지 않으며, 적법한 소유자의 권리행사를 방해함은 오히려 수신인이 업무방해죄를 구성하게 될 것입니다.

3)소결

발신인의 적법한 소유권행사를 두고 형법상 범죄를 운운하며 오히려 발신인을 협박하는 수신인의 태도는 厚顔無恥의 精髓를 보여주는 사례라 할 것입니다.

(3)사용료에 대한 관할청 허가에 대하여

수신인은 위 표시 부동산이 사도법의 적용을 받는 것으로 착각하여 도로사용료징수를 관할 관청으로부터 허가를 받을 것을 주장하고 있습니다. 그러나, 위 표시 부동산은 단순히 공장진입을 위한 진입로로 使用合意만 되었을 뿐 사도법의 적용을 받는 도로가 아닙니다.(관할부서에 문의할 것) 따라서, 수신인의 주장은 일고의 가치도 없습니다.

2. 진입로에 대한 權利關係
(1)공법상 진입로에 대한 권리관계
　1)공장진입로의 性格

위 표시 부동산은 도로법 또는 사도법의 적용을 받는 도로가 아니며, 단지 공장 인·허가를 위한 **토지소유자의 使用承諾書를 받은 진입로에 불과합니다.** 따라서, 위 표시 부동산에 대한 도로법 규정 및 사도법 규정은 적용될 여지가 없습니다.

　2)적용되는 公法關係

위 표시 부동산이 단지 지목만 '도로'로 되어있을 뿐 관련 법령의 적용은 도로법 또는 사도법 등 공법관련 규정이 아닌 **사법상의 一般法이 적용될 뿐**입니다. 따라서 위 표시 부동산의 소유권행사에 대한 관할관청의 관리감독은 적용될 여지가 없습니다.

(2)私法上 진입로에 대한 권리관계

위에서 검토한 바와 같이 위 표시 부동산에 대한 사용관계 등 권리의무는 사법의 일반법인 민법이 적용되며, 민법의 기본원리인 사적자치의 원칙상 먼

- 3 -

| 진입도로를 사용하는 6개 업체 중 대표업체에 발신한 2차 내용증명 3p

저 당사자의 협의가 우선한다고 할 것입니다. 그러나, 우선 당사자 합의에 앞서 사법상 권리관계를 정리 하면 다음과 같습니다.

1)민법상 주위토지 통행권 성립여부

민법 제219조에서 인정하고 있는 주위토지통행권은 '어느 토지와 공로와의 사이에 그 토지의 용도에 필요한 통로가 없는 경우 그 토지소유자는 주위의 토지를 통행 또는 통로로 하지 아니하면 공로에 출입할 수 없거나 과다한 비용을 요하는 때에는 그 주위의 토지를 통행할 수 있고, 필요한 경우에는 통로를 개설할 수도 있는 권리'를 의미하는데 "통행 또는 통로개설로 인하여 통행지소유자에게 손해가 발생한 때에는 통행권자는 그 손해를 보상하여야 한다." 라고 규정하고 있습니다. 이 규정은 인접하는 토지소유자들의 그 이용을 규율하기 위한 **任意規定이며 獨立된 物權이 아닌 소유권의 내용에 포함되는 권리에 불과합니다.**

따라서, 이미 당사자간 사용승낙이라는 채권적 합의가 이루어지고 개설된 진입로를 점유 및 사용하고 있는 현실상 위 규정은 적용될 여지가 없다고 할 것입니다.

2)부당이득 성립여부

민법 제741조「법률상 원인 없이 타인의 재산 또는 노무로 인하여 이익을 얻고 이로 인하여 타인에게 손해를 가한 자는 그 이익을 반환하여야 한다.」 라고 규정하여 부당한 이득 귀속의 조정과 시정 제도를 두고 있습니다. 따라서, 前토지소유자와 진입로사용에 관한 합의가 있었지만 그 합의를 현소유자인 발신인(외 10인)이 인수할 어떤 법적근거(지역권등기 등)도 없어 수신인은 발신인에 대한 관계에서 부당이득이 성립한다고 할 것입니다.

따라서, **발신인이 소유권을 취득한 2011. 5.27. 이후부터 현재까지 지료상당의 부당이득이 발생하여 그 이득을 반환하고, 손해를 배상하여야 할 것입니다.** 아래 조문참조.

民法 제747조(원물반환불능한 경우와 가액반환, 전득자의 책임)
① 수익자가 그 받은 목적물을 반환할 수 없는 때에는 **그 가액을 반환**하여야 한다.
② 수익자가 그 이익을 반환할 수 없는 경우에는 수익자로부터 무상으로 그 이익의 목적물을 양수한 악의의 제삼자는 전항의 규정에 의하여 반환할 책임이 있다.

- 4 -

| 진입도로를 사용하는 6개 업체 중 대표업체에 발신한 2차 내용증명 4p

民法 제748조(수익자의 반환범위)
① 선의의 수익자는 그 받은 이익이 현존한 한도에서 전조의 책임이 있다.
② 악의의 수익자는 그 받은 이익에 이자를 붙여 반환하고 **손해가 있으면
이를 배상하여야 한다.**

3)使用禁止假處分 행사여부
발신인은 수신인에게 위 표시 부동산에 대한 **소유권에 기한 방해배제 및
사용권 배제**에 대한 실현을 위해 使用禁止假處分을 신청하고 잠정적으로 진
입로사용을 배제할 수 있습니다.

3. 발신인의 권리행사
(1)진입로 사용에 대한 현황파악
발신인은 위 표시 부동산에 대한 사용자를 파악하여 지료청구 및 지분이전
에 대한 자료로 사용하기 위하여 향후 일정 기간 도로 이용자에 대한 현황
을 파악할 수 있습니다. 또한, 도로의 유지보수를 위해 일부구간을 제한할
수 있습니다.
(2)진입로에 대한 지료 청구 및 지분권이전에 대한 협의
발신인은 진입로 사용에 대한 지료상당의 부당이득과 새롭게 협의된 사용
료를 청구할 수 있습니다. 또한 각 업체별 또는 특정업체와 위 표시 부동산
의 지분양도 또는 전부에 대한 협의할 수 있습니다.
지료는 위 표시부동산의 현 시세와 물가상승분을 고려해서 월 580,000원을
지불해야 할 것입니다. 대금납입(2011.5.27) 후 현재까지 약 6개월간 사용료
는 총 3,480,000원입니다. 사용료에 대한 채무는 불가분채무이며, 각 공장의
사용자간 부진정연대채무이므로 발신인은 귀하를 비롯한 각각의 업체에게
전부 또는 일부를 청구할 수 있습니다. 따라서, 귀하는 위 금액 모두를 빠른
시일 안에 지불하셔야 합니다. 또한, 도로의 유지보수를 위한 비용도 지불하
셔야 합니다.
(3)가압류 및 압류에 기한 강제집행
진입로 사용에 따른 부당이득액과 새롭게 합의된 사용료에 대한 체납 시 발
신인은 귀하의 공장 등 일반재산에 금전채권 보전을 위한 **가압류 및 압류에
기한 강제집행**을 할 수 있습니다. 또한, 지분 및 위 표시 부동산의 양도에
대한 협의가 불성립하면 발신인은 위 표시 부동산을 다른 추심전문회사에
양도하거나 위에서 언급한 사용금지가처분 등 법적판단 및 강구할 수 있는
모든 조치를 취할 것입니다.

- 5 -

| 진입도로를 사용하는 6개 업체 중 대표업체에 발신한 2차 내용증명 5p

(4)발신인의 공법상 조치

발신인은 위 표시 부동산의 **지목변경을 신청**하고, 원상회복을 위해 관할 관청에 진입로개설 허가에 대한 **취소신청**을 할 수 있습니다. 또한, 행정민원과 행정쟁송을 통해 위 표시 부동산에 대한 **원상회복명령과 대집행**을 청구할 것입니다.

4. 결론

발신인은 여러번 전화통화와 현장공장을 찾아 원만한 합의 도출을 위한 노력을 경주하였습니다. 그러나, 귀하는 처분권한을 위임받은 직원 또는 책임자의 연락처마저도 알려주지 않았으며, 발신인의 연락처를 받고서도 책임있고 성의 있는 자세로 협의에 응하지 않았습니다.

따라서, 발신인은 마지막으로 진지하고 성의 있는 자세로 협의에 응할 것을 촉구합니다.

2011. 11. 23.

위 발신인 대표 유성● (인)

| 진입도로를 사용하는 6개 업체 중 대표업체에 발신한 2차 내용증명 6p

2차 내용증명의 내용을 정리하면 교통방해죄의 성립은 일반공중의 왕래에 공용된 장소, 즉 특정인에 한하지 않고 불특정다수인 또는 공공성을 지닌 장소를 말하며, 자신들의 공장영업을 위한 사용은 일반공중의 왕래에 공용된 장소는 아니라는 것을 어필하였다. 교통방해죄는 교통을 방해할 목적(적법한 소유권 행사에 따른 직원 출입 확인 절차 정도)과 고의가 없으므로 위법성 조각 사유가 된다는 점을 설명하였고, 업무방해죄는 허위 사실을 유포하거나 위계 또는 위력으로써 사람의 업무를 방해함으로 성립되는 범죄인바 이 상황과는 부합하지 않다는 점을 따져 물었다. 본 토지는 지목이 '도로'라 하더라도 도로법 또는 사도법 적용을 받는 도로가 아니며 단지 전소유자에게 토지 사용 허가를 받은 진입로에 불과하고, 따라서 일반법

| 물건 현장

적용인 민법의 규정에 의한 적용으로 관할 관청의 관리·감독은 적용되지 않는 것도 주지시켰다. 끝으로 계속 마찰이 생길 경우 공법상의 조치인 지목변경 신청과 원상회복을 위한 진입로 개설에 대한 취소신청, 나아가 행정민원과 행정쟁송을 통해 원상회복 명령과 대집행을 청구할 것을 각인시켰다. 그리고 마지막으로 사용료 징수를 위한 물리적인 현장 해결을 진행할 것임을 최후 통첩하였다. 그리고 바로 실행에 옮겼다. 드디어, 현장 해결을 위한 행동이 시작된 것이다.

1단계로 현장에 도착해서 현수막을 설치하고, 2단계로 과속방지턱 공사 및 도로 원상복구 작업을 시작하자 상대방이 항의하고 이후 경찰에 신고하여 출동하였지만, 재산권 행사에 대한 분쟁이라 경찰이 관여할 수 없음을 인지하고 돌아가게 되었다.

| 물건 현장에 설치된 현수막

| 물건 현장 방지턱 및 원상복구 공사 모습

| 물건 현장 경찰관 출동 모습

출동 경찰관이 돌아간 후 3단계로 정당한 소유권 행사에 따른 공사를 계속해서 진행했다. 그 이후 상대방 측이 안성시청에 민원을 제기해 담당 공무원들이 현장에 출동했지만 분쟁내용 확인 후 소유권 행사에 따른 공사 진행으로 시청이 관여할 수 없다는 입장만 확인한 후 돌아갔다.

　　이후, 상대방 측으로부터 만나자는 연락이 있었고, 협상 진행하여 앞서 언급했던 경매 진행 예정 토지가 경매 진행될 경우 우리측에서 입찰토록 하는 조건부로 1억 원에 매각키로 했다. 4천7백만 원에 낙찰받았으니 수익 면으로도 괜찮은 편이다. 본 사례에서 보다시피 때론 현장에서 물리적인 수 싸움도 해야 하는 경우도 있다. 이런 경험들이 차곡차곡 바탕이 되고 법리적 지식도 겸한다면 경매에서 다양한 특수한 분야에도 도전해볼 만할

| 물건 현장 도로에 방지턱 설치 모습

| 물건 현장에 안성시 공무원 출동 모습

| 매각 결산 및 배당금 지급모임 모습

이번 사례도 앞서 본 사례와 비슷한 진입로 사례이다. 강원도 춘천시 동면 장학리에 한림성심대학교가 있다. 그 학교 들어가는 주변 필지의 일부가 경매된 것이다.

사건번호 : 2012 타경 1203(물건 번호 3)
소재지 : 강원도 춘천시 동면 장학리 산36-3 외 2필지
투자 포인트 : 현황상 도로

앞선 사례는 지목이 도로였지만 이번 사례는 지목은 임야인데 현황상 도로로 이용하고 있다는 점이다. 여기에서 핵심은 지목이 도로냐 아니냐가 아니라 실질적 용도가 중요하다는 것이다. 즉, 실질적으로 어떻게 쓰임을

임야 (강제경매) 매각기일 2013-02-18(월) 10:00		2012 타경 1203 3 ⌄		춘천지방법원 사건링크 경매 4계 문의 : 033-259-9713 법원위치	
소재지	[지 번] 강원도 춘천시 동면 장학리 산36-3 (총 3필지)				
용도	임야	채권자	한국자산관리공사	감정가	542,590,000원
건물면적		채무자	허필호	최저가	(34%) 186,108,000원
토지면적	5584㎡ (1,689평)	소유자	허필호外	보증금	(10%) 18,610,800원
매각대상	토지매각	경매종류	강제경매	청구금액	245,395,298원
사건접수	2012-02-08	배당종기	2012-05-15	경매개시	2012-02-09
주의사항	법정지상권				

이미지   - 총 7장   경매절차 흐름도

기일내역   기일내역 전체 열기 ▼

회차	매각기일	최저매각금액	결과
신건	12.10.29	542,590,000원	유찰
2차	12.12.03	379,813,000원	유찰
3차	13.01.07	265,869,000원	유찰
4차	13.02.18	186,108,000원	매각
낙찰	이용●| 입찰 1명	197,800,500원(36.45%)		
일정	13.02.25	매각결정기일	허가
일정	13.04.03	대금지급기한	납부
배당종결 사건			

| 낙찰 물건 사건 기본내역

하고 있느냐의 문제. 지목은 향후 절차를 거쳐 지목변경을 통하면 얼마든지 바꿀 수 있으나, 만일 경매되어 타인의 손에 넘어가 그것을 무기로 이용하여 휘두르게 되면, 배보다 배꼽이 더 크게 되고 그땐 돌이킬 수 없는 피해 상황에 직면하게 된다.

강원도 춘천에 한림성심대학교의 진출입로로 이용되는 학교 부지의 토지가 경매 나왔다. 학교 부지는 대체로 본관, 별관, 기숙사, 운동시설장 등 여러 필지가 나뉘어 이용되는 것이 보통이다. 학생들이 드나들고 공부하고 생활하는 학교 부지 일부가 경매로 나오게 되면 사회적으로도 이슈가 되기도 한다.

| 한림성심대학교 진출입로

학교 부지 일부가 경매되어 가끔 매스컴을 통해 뉴스화되는 경우도 보았을 것이다. 이 경우 학교 입장에서는 안 좋은 뉴스거리가 되고 일반의 입에 오르내리게 되는 가십거리가 된다. 그 학교에 다니는 학생 입장에서도 마찬가지다. 이렇듯 일부라도 경매가 되어 타인에게 소유권이 넘어가기 전에 어떻게든 손을 써서 막아야 한다. 그렇지 못해 어쩔 수 없이 경매된다면 비교적 합리적으로 낙찰받은 사람과 협상하는 것이 부드럽게 마무리할 수 있는 또 하나의 출구전략이 될 수 있다.

경매 투자하는 사람 중 일부는 자신의 더 큰 이익을 위해 끝까지 상대방을 쥐어짜 내고 칼자루를 휘두르는 사람들이 있어서 하는 얘기다. 아무리 재테크를 위한 목적이지만 '적당한 이익의 선'을 지키며 길게 투자하는

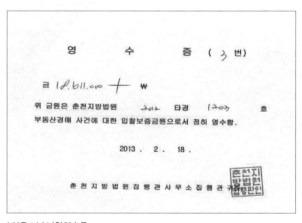

| 이용○님 낙찰영수증

것이 종국에는 아군이 많아지게 되어 훨씬 더 유리한 투자 방법임을 시간이 지날수록 느끼게 된다.

낙찰 후 학교 측과 미팅을 가졌다. 실수로 경매가 되었고 컨트롤의 문제가 있었으니 자신들이 되사가야 한다는 입장이었다. 의외로 심플하고 담백하게 다음과 같이 마무리되었다.

감정가 5억 4천2백59만 원, 낙찰가 1억 9천7백80만 원, 매매가 3억 2천만 원, 낙찰 후 7개월 만에 학교 측에서 다시 매입해 가는 것으로 투자는 종결됐다.

| 낙찰 물건 매매계약 모습

10

치고 빠지는
물건 공략하기

본 물건은 신설 고속화도로 배후지를 공략하는 것으로 약 6개월 정도
를 투자 기한으로 보고 접근했다.

사건번호 : 2013 타경 797
소재지 : 경기도 평택시 오성면 길음리 334-7 외 6필지
투자 포인트 : 신설 고속화도로 배후지 공략

경매사건 물건지의 위치는 평택시 오성면 길음리 내탑사거리 북동측에
위치하고 있다. 왕복 2차선의 약 8m 포장도로가 접하며, 38번 국도 길음사
거리로부터 약 2km, 오성IC가 3.3km 인근에 있다. 또한, 입찰 당시 본 건
인접지 서남 측으로 오성~팽성(청북) 간 고속화도로가 공사가 한창 진행 중
이었다. 즉, 〈오성-청북〉~〈팽성-오성〉~〈영인-팽성〉~〈음봉-영인〉~〈배방-음

봉)의 도로, 〈평택~아산 간 고속화도로〉가 건설되는 것이다.

　그중에서 오성~팽성 간 고속화도로의 IC가 본 건에서 가까운 곳에 건설 중이었고, 해당 IC를 기점으로 안중·송담지구로 이어지는 4차선 도로 또한 확장·포장 공사 중이어서 앞으로 평택 중부의 교통요충지가 될 것으로 점쳐져 미래가치 또한 매우 높을 것이라 예상되었다. 특히, '오성면'의 지리적 위치는 북동쪽은 진위천을 끼고 고덕면, 남쪽은 안성천 너머로 팽성읍, 서쪽은 안중읍, 북쪽은 청북면에 각각 접하는 교통의 핵심적 경유지다. 주변으로는 대규모 SOC 사업이 예정되어 있어 개발이 예상되는 지역이다.

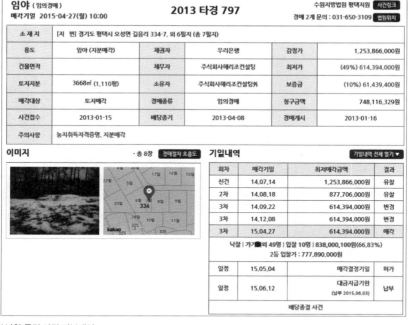

| 낙찰 물건 사건 기본내역

또 하나의 투자 포인트를 살펴보면, 본 물건이 속하는 길음리 지역은 안성천을 끼고 대다수의 토지가 농사를 목적으로 집단화되어 있는 농업진흥구역이다. 즉, 식량 생산을 위해 정해놓은 절대농지에 포함되는 곳들이다. 이런 곳에서 보기 드물고 귀한 계획관리지역의 토지이니 얼마나 보석과 같은 존재란 말인가. 이런 종류의 토지에서는 근린생활시설물, 창고, 공장 등 그 활용도가 대단히 다양하고 수요층이 매우 높기 때문에 단기차익을 노린 매각이나 토지 임대 등 수익 창출 면에서도 충분한 가치가 있다.

또 하나 살펴볼 내용은 본 건중 334-19, 336-4, 336-6은 북동 측으로 약 8M 도로에 접하고 있는데, 이는 접도구역에 해당한다. 따라서 도로법 제40조에 의거하여 접도구역 내에서는 건축물, 그 밖의 공작물의 신축, 개

| 본 건 현장모습

축, 증축이 금지된다. 하지만, 도로법 시행령 제39조에 기초하여 접도구역 내에서도 도로를 이용한 통로 및 배수로로 이용할 수 있으며, 실무에서는 주로 주차장 부지로 사용하기 때문에 당해 토지를 사용·수익하는 부분에 있어서 오히려 다른 시각으로는 더할 나위 없이 활용도가 높은 토지라고 할 수 있다. 이 물건이 더욱 가치가 있었던 이유가 또 하나 있다. 바로 용도지구이다. 본 건의 용도지역은 계획관리지역에 속하며, 용도지구는 자연취락지구라는 점에서 투자성이 있다.

자연취락지구
녹지지역·관리지역·농림지역 또는 자연환경보전지역 안의 취락을 정비하기 위하여 필요한 지구를 말한다.

| 〈오성-청북〉 도로공사 현장 표지판

자연취락지구에서 적용되는 건폐율은 60%다. 일반적인 계획관리지역의 건폐율(40%)보다 무려 20% 이상 높아 당해 토지에 건축행위를 하는 데 아무런 지장이 없는 것은 물론, 오히려 더 크게 건축행위가 가능하다는 장점이 있다. 이러한 공법적 가치판단으로 적당한 가격에 낙찰만 받을 수 있다면 매수자를 구하는 것은 어렵지 않다. 좋은 물건은 그것이 아파트든 건물이든 토지든 상가든 종별이 그 무엇이든 군침을 흘리는 사람은 늘 있기 마련이다. 예상대로 단기간에 매각이 이루어졌다. 너무 크게 욕심을 부리지만 않는다면 가능한 일이다.

개인마다 투자 금액이 상이하지만, 이해를 돕기 위해 길음리 투자사례를 단순 계산해보면 다음과 같다.

| 가기O 외 49명이 공동으로 낙찰받은 영수증

감정가 : 12억 5천3백86만 6천 원
낙찰가 : 8억 3천8백만 원
공동 입찰 인원 : 50명
실투자 금액 : 3억 8천9백만 원(담보대출금 4억 4천9백만 원을 제외한 금액)
매각가 : 12억 1천9백97만 원
대출금 정산 후 매각 차액 : 약 7억7천만 원

3억 8천9백만 원 투자해서 매매계약까지 약 5개월 만에 7억 7천만 원 수익을 올렸으니 정말 좋은 사례라 할 수 있다. 그리고, 양도세 부분도 다수의 투자자에 의한 절감 효과가 있으니, 이 또한 플러스 요인이라 하겠다.

| 투자물건 매각 후 투자배당금 지급 모임 사진

이번 사례 또한 당진에 있는 잡종지로 치고 빠지기 딱 좋은 물건이었다.

사건번호 : 2012 타경 18262
소재지 : 충청남도 당진시 면천면 문봉리 252-4
투자 포인트 : 산업단지(공업지대) 주변+잡종지

충청남도 당진시 면천면 문봉리 252-4. 지목은 잡종지. 면적은 1,269평!
입찰 당시 고물상 부지로 이용되고 있던 본 물건은 양쪽 도로를 낀 마름모
꼴 모양의 위치 좋은 토지였다. 장기투자보다는 낙찰받은 후 곧바로 단기
적으로 치고 빠지기 딱 좋은 물건이다.

대전지방법원 서산지원에서 3명 응찰해서 3억 4천3백만 원(감정가 대비

| 낙찰 물건 사건 기본내역

74%)에 낙찰받았다. 본 물건에 입찰을 위해 공동 입찰자 39명이 실제 투자한 금액은, 낙찰가에서 대출 2억 5천만 원을 뺀 9천3백만 백 원으로 1인당 나눠보면 약 238만 원씩 투자된 셈이다.

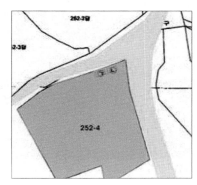

| 해당 물건 지적도

| 해당 물건 현장모습

| 물건지 주변 산업단지도

| 물건지 주변 각종 회사 이정표 사진

본 물건은 토지 양쪽 면에 도로가 접하고 있고, 넓은 평수 대의 마름모 형의 토지였다. 입지적으로도 당진~대전 간 고속도로와 합덕테크노폴리스의 개발로 향후에도 성장 가능성이 충분히 있는 곳이었다. 특히, 본 물건지에서 면천IC를 통해 서해안고속도로에 빠른 진입이 가능하며, 당진~대전 간 고속도로도 인접에 있어 도로망 조건에서도 뛰어났다. 또한, 소재지 바로 앞으로 면천 협동화 유통산업단지가 개발되었고, 인근으로 면천산업단지 농공단지, 예산 신소재 산업단지들이 들어서고 있어 지역적 성장 가능성도 크다고 할 수 있다. 항공사진을 통해 주변을 살피니 매년 크고 작은 건물들이 들어서는 등 실제로 많은 변화가 일어나고 있었고 현장 조사를 통해서도 확인할 수 있었다.

| 예산 신소재 산업단지 조성공사 현장 사진

입찰장에 갔을 때 눈에 띄는 사람이 있었다. ○○야적장(고물상)이라고 차량 옆면에 큼지막하게 쓴 상호가 역시 눈길을 끌었다. 역시 예상대로 고물상 하는 분이 영역확장을 위해 입찰하러 온 것이다.

실무에서 보면, 이런 물건(고물상 자리)이 경매되면 주변 지역에서 고물상을 하는 분들에게 소문이 돌기 때문에 분명 같은 업자분들이 입찰(고물상 임차인 포함)에 참여하는 경우가 상당히 많다. 또한, 이런 류의 물건은 명도가 어렵고 까다롭기 때문에 일반인들은 입찰을 꺼린다는 것을 본인들도 잘 알고 있어 입찰경쟁자도 적고 입찰가격도 낮게 입찰하는 경향이 있다.

낙찰영수증을 받아 법정을 빠져나오는 길에 차순위매수신고 한 최○○ 씨가 우리에게 접근했다. 본인을 합덕쪽에서 고물상을 운영하는 사람이라고 소개하며 자신도 입찰에 참여했으나 900만 원 차이로 우리한테 패찰당했고, 급하게 차순위매수신고를 하고 우리를 찾아서 나오는 길이라고 했다. 차순위매수신고를 한 최○○ 씨는 3억 3천3백33만 3천 원으로 입찰에 참여했었다. 박빙의 차이로 눈앞에서 아깝게 놓쳤으니 안색이 기가 찬 모습이었다. 그것도 39명이나 되는 공동 입찰! 처음 경험한 듯한 표정이다. 우리에 대해 많이 궁금해했다. 어떤 사람들인지. 도대체 39명이나 공동 입찰하다니 믿을 수 없다는 말과 함께 이런저런 정보를 묻더니, 차순위매수신고 했으니 흥정해서 값을 정했으면 하는 눈치이다. 우리 쪽에서 거절하는 분위기를 취하자 그 자리에서 바로 매수 의사를 밝혀왔다. 패찰 후 차순위매수신고를 하고 즉시 우리에게 매수 의사를 밝혔다는 것은 나름 실전경매를 아는 똑똑한 사람이다. 꼭 필요한 물건이라서 입찰했는 데, 근소한 차이로 아쉽게 패찰했다면 차순위매수신고제도를 활용해 봄 직하다.

차순위매수신고(민사집행법 114조)
1. 최고가 매수신고인 외의 매수신고인은 매각기일을마칠 때까지 집행관에게 최고가
   매수신고인이 대금지급기한까지 그 의무를 이행하지 아니하면 자기의 매수 신고에
   대하여 매각을 허가하여 달라는 취지의 신고를 할 수 있다.
2. 차순위매수신고는 그 신고액이 최고가 매수신고액에서 그 보증액을 뺀 금액을 넘
   는 때에만 할 수 있다.

법원은 낙찰받은 사람이 매수를 포기할 경우를 대비해 재경매 절차를
생략하고 해당 사건의 빠른 종결을 위해 '차순위 매수신고제'를 두고 있다.
이 차순위매수신고는 통상적인 경우에는 보증금이 묶이는 효과로 인해 활
용을 안 하는 편이다. 하지만, 본 사례의 경우처럼 차순위매수신고인이 최
고가매수신고인, 즉 낙찰자와의 흥정을 통해 일정한 대가를 지불하고 낙찰
자 지위를 포기시키게 된다면 차순위매수신고를 한 입찰자에게 최고가 매
수인의 자격을 부여하고 매각을 허가하는 제도이므로 경매법정 현장에서
비공식적으로 활용된다.

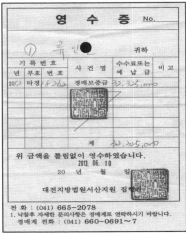

| 고윤O 외 38명이 공동으로 낙찰받은 영수증

해당 물건의 투자내역 및 정산내역은 다음과 같다.

감정가 : 4억 6천1백78만 원
낙찰가 : 3억 4천3백만 백 원
공동 입찰인원 : 39명
39명의 실제 투자금액 : 9천3백만 백원(낙찰가에서 공동대출 2억 5천만 원 제외)
매각가 : 4억 5천만 원
대출금 정산 후 매각차액 : 2억

앞에서 말한 것과 같이 고물상 업자인 최○○씨는 '최고가 매수신고인의 지위를 포기시키려는 계획'이 무산되자 바로 매입 의사를 밝혔고, 우리 측 입장도 짧은 기간에 매각 차액실현이 가능해서 협상에 응했다. 이런 물건은 바로바로 거래되는 특징이 있다. 매각 금액에 대한 흥정이 마무리되

| 매각결산 및 배당금 지급 모임 모습

었기에 매수 자금을 준비하는 기간으로 1주일을 주고, 이후에 매매계약을 진행하기로 했지만, 약속한 기간이 지나도 자금마련이 쉽지 않은 듯 말미를 더 달라는 연락이 왔다. 그러던 중 다른 업자로부터 매수 제의가 있었고 우리는 좀 더 높은 금액으로 다른 업자에게 매각했다.

| 매각결산 및 배당금 지급 모임 모습

11

도로변에 있는 땅,
기본은 한다

평택에서 안성을 연결하는 주도로인 38번 도로, 그 도로변에 붙은 땅은 기회가 된다. 동·서를 가로지르는 물류의 중심축이기 때문이다. 그래서 이곳들은 늘 눈여겨봐야 하는 곳이다. 투자하다 보면 소위 대박 나는 물건도 있고, 그럭저럭 투자할만한 물건도 있다. 물론 실패하는 물건이 있는 것도 당연하다. 투자의 세계에서 어찌 보면 우연한 성공을 하기보단 종잣돈을 지키며 실패를 줄이는 것이 진짜 고수인 듯싶다. 그러려면 자신만의 경험적 재료와 데이터를 가지고 있어야 한다.

모든 투자자의 목표가 큰 수익이겠지만, 매번 대박만 치면서 투자를 할수는 없는 노릇, 주변을 보면 투자를 해놓고 조급해하거나 큰 수익만 노리다 헛일하는 경우도 정말 많이 본다. 참 안타까운 일이다. 투자는 장기적인 안목과 평정심을 가지고 임해야 한다. 투자에 대한 마인드를 정리할 필요가 있다. 즉, 일희일비(一喜一悲)하지 않아야 한다. 평범한 것이 가장 힘들다고 했던가. 투자도 그렇다. 어쩌다 우연히 대박 한번 치고, 나머지 투자는 실패의 연속이라면 누가 진짜 고수일까 하는 답이 쉽게 나온다. 그렇기 때문에 확실하고 믿을 수 있는 나만의 필살기이자 대안을 하나 정도는 가지고 있어야 한다.

도로에 접한 토지는 그런 대안이 될 수 있다. 다른 것은 몰라도 도로변에 붙은 토지는 어느 정도 값을 하고 또 리스크를 줄일 수 있다. 필자는 국가의 큰 축이 움직이는 38번 도로를 사랑한다. 이제까지 38번 도로변에 붙어 있는 토지를 경매나 매매로 투자해서 실패한 사례가 단 한 건도 없다. 그만큼 성공 투자에 대한 확실한 믿음을 주는 도로이니 어찌 사랑하지 않을 수 있겠는가? 이것이 경험적 재료이다. 자신만의 확실한 성공투자가 가능한 재료를 가지고 어느 정도 이상의 수익을 꾸준하게 만들어낼 수 있다면 그 사람이 진짜 고수다.

사람마다 수익률에 대한 기준과 만족도는 다르겠지만 경·공매 시장에서 초대박 나는 물건은 귀하고 또 드물다. 하지만, 자신만의 경험적 재료들을 꾸준히 발굴해 내다보면 평균 이상의 수익이 나는 물건은 어렵지 않게 찾을 수 있고, 경·공매 시장에 꾸준하게 등장한다. 자신만의 경험적 재료들을 잘 준비하라! 그것을 바탕으로 투자하면서 경험과 데이터를 쌓아 실패를 줄이는 노력! 이것이 경매를 통해 수익 실현을 하고자 하는 투자자가 갖춰야 할 진짜 기술인 것이다. 다음과 같이 도로변에 붙어 있는 물건들을 경·공매 시장에서 잘 골라 공략하면 기본 이상은 한다. 이런 기본적인 물건들을 베이스로 체크포인트를 확인해 투자 경험을 넓혀가면 평균 이상의 수익을 기대할 수 있다.

사건번호 : 2015 타경 3714
소재지 : 경기도 평택시 포승읍 신영리 373-16
투자 포인트 : 38번 도로 인접+국가개발지역의 배후지

평택의 서부권 지역의 개발은 중장기적으로 포승지역(172만 평)은 국가산업으로, 현덕지역(70만 평)은 유통, 상업, 관광 및 위락으로, 안중지역(화양지구 84만 평)은 주거생활권으로 개발 진행 중이다. 본 물건이 소재한 평택시 포

| 낙찰 물건 사건 기본내역

승읍 신영리에 대한 지역적 가치를 평가하면 포승읍에는 현대모비스, 만도 등 다양한 대기업 공장들이 자리하고 있고, 그 중 신영리는 유일하게 황해 경제자유구역 포승지구(BIX 62만 평)와 현덕지구에 모두 속하는 지역이다. 특히, 전국 31개 무역항 가운데 5위를 차지하는 경기도 유일의 국제항인 평택항과 매우 인접해 있다. 더욱이 본 물건지는 평택의 주요 연결도로인 38 호선과 접해 있으며 포승지구, 현덕지구, 평택항 내항과 모두 1km 내외로 초인접하고 있어, 중국 등 국제무역의 중요성과 평택의 발전성에 비례하여 꾸준하게 그 가치가 상승하고 있는 곳이다.

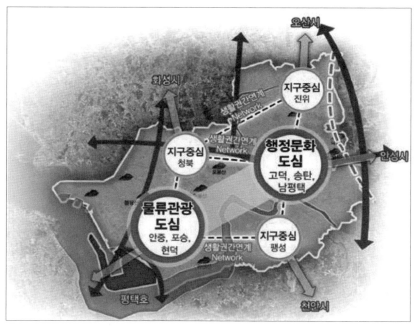

| 평택 서부권 지역 개발도(평택시청 자료)

신영리는 38번 도로변에 붙어 있는 지역이다. 평택 서부권역(포승읍, 안중읍)에서 마지막 개발 호재 및 보상지 대체지로 평가되고 있는 지역이라 향후 그 미래가치는 무궁무진하다.

현장을 조사할 당시 물건지 주변 신영리 뿐만 아니라 범위를 더 넓혀 포승읍 일대에서도 일반 매매 물건을 쉽게 찾아볼 수 없는 상황이었다. 상황이 이렇다 보니 평소에는 투자자들의 눈길도 못 받던 절대농지뿐만 아니라 길이 없어 활용 가치가 떨어진다는 맹지까지도 미래 투자 가능성을 인정하기 시작하면서 이들 몸값도 덩달아 오르기 시작하였고 희소해지고 있었다.

실제로 서평택의 핵심지역인 포승, 현덕, 안중지역을 방문해서 둘러보면

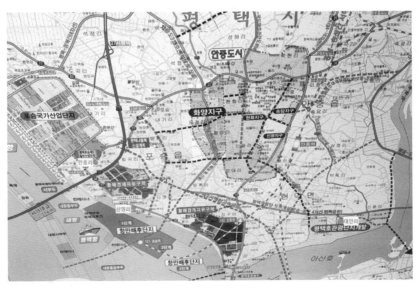

| 서평택지역 개발계획도

여기저기 도로공사와 건물 공사로 정신이 없다. 국책사업으로 인해 대규모 개발이 진행되고 있고 거기에 개인들의 크고 작은 개발들까지 가세해 대변화가 일어나고 있음을 온몸으로 직감하게 된다. 그런 이유로 부동산(토지) 가격은 꾸준히 오르고 있으며, 본 매각 물건은 단기 매매뿐 아니라 장기적 관점에서도 투자가치가 매우 훌륭한 지역의 물건이란 것을 한눈에 알 수 있다.

| 물건지 위치 및 현장사진

본 물건은 자동차공업사로 이용 중이었다. 이처럼 토지의 위치나 용도, 면적, 모양, 주변 상황 등은 좋으나 건물이 일반적이지 않은 종류의 물건을 입찰할 때는 보수적인 접근을 해야 한다. 즉, 때에 따라서는 철거까지 고려한 입찰이어야 하고, 오로지 토지가치만 보고 건물의 가치는 없다고 판단하고 전략을 짜야 한다. 그래야 투자 진행 중에 예상치 못했던 좋지 못한 외부적 상황이 생겨도 문제없이 빠져나올 수 있다. 이때 또 다른 문제가 될 수 있는 것이 임차인과의 관계 정리다. 만일, 카센터 임차인이 재임대를 원할 경우, 우리측에서 매각으로 인해 매수자가 명도를 요구할 경우 2~3개월의 시간적 여유만 준다면 자진해서 명도하는 것을 조건으로 풀어나갔다.

훗날, 건물이든 사람이든 주변 정리가 될 수 있어야 하고, 정리되고 나면 오로지 좋은 위치의 좋은 토지만 남겨야 하는 것이다. 이것이 건부감가적(건물이 있음으로써 토지가치를 떨어뜨리는) 요인의 물건을 입찰하는 요령이다.

44명이 공동 입찰 참여하여 8억 7천8백96만 5천백 원에 낙찰! 약 1년 3개월간 투자를 진행하다가 11억 6천만 원에 매각하고 투자 종결되었다.

		영 수 증		
		가기●외 43명의 대리인 한인● 귀 하		
사건번호	물건번호	부동산 매각 보증금액		비 고
2015타경3714	1	72,996,400원		

위 금액을 틀림없이 영수 하였습니다.

2015.12.28

수원지방법원 평택지원 집행관사무소

집 행 관   양덕수 (인)

※ 사건에 대한 문의는 민사 집행과 담당 경매계로 문의하십시오.

| 가기O 외 43명이 공동으로 낙찰받은 영수증

이번 사례는 38번 도로에 인접한 물건으로 신건에 투자한 물건이다.

사건번호 : 2015 타경 12589(물건 번호 2)
소재지 : 경기도 평택시 안중읍 성해리 289-1 외 4필지
투자 포인트 : 84만 평 개발 사업지 주변+38번 메인도로

본 물건은 폭발적인 성장세를 보이는 평택시 메인도로 38번 국도에 인접한 곳으로 활용성 높은 용도의 계획관리지역, 쓰임이 좋은 1,110평 면적과 세로 정방형 모양, 화양도시개발사업지구, 경기도 유일의 평택항, 고덕신도시, 황해경제자유구역 등의 배후지, 확장·포장 공사 진행 중인 안중~조암 간 도로(313번) 주변이라는 점과 시세 대비 저평가된 가격 등 매력적인투자 포인트가 있었다.

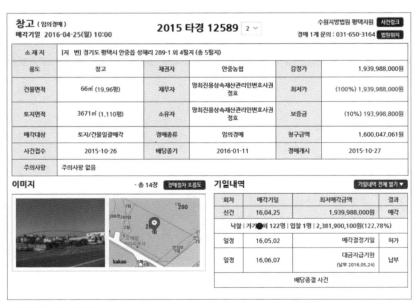

| 엿를 매로 기본내역

본 물건은 서평택 주거지역의 중심으로 떠오르고 있고 국내에서 민간도시개발사업지 중 가장 큰 규모의 화양도시개발사업지구(84만 평)와 마주하며 건너편에 붙어 있는, 그것도 38번 도로에 접하고 있는 토지이다. 서평택 지역 부동산 투자의 맥은 38번 도로다. 평택을 서~동으로 관통하며 물류 및 운송을 책임질 뿐만 아니라 북쪽으로는 화양지구를 감싸고 돌며 동쪽으로는 현화지구를 지나 평택 중심권으로 연결되는 핵심 도로다. 부동산은 첫째도 위치, 둘째도 위치, 셋째도 위치다. 그만큼 위치가 부동산의 모든 것을 좌우한다.

| 물건지 위치도

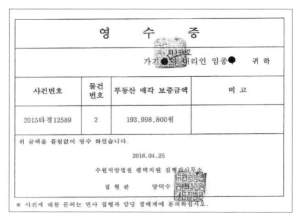

영 수 증			
가기◯◯◯리인 임종● 귀 하			
사건번호	물건 번호	부동산 매각 보증금액	비 고
2015타경12589	2	193,998,800원	

위 금액을 틀림없이 영수 하였습니다.

2016.04.25

수원지방법원 평택지원 집행관사무소

집 행 관   양덕수

※ 사건에 대한 문의는 민사 집행과 담당 경매계에 문의하십시오.

| 가기◯ 외 122명이 공동으로 낙찰받은 영수증

| 본 물건의 현장 사진

낙찰 이후 다음과 같이 심플한 투자로 마무리됐다. 유찰되지도 않은 신건에 그것도 최초 감정가보다 높게 약 4억 5천만 원 이상(감정가의 122%)으로 입찰가를 정할 수 있었던 것은 입찰가 그 이상으로 가치를 인정받을 수 있다는 경험에서 나오는 자신감이었다. 신건에 입찰한다는 것은 역설적으로 보면 그만큼 물건에 대한 자신감과 확실함이 있어야 하는 일이다. 20년 이상 좋은 투자처를 찾아다니며 과거와 현재를 경험했다. 과거와 현재 없는 미래는 없다. 부동산분석도 마찬가지다. 그중에 평택도 포함된다. 그동안 평택의 가격추이와 양상이 어떻게 전개되었는지 너무 잘 알고 있다. 이렇게 가격이 오르는 지역에서도 초보 투자자들이 투자 실패로 끝나는 경우도 여럿 봤던 터라 흐름을 읽으며 현장을 이해하고자 했다. 본 물건에 대한 투자내역은 다음과 같다.

감정가 : 19억 3천9백9십8만 8천 원
낙찰가 : 23억 8천1백90만 원(대출금 : 16억 4천만 원)
공동 입찰자 : 123명(낙찰가에서 대출금을 뺀 실제 투자금은 7억 4천1백90만 원)
1인당 투자금 : 약 6백만 원
매매가 : 31억 7천4백60만 원(대출금 빼고 15억 3천4백60만 원 수익 발생)

이론은 배울 수 있다. 경험이 없는 사람들의 투자 권유도 넘쳐나는 세상이다. 하지만 오랫동안 현장을 누비고 다니며 오감으로 체득한 혜안은 누구에게나 갖고 있는 능력은 아니다. 평소 관심 지역에 대한 꾸준한 모니터링은 아주 중요한 요소이다. 그동안 매매, 경매, 공매 등을 진행하며 현장에서 쌓은 데이터를 통해 분석하고 객관적인 가치판단을 내릴 수 있는 힘이 필요하다. 현장에 답이 있다. 시간과 비용을 들여가며 현장을 경험하기를 추천하는 이유다.

이번 사례는 토지 명도의 끝을 본 물건으로 위치도 좋고 가격도 좋게 낙찰받았다. 관건은 명도였는데 낙찰받은 현장엔 어디에 쓰이는 물건들인지 모를 정도로 엄청난 양의 각종 기계와 기구들이 1,110평의 토지를 가득 메우고 있었다.

이런 경우 명도는 다음과 같은 전방위적인 작업을 해야 한다. 아파트나 건물처럼 평범한 임차인의 명도는 절차에 따라 진행하면 되지만 이런 물건의 명도는 돌발 상황들이 많이 발생하므로 처음부터 타이트하고 강하게 명도 작업하는 것이 쉽고 빨리 해결하는 방법이다.

우선, 점유자를 확인하는 작업에 들어갔다. 법원의 현황조사서나 감정평가서를 통해 명시적으로 드러난 점유자는 명도 절차를 밟아 처리하면

| 물건 현장에 가득 쌓여 있는 각종 기계와 기구류들

된다. 하지만 문제는 신원 확인이 안 되고 현장에 쌓인 소유자 미상의 물건들을 처리하기 위해선 무단점유자에 대한 파악이 필요하다. 현장에서 드러난 점유자를 중심으로 탐문과 수색에 들어갔다. 점유자는 나머지 미상의 점유자에 대한 정보제공을 회피하고 비협조적으로 나오는 케이스가 많다. 동시에 단서가 될만한 것들을 수집하고 현수막을 게시하고 법적조치(인도명령 신청 및 임료 상당액의 부당이득 반환청구의 소 제기, 녹취록 작성, 사실조회 등)에 들어갔다. 이때 반드시 들려야 하는 곳이 물건지에서 가장 가까운 부동산으로 최소 3곳 이상 방문해서 현장에 대해 탐문을 해야 한다. 결국 부동산사무소를 통해서 정보가 흐르기 때문이다.

| 물건 현장 현수막 게시(토지 무단 점유자 확인 과정)

토양의 새 시대! 국세청이 달려가겠습니다.

평 택 세 무 서

수신 서울중앙지방법원

(경유)

제목 제출명령에 대한 회신(2016가합565643 토지인도)

　　1. 귀 원의 무궁한 발전을 기원합니다.

　　2. 귀 원에서 요청한 「2016가합565643 토지인도」와 관련한 제출명령에 대하여
아래와 같이 회신하오니 업무에 참고하시기 바랍니다.

　　3. 제공된 정보는「국세기본법」제81조의13【비밀유지】규정에 따라 타인에게 제공
또는 누설하거나 그 목적 이외의 용도로 사용할 수 없음을 알려드립니다.

○ 아　　　래 ○

요청기간	요청 내용	회신 내용
2014.1.1.～ 2016.12.8	1. 경기 평택시 안중읍 한촌길 5(현 화리 734-3)에 협성상사 명의의 사업자등록 여부 2. 사업자등록시 사업자등록신청 당시 제출 서류 및 사업자 성명, 주소, 주민등록번호	사업자등록 여 2. 사업자등록 신청 당시 제출서류 별도 첨부 / 협성상사 사업자 성명 : 윤혁 주민등록번호 : 　　　　　, 주소 : 대구 수성구 무학로

끝.

40632

접수
2016.12.30

평 택 세 무

접↑수
2017.01.02
번호사 현장수
법률사무소

국세조사관 이령조　　　국세조사관 환지택　　　과장　　　손현국　　　서징　　　2016.12.27
정대안

합조자

시행 가입납세2과-5107　　　(2016. 12. 27.)　　　접수

우 17862　　경기도 평택시 죽백6로 6　　　　　　　　　/ http://www.nts.go.kr

전화번호 031 650 0365　　팩스번호 050 31122169　　/ lrj0896@nts.go.kr　　/ 비공개(6)

청렴, 소신 있고 당당한 실회 시작합니다!

ㅣ사업자등록 확인 신청(토지 무단점유자 확인 과정)

부동산인도명령신청

사 건 번 호	2015 타경 12589 (2) 부동산임의경매
신청인 (매수인)	김 진 ●
	인천광역시 서구 완정로
	전화번호 : 010-[　　　　]
피신청인(임차인)	1. 임 승 ●
	경기도 평택시 안중읍 한촌길
	전화번호 : 010-[　　　　]
	2. 성 명 불 상
	3. 성 명 불 상
	4. 성 명 불 상
	5. 성 명 불 상
	6. 성 명 불 상

신청인은 피신청인에 대해 다음과 같이 부동산인도명령을 신청합니다.

-부동산의 표시-

경기도 평택시 안중읍 성해리 289-1, 289-2, 289-4. 289-5, 산100-5

ㅣ부동산인도명령신청서

수원지방법원 평택지원
결   정

정본입니다.

2017.01.25

사   건   2016타인337 부동산인도명령
신 청 인   김진●
            인천 서구 완정로
            송달장소 서울 서초구 강남대로
            (송달영수인 임종●)

피 신 청 인   임승●
            평택시 안중읍 한촌길

주   문

피신청인은 신청인에게 별지 목록 기재 부동산을 인도하라.

이   유

수원지방법원 평택지원 2015타경12589 부동산임의경매 사건에 관하여 신청인의 인도
명령 신청이 이유있다고 인정되므로 주문과 같이 결정한다.

2017. 1. 25.

판사   신유리

※ 각 법원 민원실에 설치된 사건검색 컴퓨터의 발급번호조회 메뉴를 이용하거나, 담당 재판부에 대한 문의를 통
 하여 이 문서 하단에 표시된 발급번호를 조회하시면, 문서의 위, 변조 여부를 확인하실 수 있습니다.

2017-0086309420-D49A1   위변조 방지용 바코드 입니다.   1 / 2

| 인도명령결정문

접 수 증

원고대리인 귀하

다음과 같이 사건을 접수하였습니다.

1. 사   건 : 2016가합565643 토지인도

2. 원   고 : 가기● 외 122명

3. 피   고 : 임승● 외 5명

4. 접 수 번 호 : 2016110100021020006080

5. 접 수 일 시 : 2016.11.01   11:55

6. 제출서류의 명칭 : 소장

2016 . 11 . 01

서울중앙지방법원

| 토지인도 청구소송 접수증

청 구 원 인

1. 원고들의 소유권 취득

가. 경매를 통한 소유권 취득

원고들은 임의경매(수원지방법원 평택지원 2015타경12589)를 통하여 "경기도 평택시 안중읍 성해리 289-1 잡종지 2702㎡, 같은 리 289-2 잡종지 133㎡, 같은 리 289-4 대 309㎡, 같은 리 289-5 대 33㎡, 같은 리 산 100-5 임야 494㎡"(이하 '이 사건 토지들'라고 합니다)에 대한 소유권을 2016. 5. 24. 취득하였습니다(갑 제1호증의 1 내지 5 각 토지등기부등본).

나. 피고들의 지위

1) 피고들은 이 사건 토지에 각종 대형기계 기구류 등 시설물을 적치하여 놓고 사용하고 있는 자들입니다.

2) 원고들은 이 사건 토지를 점유하고 사용하고 있는 피고들 중 대표자인 임승●를 만나 협의를 진행하였으나 협의가 진행되지 아니하였고, 피고 임승●로부터 본인 이외에 5명의 피고들이 이 사건 토지를 사용하고 있고, 전소유자와 임대차계약에 따라 임대료를 납부하여 왔다는 이야기를 들었습니다.

| 토지인도 청구소송 소장 내용 1p

피고들은 법률상 원인 없이 이 사건 토지를 사용하고 있으므로 임료 상당액의 부당이득을 취하고 있다고 할 것입니다.

원고들이 이 사건 토지들을 경락받을 당시 작성된 감정평가서(갑 제3호증 참조)를 보면 이 사건 토지들의 감정평가 금액은 <u>1,914,986,000원</u>(1,421,252,000+69,958,000+190,962,000+20,394,000+212,420,000)이었습니다. 이러한 토지의 감정평가 금액을 기준으로 우선 피고들이 원고들에게 지급하여야 할 금액을 감정평가 금액의 3%를 기준으로 하여 월 4,787,465원(1,914,986,000×0.03×1/12, 소수점 이하 버림)으로 산정하였습니다.

나. 구체적인 부당이득액의 청구

위 금액은 추정적인 금액이기에 원고들은 임료감정을 통해 구체적인 임료 상당의 부당이득액을 산정 후 원고 각자의 지분에 따른 청구를 하도록 하겠습니다.

4. 결 론

피고들은 이 사건 토지들 위에 있는 시설물 등을 모두 취거하고 이 사건 토지들을 원고들에게 인도하여야 하며 원고들에게 2016. 5. 24.부터 위 토지의 인도완료일까지 월 4,787,465원의 비율로 계산한 금원을 각 지급하여야 할 것입니다.

| 토지인도 청구소송 소장 내용 2p

녹 취 록

1. 녹취장소	경기도 평택시 안중읍 한촌길 협●상사 사무실	
2. 녹취일시	2016. 7. 8.	
3. 대 화 자	김 동 현 : 원고(김진●)의 대리인 임 종 우 : 원고(김진●)의 대리인 임 숭 구 : 피고 여 자 1 : 성명미상(협성●사 대표의 모)	
4. 번문일시	2016. 10. 28.	
5. 번문장소	학 산 합 동 속 기 사 무 소	

※ 본 녹취록에 기록된 장소, 일시, 대화자 및 고유명사는 의뢰자의 증언에 의한 것임
※ 들리지 않는 말은 「…」으로 표시함

속기사 양 덕 경

학 산 합 동 속 기 사 무 소
서울시 서초구 서초대로 277, 305호
TEL : 591-6715~6 / H·P : 010-3746-7226

|점유자 관련 녹취록

점유자들 중 대표성을 가지고 현장을 점거하고 있던 임○○씨를 비롯해서 나머지 무단 점유자 5명에 대한 신상 파악을 완료하여 강력한 법적 조치와 압박이 계속되자 한명 한명씩 자진하여 토지인도를 하겠다는 의사를 보이기 시작했다. 민법 741조에 의거 부당이득 반환청구 및 건축물 및 토지 침입죄, 퇴거 불응죄 등으로 민·형사상 책임과 함께 통장가압류 등의 법적조치를 수인하겠다는 각서를 쓰고 자진 명도를 진행했다.

이번 사례에서 보다시피, 명도는 한마디로 말하면 '압박'이다. 취할 수 있는 모든 방법을 사용하여 서서히 점유자를 압박해야 한다. 다른 방법이 없다는 것을 아주 강하게 인식시켜야 한다. 법적조치 및 현장을 장악하여 자진 명도를 하게 하는 것이다. 이때 중요한 것이 단호함이다.

다른 팀원과 전략과 전술을 잘 짜서 역할 분담하는 것도 방법이다. A는 법적 수순을 밟으며 강한 압박의 카드를 사용하고, B는 좋은 게 좋은 거라는 분위기를 연출하여 살살 달래가며 자진 명도를 유도하는 방식이다. 이런 이유로, 요즘엔 혼자 공부하거나 혼자 경매를 하지 않고 어딘가에 소속되어 팀플레이를 하는 경우가 많아졌으며, 다양한 사례를 살펴봐도 결과나 성과가 확실히 좋다.

팀플레이의 또 다른 장점은 소액으로 실전 투자를 통해 이론과 경험을 동시에 습득할 수 있다는 것이고, 이제는 꼭 필요한 시스템으로 인식하게 되었다. 결국, 시간적 차이의 문제일 뿐 대항력 없는 임차인이나 무단 점유자는 낙찰자를 이기지 못한다는 사실을 정확히 알려 주고, 무단 사용으로 인해 낙찰자들에 대하여 발생한 금전적 채무를 면하도록 방법을 제시하고 유도하여 마무리를 짓는 것이 명도의 결론이다.

토지인도 각서

●부동산 경매 사건번호:2015타경 12589(2)

●부동산의 표시:경기도 평택시 안중읍 성해리 289-1, 289-2, 289-4, 289-5, 산100-5

●토지소유자:가기● 외 122명

●토지점유자:
1. 임숭●((   ))
2. 김대●
3. 협●산업(주) 대표 - 윤종●(   ) 사업자등록번호 (670-   )
4. 남임●(   )
5. 성●산업(주) 대표 - 김종●(   ). 사업자등록번호 (307-   )
6. 오세●(   )

1.상기토지 점유자 임숭● 외 5명은 <u>2017년 3월 21일 까지</u> 현재 점유중인 상기 부동산표시상의 토지에서 무조건 퇴거한다.(각종 기계·기구류 철거 와 토지에서 퇴거)

2.만일, 상기 토지점유자 임숭구 외 5명이 <u>2017년 3월 21일 까지</u> 소유자에게 토지인도를 하지 아니하여, 토지소유자에게 지속적인 손해를 끼치는 경우, 토지 위 무단 적치중인 각종 기계·기구류 등을 처분 및 철거 하는데 이의제기 하지 아니한다.

3.상기 약정일까지 토지점유자의 의무 미이행시 토지소유자는 무단점유자인 임숭구 외 5명에게 민법 741조 부당이득반환청구권과 , 건축물 침입죄 및 퇴거불응죄 로 고소·고발조치 및 민·형사상의 책임을 물을 수 있다.(통장가압류 및 재산목록명시 등)

상기 토지인도 각서 내용에 대하여 토지 무단점유자인 임숭구 외 5명은 이의없음을 밝히며, 각서내용에 대하여 틀림없이 이행할 것을 약정합니다.

2017년 03월 17일

토지 무단점유자의 대표자

이름: 임 숭● (인)

주민번호:

전화번호: 010-

| 점유자 임○○외 5명의 토지인도 각서

| 물건 현장 정리 전 모습, 진행 모습, 정리 후 모습

| 주 출입구 정리 모습

| 매매계약서 작성 모습

| 매각결산 및 배당금 지급모임 모습

부동산공동경매로 강남빌딩 투자하기

12

소액 투자의 첫걸음
수익형 부동산

1천~2천만 원 정도의 소액으로 부동산을 처음 투자하고자 한다면 아파트, 다세대(빌라)보다는 소형의 수익형 부동산을 시작하는 것이 유리하고 또 실무에서도 그렇게 접근한다. 그 이유는 입지가 좋은 아파트나 다세대(빌라)는 아무리 소형이라고 해도 최소 억 단위의 자금이 필요하기 때문에 소액 접근이 쉽지 않다.

그 때문에 임대차가 가능한 부동산에 투자해야만 대출금과 임차보증금을 지렛대 삼아 내 종잣돈을 최소화하여 투자의 리스크를 줄일 수 있다. 또 매월 받는 월세를 모아서 제2, 제3의 또 다른 물건을 공략해볼 기회를 만들 수 있기 때문이다. 투자를 두려워할 필요도 없고 두려워해서도 안 된다. 내 자산 증식은 누가 해주지 않는다. 금수저가 아닌 이상 내가 직접 해야만 하는 것이다.

다세대(빌라)는 서울 또는 수도권 외곽 기준으로 저렴하게 1~2천만 원대의 투자도 가능하지만, 임차인의 수준과 형편에서 전혀 예상치 못한 돌발적인 문제가 되는 경우가 많아 비추천한다. 왜 저렴한 부동산을 투자하면 안 되는지 다음 사례를 통해 배워보자.

투자자 A씨는 인천시 ○○동(지역명은 생략함)에 저렴하게 나온 빌라를 대출 2,500만 원을 끼고 매매가 4,500만 원에 갭투자로 구입했다. 지역 자체가 단독주택, 빌라 등이 혼재한 주택 밀집 지역이고 또 오래되어 매매나 임대가격 자체가 저렴한 동네였기 때문에 가능했다. 매입 후 약간의 비용을 들여 간단한 수리를 통해 집을 깨끗하게 새로 단장한 후, 즉시 부동산에 월세를 빼기 위해 매물을 내놨다. 비수기 탓인지 수개월 동안 공실로 두다가 겨우겨우 가격조정을 해서 보증금 500만 원 월세 35만 원으로 조선족 B씨와 임대차(월세)계약을 했다.

타인자본 : 대출금+보증금=3,500만 원 (실투자금 1,500만 원)
임대 수입 : 월세 35만 원(1년 420만 원)-대출이자(연 2.8%) 70만 원=350만 원

투자자 A씨 입장에서 내 돈 1,500만 원을 투자해서 대출이자 제외하고 350만 원이 생기니, 세금과 각종 유지비 등 이런저런 비용을 빼고 단순 계산으로만 해도 최소 수익률 20%가 넘는 투자인 셈이다. 계약 후 아주 좋은 투자라고 A씨 자신도 생각했다. 투자는 이렇게 하는 것이라고 유튜브 채널에서 자랑까지 했다.

그러나 얼마 지나지 않아 문제가 발생하기 시작했다. 임차인이 월세를 밀리기 시작한 것이다. 처음 한두 달 연체하다가 재촉을 하면 보증금에서 빼라는 식으로 처리하고, 계속 그렇게 반복하다가 결국 1년 6개월이 지나자 보증금까지 까먹게 되는 상황이 되었다. 그전까지는 개인적으로 바쁘기도 했고, 또 '보증금이 있으니까 괜찮아'하고 문제를 크게 생각하지 않았다.

그 이후에도 이런 상황이 계속 반복되자 임대인 A씨는 스트레스가 이만저만이 아니었다. 그러다 더 이상 안 되겠다 싶어 임차인 B씨와 담판을 내야겠다고 생각하고 지속해서 연락을 취했지만, 연락이 닿질 않자 결국 임차해 준 집을 찾아가게 되었다. 투자자 A씨는 자신이 임차해 준 집을 가보고 충격에 빠졌다.

최초 계약한 임차인 B씨 외에도 다른 국적의 사람 남녀 4명과 함께 생활하고 있는 것을 목격하게 된 것이다. 현관문을 비롯해 집안은 이곳저곳이 고장 나 있고 쓰레기는 치우질 않아서 악취가 진동하고 이불과 속옷, 옷가지들은 널브러져 있고 그야말로 집안이 난장판이었다. 현장에서 어떻게든 해결해 보려고 했으나 도저히 해결이 안 돼서 도망치다시피 집으로 돌아온 A씨는 문제의 심각성에 밤잠을 설치며 해결방안을 궁리하기 시작했다.

그러던 상황에서 며칠 후 경찰서에서 투자자 A씨에게 한 통의 전화가 왔다. 자신이 임차해 준 집에서 조선족과 다른 불법체류 외국인 여러 명이 모여 불법 사설 도박을 하다가 걸려서 참고인 조사차 경찰서로 오라는 내용이었다. 투자자 A씨는 또 한 번 충격을 받았다. 임대수익 받으려고 투자한 물건인데 예상치도 못한 임차인의 이런저런 문제로 자기까지 덩달아 상황들이 꼬이자 미칠 지경이었다. 경찰 조사를 마치고 온 A씨는 정신적 스트레스로 인해 병원을 들락거리며 약까지 복용하게 되는 안 좋은 상황까지 이어졌다. 그 후 빨리 이 상황에서 벗어나고 싶은 마음에 손해를 보더라도 빌라를 급하게 처분하려고 했다. 하지만 임차인 B씨와 문제를 해결하느라 상당 기간 동안 시달리다가 밀린 월세도 못 받고 겨우겨우 임차인을 내보낼 수 있었고, 그 후에 막심한 손해를 보고 나서야 부동산을 매각하고 정리할 수 있었다. 이 사건을 계기로 투자자 A씨는 부동산 투자 시 임차인이 왜 중요한지를 깨닫게 되었다고 한다.

저렴한 부동산에 투자해 임대수익만 생각하다가 전혀 예상하지 못한 임차인의 이런저런 문제로 스트레스를 받는 임대인들이 실제로 엄청나게 많다. 그들은 자신이 단지 '임차인 운'이 나쁘다고만 생각하고 투자에 대해 깊이 생각하지 않았다. 물론 어느 정도 맞는 말이기도 하지만 좋은 지역의 좋은 물건을 선택한다면 어느 정도는 해소할 수 있는 부분이다. 자신의 경제적 여건이 안 되는 임차인들은 좋은 지역의 물건을 감당할 수 없으므로 임차할 수 없다. 그렇게 자연스럽게 필터링되는 것이다.

결국, 위 사례처럼 '저렴한 부동산'을 투자해야 하는 것이 아니라, '소액으로 가능한 부동산'에 투자해야 한다는 것이다. 말장난처럼 들리겠지만, 저렴한 부동산과 소액 투자가 가능한 부동산은 엄밀히 다른 개념이다.

저렴한 부동산이란 뜻은 실무상 다음과 같은 문장으로 이해하고 해석해야 한다.

대중의 선호도가 떨어지는 지역, 주변에 생활 인프라가 없는 지역, 노후화되어진 부동산 등이다. 재개발, 재건축 대상 지역의 매매값은 비싸지만, 임차료는 저렴하기 때문에 소액 투자 대상이 될 수가 없다.

즉, 저렴한 부동산이란 투자자의 관점에서 극단적으로 표현하면, '투자하면 안 좋거나 안 되는 부동산', '불편한 부동산', 혹시라도 속을 썩을 일이 있을 수 있는 부동산을 의미하는 것이다. 이런 곳들의 공통된 특징은 좋은 임차인을 구하기가 어렵다는 것이다. 좋은 임차인 여부는 부동산 투자에서 반드시 살피고 챙겨야 할 부분이지만 많은 투자자가 부동산 자체의 가격(매매가 또는 임대가 등) 자체에만 함몰되어 간과하는 경우가 많다.

부동산과 좋은 임차인의 관계는 아무리 강조해도 지나치지 않는다. 즉, 부동산 투자 관점에서의 좋은 임차인이란 이런 뜻이다. 상식이 통하고 예측이 가능한 임차인을 뜻한다.

반대로 질이 안 좋은 임차인이란 앞선 사례처럼 돌발상황 발생 가능성이 높은 임차인을 뜻한다고 보면 된다. 즉 각종 사건 사고에 노출될 확률도 그만큼 높다는 뜻이다.

이번 물건은 오피스텔로 경기도 화성시 남양동에 지상 11층 217세대 규모의 오피스텔 중 21개 호실이 경매로 나왔다.

사건번호 : 2013 타경 36339
        (물건 번호 3, 4, 5, 6, 8, 9, 10, 11, 12, 13, 14, 15, 16, 17, 18, 19, 20)
소재지 : 경기도 화성시 남양동 1748, 아이리스오피스텔 701호 외 16개 호실
투자 포인트 : 수익형 부동산+소형부동산+세력화 투자

대략 5천~6천만 원대 감정가가 잡혔다. 우선, 좋은 부동산인지를 살펴야 한다. 그래야 좋은 임차인을 들일 수 있기 때문이다. 좋은 부동산은 좋은 지역에 있다. 본 물건이 속한 지역을 먼저 살펴보자.

경기도 화성시 남양읍은 화성시청 일대를 중심으로 남양 뉴타운 개발사업, 서해안복선전철 화성시청역 개통 예정 등 각종 개발계획이 집중되고 있는 지역이다. 인근에는 현대기아자동차 연구소, 마도산업단지, 송정산업단지, 노하산업단지, 팔탄산업단지 등 크고 작은 산업단지들이 있어, 직장인들의 주거 수요 또한 풍부하다. 물건지 주변으로 화성 국제테마파크가 2030년 개장을 목표로 테마파크와 호텔, 쇼핑 복합시설들이 들어설 예정이고, 송산그린시티 신도시 개발사업도 자동차 관련 첨단산업, 관광과 레저, 주거시설 등이 2030년 완공을 목표로 한창 개발 중이다.

도로망 여건 또한 서쪽 지역의 중심 도로인 322번 국도와 77번 도로, 송산마도 IC와도 가까워 제2서해안고속도로의 빠른 진입이 가능하다.

오피스텔(주거) (임의경매) 매각기일 2014-05-08(목) 10:30	**2013 타경 36339** 3 ⌄	수원지방법원 [사건링크] 경매 18계 문의 : 031-210-1478 [법원위치]

소재지	[지 번] 경기도 화성시 남양읍 남양리 1748 아이리스오피스텔 제7층 제701호 [도로명] 경기도 화성시 시청로 50(남양동 1748), 7층 701호 (남양동, 아이리스오피스텔)				
용도	오피스텔(주거)	채권자	농업협동조합자산관리회사	감정가	60,000,000원
전용면적	30.7㎡ (9.29평)	채무자	연상흠	최저가	(70%) 42,000,000원
대지권	14.5㎡ (4평)	소유자	연상흠	보증금	(10%) 4,200,000원
매각대상	토지/건물일괄매각	경매종류	임의경매	청구금액	443,572,327원
사건접수	2013-07-01	배당종기	2013-09-16	경매개시	2013-07-02
주의사항	주의사항 없음				

이미지 — 총 30장 [경매절차 흐름도]

기일내역 [기일내역 전체 열기 ▼]

회차	매각기일	최저매각금액	결과
신건	14.04.02	60,000,000원	유찰
2차	14.05.08	42,000,000원	매각
낙찰	김은●	입찰 8명	51,000,100원(85%) 2등 입찰가 : 48,000,000원		
일정	14.05.15	매각결정기일	허가
일정	14.06.25	대금지급기한	납부
일정	14.08.19	배당기일	완료
배당종결 사건			

물건1	403호	8.31평	감정가 5,400 최저가 3,780	**물건12**	712호	8.06평	감정가 5,300 최저가 3,710
물건2	404호	8.31평	감정가 5,400 최저가 3,780	**물건13**	713호	8.06평	감정가 5,300 최저가 3,710
물건3	701호	9.28평	감정가 6,000 최저가 4,200	**물건14**	714호	8.06평	감정가 5,300 최저가 3,710
물건4	702호	9.07평	감정가 5,900 최저가 4,130	**물건15**	715호	8.06평	감정가 5,300 최저가 3,710
물건5	703호	8.31평	감정가 5,400 최저가 3,780	**물건16**	716호	8.06평	감정가 5,300 최저가 3,710
물건6	704호	8.31평	감정가 5,400 최저가 3,780	**물건17**	717호	8.06평	감정가 5,300 최저가 3,710
물건7	705호	8.31평	감정가 5,400 최저가 3,780	**물건18**	718호	8.24평	감정가 5,400 최저가 3,780
물건8	706호	8.31평	감정가 5,400 최저가 3,780	**물건19**	812호	8.06평	감정가 5,300 최저가 3,710
물건9	707호	9.07평	감정가 5,900 최저가 4,130	**물건20**	818호	8.24평	감정가 5,400 최저가 3,780
물건10	708호	8.24평	감정가 6,000 최저가 4,200	**물건21**	1006호	8.31평	감정가 5,400 최저가 3,780
물건11	711호	8.24평	감정가 5,400 최저가 3,780				

| 낙찰 물건 사건 기본내역 및 물건번호별 현황

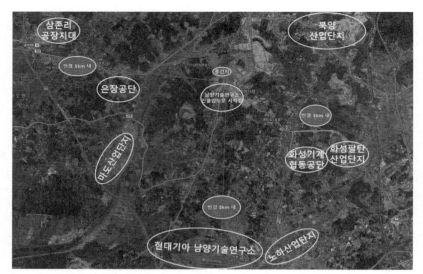

| 물건지 반경 5km내 산업단지 분포도

| 물건지 현장사진

남양읍의 가장 핵심 기업은 경기도 화성시 남양에 소재한 현대기아자동차 그룹 기술연구소라고 할 수 있다. 현대자동차의 R&D 메카인 남양 연구소를 중심으로 미국·유럽 등 세계 여러 국가에 총 11개소의 기술연구소를 설립하였고, 세계 최고의 자동차 메이커로 도약하기 위해 현대의 자동차 기술력을 집중하고 있는 곳이다.

축구장 약 500개 크기(약 347만㎡)를 자랑하고 있는 남양 기술연구소는 근무 인원만 총 1만여 명으로 현대 기아 자동차 인원 및 각종 협력업체의 직원들로 구성되어 있다. 이렇듯 남양읍 지역 자체가 지속 가능한 고급 일자리가 풍부한 지역이기 때문에 투자를 결정하게 되었다.

경매로 나온 본 오피스텔의 수요 또한 남양 기술연구소의 연구원들과 그 협력업체 직원들 그리고 산업단지 직원들이 대부분이다. 또한, 이들은 대게 가족들이 생활하는 본가는 서울 및 수도권에 있고, 직장은 남양에 있는 경우가 대부분이다. 직원들 대다수는 연구소로 출퇴근하고 있기 때문에 평일에는 러시아워(rush hour) 등 출·퇴근 시간을 고려해 기숙사 형식으로 남양읍에 위치한 오피스텔을 임차하여 생활하고 주말에만 가족들 만나러 집에 올라가는 생활 형태가 많다. 연구소 주변으로는 인프라 시설이 없기 때문에, 퇴근 후 술이라도 한잔하려면 국도와 지방도를 이용해 시내 권역인 남양읍내(본 물건지가 있는 주변)까지 나와서 생활해야 한다. 즉 본 오피스텔이 있는 곳이 남양기술 연구소 및 주변 산업단지를 출·퇴근하기 위한 메인도로의 시작점이자 끝점이 되는 것이다. 이렇게 생활 동선이 이곳으로 몰릴 수밖에 없는 구조라는 것도 좋은 점이다.

자동차 연구소에서 근무할 정도면 분명 질 좋은(?) 임차인에 해당할 것이다. 실제로, 본 오피스텔은 연구소 직원들을 위해 수십 개의 호실을 회사에서 대량으로 임차해 직원들 기숙사용도 및 복리후생으로 처리하는 경우가 많아서 월세 체납이나 임차인의 돌발문제들이 생길 가능성이 희박하다는 것이 메리트였고 경매로 나온 21개의 호실을 입찰한 이유이기도 했다.

본 물건의 또 다른 장점은 경매 나온 21개 호실 대부분이 7층~8층(로열층)에 위치한 좋은 물건들이었다. 경쟁 관계에 있는 주변 원룸, 투룸에 비해 전용면적도 훨씬 크고, 구조 또한 좋아 주변 지역에서도 실거주용으로 인기가 많은 오피스텔이다. 특히, 지하 주차장을 완비하고도 지상에도 주차할 수 있는 상당히 넓은 유휴지가 있어 새벽에 들어와도 주차 문제로 시

| 물건 입찰 전 투자자 모임 모습

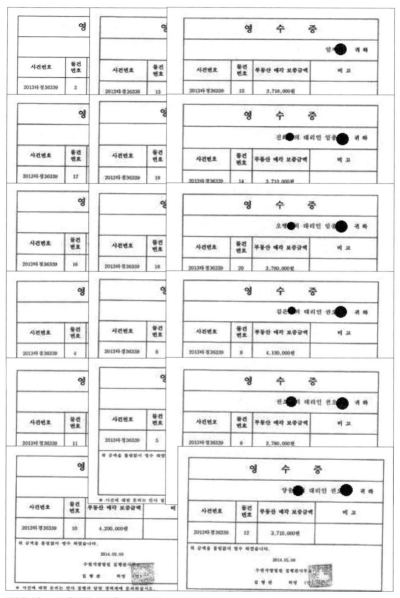

경매나온 21개 물건 중 회원들이 낙찰받은 17건의 낙찰영수증

달리는 경우가 없다. 남양읍에 처음 본 사건의 오피스텔을 건설할 때부터 217세대 대규모로 연구소 및 산업단지 직원용 기숙사 임차를 목표로 건축했다고 하니, 건축회사의 선견지명이 예사롭지 않다. 건물의 규모가 크면 호실당 납부해야 하는 관리비가 저렴해져서 임차인들의 부담이 줄어들게 된다. 또 관리실에서 체계적인 관리를 해주기 때문에 실제 생활하는 임차인들의 만족도도 매우 높아진다.

임차인 현황 전입세대열람원 | 임대차보호법 | 현황조사서 | 매각물건명세서 | 예상배당표

번호	임차인	권리종류/점유부분	보증금/차임금액(월세)	전입/확정/배당	대항	기타
1	박태현	주거임차인 전부	[보] 35,000,000원	전입 : 2012-05-21 확정 : 2012-05-21 배당 : 2013-08-12	X	미배당금 소멸

보증금 등 합계	총 보증금: 35,000,000원 총 월세: 0원	말소기준일	2003-03-31	배당요구종기일	2013-09-16

현황기타	

번호	임차인	권리종류/점유부분	보증금/차임금액(월세)	전입/확정/배당	대항	기타
1	김성진	주거임차인 702호	[보] 35,000,000원	전입 : 2011-05-13 확정 : 2011-05-13 배당 : 2013-08-12	X	미배당금 소멸

보증금 등 합계	총 보증금: 35,000,000원 총 월세: 0원	말소기준일	2003-03-31	배당요구종기일	2013-09-16

현황기타	[시청로50 (스오피스텔)] 점유관계 : 미상 / 기타 : 목적물에 대하여 현황조사차 방문하였으나 폐문부재로 소유자 및 점유자를 만나지 못하였으며, 이에 '안내문'을 부착하여 두었으나 점유자들의 연락이 없어 점유관계를 확인할 수 없으며 관할동사무소에서 전입세대열람 결과 해당 주소에 전입세대가 없음.

번호	임차인	권리종류/점유부분	보증금/차임금액(월세)	전입/확정/배당	대항	기타
1	김한승	주거임차인 전부	[보] 35,000,000원	전입 : 2011-07-20 확정 : 2011-07-20 배당 : 2013-08-30	X	미배당금 소멸

보증금 등 합계	총 보증금: 35,000,000원 총 월세: 0원	말소기준일	2003-03-31	배당요구종기일	2013-09-16

현황기타	[시청로50 (스오피스텔)] 점유관계 : 미상 / 기타 : 목적물에 대하여 현황조사차 방문하였으나 폐문부재로 소유자 및 점유자를 만나지 못하였으며, 이에 '안내문'을 부착하여 두었으나 점유자들의 연락이 없어 점유관계를 확인할 수 없으며 관할동사무소에서 전입세대열람 결과 해당 주소에 전입세대가 없음.

| 임차인 현황 1, 2, 3

또한, 임차인 현황(1~3)자료에서 보다시피 21개 호실 대부분의 임차인들이 말소기준 권리 이후에 전입되어 낙찰받은 사람에게 법률상 어떠한 주장도 할 수가 없는 상태였다. 즉, 거주하고 있는 임차인 대부분은 낙찰자에게 자기 권리에 대해 어떠한 주장도 못 하는 것이다. 이것을 '대항력(낙찰자에게 자신의 권리를 주장하는 힘)이 없다'라고 표현한다.

임차인 명도에 대해 간단히 설명하면 다음과 같다. 대항력 없는 임차인은 결론적으로 낙찰자가 인수해야 하는 부담이 없는 명도 대상이기 때문에 낙찰자 입장에서는 안전한 물건으로 입찰에 참여해도 좋은 물건이 된다. 하지만 이때 초보 투자자 입장에서 고민거리로 생각되는 것이 '임차인을 어떻게 잘 설득해서 이사 나가게 할까?'다. 대항력 없는 임차인을 핸들링하는 과정에서 꼭 필요한 테크닉 중 하나가 바로 명도(집 비우기)인데, 특히, 이렇게 여러 세대를 한꺼번에 낙찰받게 될 때 괜히 무서워하거나 부담감을 크게 느끼는 경우가 상당히 많다. 하지만 이 상황을 반대로 이용해 좀 더 수월하게 명도할 수도 있다.

경매되는 부동산의 임차인들은 각자 처한 상황도 다르고 성향도 아주 다양하다. 하지만 대항력 없는 임차인이 있는 부동산을 낙찰 받게 될 때의 변하지 않는 한 가지는 명도 대상이라는 것이다. 좋은 지역에 위치한 임차인들은 대부분 학력도 좋고, 연봉도 좋은 전문직에 종사하는 경우가 많다. 이들을 만나서 명도 관련 이야기를 나누다 보면 처음에는 입에 담지 못할 욕설을 하며 상당히 분노를 표출하기도 하고 시간이 좀 지나면 황당해하고 억울해하며 자신의 입장을 들어달라고 하소연한다. 하지만 얼마 지나지 않아 현실을 직시하고 대부분 자기 뜻을 굽히는 것으로 마무리된다. 임차인 중에는 끝까지 대화가 안 통하고 강한 저항감을 드러내거나 물리적으로 반발하는 임차인이 반드시 1~2명 있다. 이런 경우는 어쩔 수 없이 가장 반발이 심한 임차인을 향해 법적인 행동을 통해 강력한 메시지로 초반에 강하게 어필해서 기선을 제압해야 한다. 즉, 강력한 내용을 담은 내용증명을 발송하고 잔금 납부와 동시에 인도명령 신청을 진행한다. 이후, 협상의 여지를 만들거나 빈틈을 주지 않고 강제집행 신청과 예고까지 스피드 있게 진행해야 한다.

다들 배울 만큼 배웠고 한두 다리만 건너면 주변에 법조계에 몸담고 있는 사람들을 만나는 것은 일도 아니다. 따라서 그들에게 자신의 처한 상황을 자문 받아보면 자신의 명도 저항이 부질없는 행동이고, 금전적 손해 배상도 해야 하는 상황이 발생할 수 있음을 알게 된다. 따라서 법원에 소장이 접수된 사실만으로도 명도되는 경우가 대부분이다. 이점을 이용하면 생각보다 쉽게 협상과 명도가 가능하다.

꼼꼼한 현장 조사와 가격조사 그리고 권리분석 및 주변 조사를 마치고 개인 입찰을 희망하는 회원들에게 설명해주고 입찰에 참여했다. 입찰 결과는 21개 입찰 중 17건 낙찰, 낙찰받은 회원들도 무척 좋아했다.

낙찰받은 17건 중에 부부가 각각 2개 호실씩 입찰해서 총 4건을 낙찰받은 내용을 예시로 수익률 분석을 해보았다.

예시) 김찬○, 진희○ 부부(물건 번호 5, 6, 10, 14) 수익률 분석

-총 4건 낙찰(704호, 703호, 708호, 714호)

-낙찰 4건의 총취득가액 : 192,400,400원

-임대차 현황 : 보증금 5,000,000원 / 월세 350,000원

-실제 투자금=36,400,400원

 (총취득가액 192,400,400원, 대출 136,000,000원, 월세 보증금 합계 20,000,000원)

-연간 총수익금=10,680,000원

 (연간 월세 수입 16,800,000원-연간 대출이자 6,120,000원)

-연간 수익률=4건 평균 29.4%(연간 총수익금÷실제 투자금)

'김찬○ 진희○ 부부'는 총 4건을 낙찰 받았고, 실제 들어간 투자금은 3천6백4십만 원에 대출과 보증금을 빼고 나니 연간 1천6십8만 원의 수익이

호수	물건 번호	낙찰자	낙찰금액	대출금액	연 대출 납입 이자	연 월세 수익금	실제 투자금	실 투자금	수익률 (%)
706	8	권소•	46,050,100	34,000,000	1,530,000	4,200,000	7,050,100	2,670,000	37.9
713	13	권소•	46,050,100	34,000,000	1,530,000	4,200,000	7,050,100	2,670,000	37.9
701	3	김은•	51,000,100	34,000,000	1,530,000	4,200,000	12,000,100	2,670,000	22.2
707	9	김은•	48,800,100	34,000,000	1,530,000	4,200,000	9,800,100	2,670,000	27.2
704	6	김찬•	46,800,100	34,000,000	1,530,000	4,200,000	7,800,100	2,670,000	34.2
703	10	김찬•	51,000,100	34,000,000	1,530,000	4,200,000	12,000,100	2,670,000	22.2
714	5	김찬• (진희●)	46,800,100	34,000,000	1,530,000	4,200,000	7,800,100	2,670,000	34.2
708	14	김찬• (진희●)	47,800,100	34,000,000	1,530,000	4,200,000	8,800,100	2,670,000	30.3
717	17	박정•	47,800,100	34,000,000	1,530,000	6,000,000	11,800,100	4,470,000	37.9
812	19	박정•	48,100,100	34,000,000	1,530,000	6,000,000	12,100,100	4,470,000	36.9
712	12	양웅•	47,800,100	34,000,000	1,530,000	4,200,000	8,800,100	2,670,000	30.3
718	18	오병•	48,000,100	34,000,000	1,530,000	4,200,000	9,000,100	2,670,000	29.7
818	20	오병•	48,200,100	34,000,000	1,530,000	4,200,000	9,200,100	2,670,000	29.0
702	4	임지•	48,000,100	34,000,000	1,530,000	4,200,000	9,000,100	2,670,000	29.7
715	15	임지•	46,800,100	34,000,000	1,530,000	4,200,000	7,800,100	2,670,000	34.2

| 투자회원들이 낙찰받은 17건의 수익률표

발생했다. 1호실당 실제 투자금이 1천만 원도 안 들어갔다. 그런데 4건에 대한 평균 수익률은 29.4%! 정말 좋은 투자 결과다. 지역이 괜찮고 입지가 좋은 부동산은 종목(아파트, 빌라, 상가, 토지 등)이 무엇이든 간에 비싼 것이 현실이다. 대게 그런 물건들은 그 값을 하기 때문에 비싼 것이고, 그곳을 임차하는 사람들은 그런 능력을 갖춘 임차인일 확률이 높은 것이다. 그런 좋은 물건들 중에서 투자성이 좋고 수익성이 좋은 물건을 찾는 것! 이것이 투자자에게 꼭 필요한 능력이다.

다만, 종잣돈이 부족하고 투자 경험이 없는 초보 투자자들은 접근하기 쉽지 않으므로 생각을 전환해서 투자해야 한다. 옥석 가리기를 해보면 상대적으로 다른 종별에 비해 수익형 부동산이 대체로 저렴한 편이고, 따라서 본 사례처럼 상대적으로 소액 투자를 원하는 많은 초보 투자자들이 선호하는 물건 중 하나가 '수익형 부동산+소형부동산'으로 귀결된다. 수익형 부동산이라고 하면 상가, 오피스텔, 도시형생활주택(원룸, 투룸형) 등을 말한다.

이들 중에서도 소액으로 접근하기 쉬운 물건은 많은 자본을 필요로 하는 상가보다는 상대적으로 종잣돈이 적게 들어가는 오피스텔이나 도시형 생활주택과 같은 소형부동산인 것이다.

대신 한두 채를 운영하기보다는 여러 채를 운영하는 것이 수익적인 측면이나 관리적인 측면에서도 유리하다. 여력이 된다면 혼자 투자해서 혼자 수익을 가져가는 것이 좋을 것이다. 하지만 그렇지 못하다면 공동으로 투자하는 것도 바람직하다. 각자가 낙찰받았지만 크게 보면 원팀인 것이다.

명의는 달라도 이렇게 한 팀으로 진행하면 향후, 임차인 명도 처리할 때도 유리하고, 임차인 재협상에서도 유리하며, 나아가 인테리어 공사나 중개수수료 협상에서도 훨씬 유리하다.

쉽게 말해 '17건을 맡길 테니 인테리어 비용 10만 원씩 할인해 주세요' 하며 공동구매가 되는 것이다. 그리고 무엇보다도 로열층이라서 건물 전체로 보면 리더에 해당하는 물건들이라 보증금이나 월세를 정할 때도 우리 팀의 의견이 시장에 반영된다. 각각의 개인들이 낙찰을 받아 개인 입찰의 형태를 취했지만, 사실은 공동의 목적을 가진 하나의 팀인 것이다. 이것이 공동투자다.

13

소액으로 강남 입성,
강남부동산을 공략하라

본 물건은 서울시 서초구 반포동에 소재한 도시형생활주택으로 2011년 12월 사용 승인된 원룸형 건물이다. 여러 호실이 경매로 나왔지만, 그중에서 개방감이 좋고 공간효율이 가장 좋은 406호와 506호를 투자클럽 회원인 김진○ 씨와 문희○ 씨가 각각 개인 입찰로 낙찰받았다.

사건번호 : 2014 타경 9176(물건 번호 12번, 물건 번호 15번)
소재지 : 서울특별시 서초구 반포동 703-3 노바 월드 406호, 506호
투자 포인트 : 수익형 부동산+신축(소형)+역세권(환승)+선점 투자

도시형생활주택 (임의경매)

2014 타경 9176 12 ∨

매각기일 2015-10-22(목) 10:00

서울중앙지방법원 사건링크

경매 7계 문의 : 02-530-1819 법원위치

소재지	[지 번] 서울특별시 서초구 반포동 703-3 노바월드 4층 406호 [도로명] 서울특별시 서초구 신반포로42길 2, 제4층 제406호 [반포동 703-3 노바월드]				
용도	도시형생활주택	채권자	국민은행의 양수인 이에이케이게 이차유동화	감정가	205,000,000원
전용면적	19.2㎡ (5.81평)	채무자	박애경外	최저가	(80%) 164,000,000원
대지권	10.7㎡ (3평)	소유자	박애경外	보증금	(10%) 16,400,000원
매각대상	토지/건물일괄매각	경매종류	임의경매	청구금액	2,023,700,000원
사건접수	2014-03-25	배당종기	2014-06-11	경매개시	2014-03-26
주의사항	주의사항 없음				

이미지
- 총 55장 경매절차 흐름도

기일내역
기일내역 전체 열기 ▼

회차	매각기일	최저매각금액	결과
신건	15.09.17	205,000,000원	유찰
2차	15.10.22	164,000,000원	매각
	낙찰 : 김진● 입찰 3명 / 181,100,000원(88.34%) 2등 입찰가 : 171,700,000원		
일정	15.10.29	매각결정기일	허가
일정	15.11.30	대금지급기한 (납부 2015.11.27)	납부

도시형생활주택 (임의경매)

2014 타경 9176 15 ∨

매각기일 2015-10-22(목) 10:00

서울중앙지방법원 사건링크

경매 7계 문의 : 02-530-1819 법원위치

소재지	[지 번] 서울특별시 서초구 반포동 703-3 노바월드 5층 506호 [도로명] 서울특별시 서초구 신반포로42길 2				
용도	도시형생활주택	채권자	국민은행의 양수인 이에이케이게 이차유동화	감정가	205,000,000원
전용면적	19.2㎡ (5.81평)	채무자	박애경外	최저가	(80%) 164,000,000원
대지권	10.7㎡ (3평)	소유자	박애경外	보증금	(10%) 16,400,000원
매각대상	토지/건물일괄매각	경매종류	임의경매	청구금액	2,023,700,000원
사건접수	2014-03-25	배당종기	2014-06-11	경매개시	2014-03-26
주의사항	주의사항 없음				

이미지
- 총 55장 경매절차 흐름도

기일내역
기일내역 전체 열기 ▼

회차	매각기일	최저매각금액	결과
신건	15.09.17	205,000,000원	유찰
2차	15.10.22	164,000,000원	매각
	낙찰 : 문화● 입찰 5명 / 181,100,000원(88.34%) 2등 입찰가 : 174,031,000원		
일정	15.10.29	매각결정기일	허가
일정	15.11.30	대금지급기한 (납부 2015.11.27)	납부

| 낙찰 물건 사건 기본내역:2014 타경 9176(물건 번호12번, 물건 번호15번)

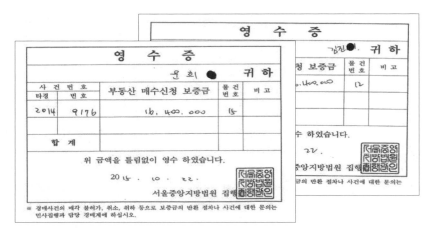

| 낙찰 물건 영수증:2014 타경 9176(물건 번호 12번, 물건 번호15번)

　　도시형생활주택은 아파트의 대체제로 1인 가구의 증가로 인한 소형의
주거용 부동산 공급 필요 차원에서 2009년 5月부터 추진된 주택정책이다.
최근 들어 도시형 생활주택은 오피스텔 및 상가와 함께 수익형 부동산의
대표적인 투자 물건으로 주목받고 있다.

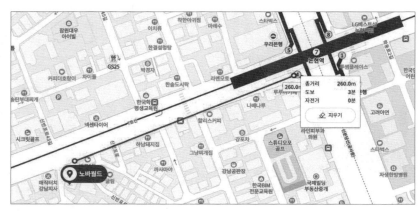

| 물건 위치도(네이버지도)

도시형생활주택

도시형 생활주택이란 늘어나는 1~2인 가구와 서민 주거 안정을 위해 필요한 곳에 신속하고 저렴하게 주택을 공급할 수 있도록 각종 주택건설기준과 부대시설 등 설치기준을 적용하지 않거나 완화하여 공급 되는 주거형태를 말한다. 도시지역에 건설하는 300세대 미만의 국민주택규모에 해당하는 주택을 말하며, 원룸형 주택·단지형 연립주택·단지형 다세대주택의 유형으로 구분된다.

1. 원룸형 주택 : 다음 각 목의 요건을 모두 갖춘 공동주택
   가. 세대별 주거전용면적은 50㎡ 이하일 것
   나. 세대별로 독립된 주거가 가능하도록 욕실 및 부엌을 설치할 것
   다. 욕실 및 보일러실을 제외한 부분을 하나의 공간으로 구성할 것(다만, 주거전용
       면적이 30㎡ 이상이면 두 개의 공간으로 구성 가능)
   라. 지하층에는 세대를 설치하지 아니할 것
2. 단지형 연립주택 : 원룸형 주택이 아닌 연립주택
   (다만, 건축위원회의 심의를 받은 경우 주택으로 쓰는 층수를 5개 층까지 건축 가능)
3. 단지형 다세대주택 : 원룸형 주택이 아닌 다세대주택(다만, 건축위원회의 심의를
   받은 경우 주택으로 쓰는 층수를 5개 층까지 건축 가능)
   하나의 건축물에는 도시형 생활주택과 그 밖의 주택을 함께 건축할 수 없으며, 단지형 연립주택 또는 단지형 다세대주택과 원룸형 주택을 함께 건축할 수 없다. 다만, 원룸형 주택과 주거전용면적이 85㎡를 초과하는 주택 1세대를 함께 건축하는 경우나, 준주거지역 또는 상업지역에서 원룸형 주택과 도시형 생활주택이 아닌 주택을 함께 건축하는 경우에는 예외로 허용한다.
   도시형 생활주택은 분양가상한제를 적용하는 지역에서 건설되더라도 분양가상한제를 적용하지 않는다.

본 물건을 입찰하게 된 이유를 요약하면 다음과 같다. 첫째, 강남 중심권역에 실투자금 1천~2천만 원대로 투자할 수 있는 물건이라는 점. 둘째, 도보 3분 거리에 위치한 지하철 7호선 논현역을 비롯하여 신사역, 신논현역, 사평역, 반포역, 잠원역 등 반경 1km 이내에 강남권 메인을 통과하는 6개의 지하철역을 끼고 있다는 점. 셋째, 서울 중심도로인 경부고속도로와 강남의 중심도로인 강남대로 및 신반포대로 등과 연결되는 탁월한 도

로 조건. 넷째. 신분당선(강남역~신사역 구간 우선 착공) 연장계획에 따른 반 발짝 빠른 선점 투자(논현역이 향후 환승역으로 바뀔 예정.)를 할 수 있다는 점. 다섯째, 선호도 높은 깨끗하고 깔끔한 신축건물이면서 안정적인 수입을 가진 전문직 1인 가구 수요에 안성맞춤인 우량한 수익형 물건(초역세권 주변 컨디션 좋은 물건의 희귀성)이라는 점. 여섯째, 임차인의 명도가 용이하고, 지역 특성상 풍

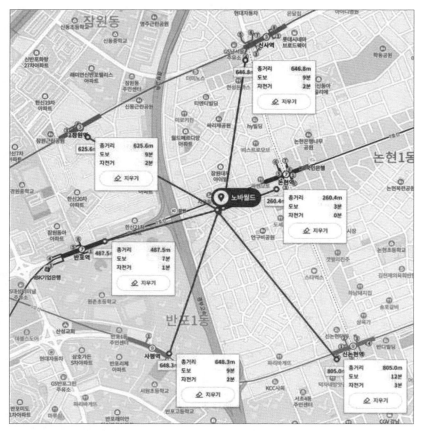

| 물건지 주변 지하철역 분포도

부한 임대 대기수요로 빠른 임대차계약 체결이 가능(공실률의 최소화)하다는 점이다. 특히 명도와 관련해서 물건 번호 12번의 임차인은 대항력 없는 임차인이나, 소액 임차보증금 중 최우선변제금의 일정액을 배당받는다. 따라서 낙찰자의 명도 확인서가 필요해 낙찰자에게 유리한 입장이므로 명도의

		보 도 자 료		국민행복
국토교통부	배포일시	2016. 8. 29.(월) 총 3 매(본문 2)		
담당 부서	민자철도팀	담당자	• 팀장 정체교, 서기관 김태형, 주무관 김석태 • ☎ (044)201-3982, 3985	
보도 일시		2016년 8월 30일(화) 석간부터 보도하여 주시기 바랍니다. ※ 통신 방송 인터넷은 8.30(화) 06:00 이후 보도 가능		

신분당선 연장선 신사~강남 구간 착공
- 2022년 개통 시 수원 광교에서 강남 신사까지 40분이면 간다.-

☐ 2022년 **신분당선**(광교~정자~강남)의 **신사역 연장개통**으로 **수원, 광교, 용인, 분당, 판교** 등 수도권 동남부 주민들의 도심접근성이 개선되고, **강남지역 교통정체가 획기적으로 해소될 전망**이다.

☐ **국토교통부**(장관 강호인)는 8.30일 신분당선 **용산~강남 복선전철 사업** 구간(7.8km) 중 1단계로 **신사~강남 구간**(2.5km)을 우선 착공한다.

  ○ 현재 신분당선은 **광교신도시에서 강남역까지** 운행 중이나, **금번 사업**으로 **신논현역**(서울 9호선), **논현역**(7호선), **신사역**(3호선)까지 **연장**된다.

☐ 신분당선 용산~강남 복선전철은 **총연장 7.8km**(6개 역사)의 전철을 건설하는 사업으로서, **수익형 민자사업(BTO) 방식***으로 추진된다.

  * 민간((주) 새서울철도)이 건설하고, 30년간 운영을 통해 사업비를 회수하는 방식

| 신분당선 연장선 관련 보도자료

어려움은 전혀 없었다. 그리고 물건 번호 15번의 임차인도 대항력은 없으나 확정일자에 의한 우선변제권이 있어 임차보증금 전액을 배당받는 임차인이므로 명도에 전혀 문제가 없었다. 일곱째, 대로와 소로를 동시에 접하

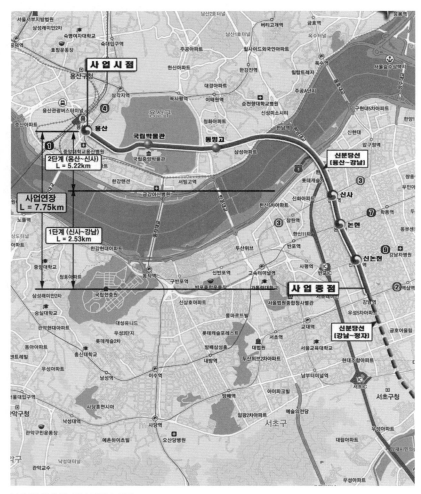

| 신분당선 용산~강남 구간 노선도

고 있어 개방감이 우수함. 여덟째, CCTV, 비디오폰, 보안키(보안시설) 등의 안전 관련 시설이 매우 우수함. 아홉째, 구조 및 공간효율 우수(주차시설 완비)하고 엘리베이터가 설치되어 있다는 점 등이다.

낙찰받은 이듬해에 신분당선 연장개발사업 중 '신사~강남' 구간에 대해 1단계 착공이 발표되었다. 역시 예상한 대로였다. 본 물건은 도보 3분 거리에 지하철 7호선 논현역이 소재하는 초역세권 물건으로 상당한 투자메리트가 있었다. 그리고 또 하나의 추가적인 호재 거리는 '신분당선 연장선'에 대한 개발계획이었다. 강남역을 시작으로 남부권역인 판교, 광교신도시까지 이미 개발되어 운행 중인 신분당선(개발사업)은 그야말로 부동산시장의 새로운 역사를 기록했다.

현재 공사 중인 신분당선 강남역~신사역 구간의 노선도에서 태극 모양의 신논현역, 논현역, 신사역 등 3곳이 환승역으로 바뀔 예정이며, 향후 용산을 거쳐 삼송까지 연결될 예정이다. 그러한 신분당선이 이제는 강남역을 중심으로 북쪽으로 신논현역, 논현역, 신사역 등 3곳이 곧 1단계 연장공사에 착수할 준비를 하고 있었다. 이 공사가 진행되면 강남대로 지하를 관통하는 새로운 지하철 노선이 깔리게 되고 그곳을 지나는 3곳의 전철역은 환승역으로 탈바꿈하게 된다. 지도에서도 보다시피, 기존 신분당선인 양재역(3호선 환승역), 강남역(2호선 환승역)과 새롭게 연장되는 신논현역(9호선 환승역), 논현역(7호선 환승역), 신사역(3호선-환승역) 등 강남대로를 관통하는 신분당선 5곳 모두 새로운 환승역으로 바뀌게 된다. 이래도 느낌이 안 오는가? 강남권의 동서와 남북을 연결하게 될 신규환승역 3곳은 강남권 주변 부동산시장의 지도를 바꿔놓을 정도로 파급효과가 클 것이다. 기존 신분당선(강남역, 양재역)은 이미 환승역으로 역할을 하고 있다. 서울 전역과 경기권역 그 어디에서도 지금보다도 훨씬 빠르게 강남 접근이 가능하게 되어 새로운 강남 시대가 도래될 것이다. 다음 수익률표를 보자. 입찰 당시, 물건 번호 12번은 1억 8천1백만 원대 낙찰 받았고, 대출을 낙찰가의 82%까지 받았다. 보증금 2천만 원에 월세 60만 원으로 임차인과 빠른 임대차계약도 체결했다. 실제 투자금은 1천2백59만 8천 원이 투입되었으며, 연 순수익률은 24%가 나왔다.

【2014타경 9176】			
물건번호	12	호실	406호 (김OO)
		감정가	205,000,000
보증금	20,000,000	낙찰가	181,100,000
월세	600,000	대출금액(82%)	148,502,000
연월세	7,200,000	연 대출이자	4,158,056
대출비율	82%	연 월세 합계	7,200,000
대출이자	2.80%	실투자금	12,598,000
※ 시세 2억4천		연 순수익	3,041,944
		연 수익율	24%

【2014타경 9176】			
물건번호	15	호실	506호 (문OO)
		감정가	205,000,000
보증금	10,000,000	낙찰가	181,100,000
월세	680,000	대출금액(82%)	148,502,000
연월세	8,160,000	연 대출이자	4,158,056
대출비율	82%	연 월세 합계	8,160,000
대출이자	2.80%	실투자금	22,598,000
※시세 2억4천		연 순수익	4,001,944
		연 수익율	18%

| 낙찰 물건의 수익률표

물건 번호 15번도 다른 조건은 동일하나, 보증금을 적게 한 탓에 연수익률 18%로 다소 차이가 나긴 하지만, 2% 후반에도 못 미치는 매매를 통한 일반적인 수익형 부동산 물건보다 절대 나쁘지 않은 수익률이다. 이런 투자가 가능한 것은 좋은 지역의 우량한 물건을 시세보다 낮은 가격으로 낙찰받았기에 가능한 일이다. 두 물건 모두 실제 투자금 1천~2천만 원대로 투자하였고, 좋은 지역에 좋은 물건을 이렇게 적은 소액으로 투자를 할 수 있는 것 자체가 매매와 다른 경매의 기술인 것이다. 실제 투자금 1~2천만 원밖에 들어가지 않았지만, 수익률은 놀라울 정도로 높으며, 리스크 또한 충분히 통제가 가능한 내용이다.

수익형 부동산에서 또 한 가지 중요한 사항은 대출을 풀어내는 능력이다. 대출을 받는 것도 능력이지만 많이 받는 것과 대출이자를 낮추는 것은 더 큰 능력이라는 사실이다. 이런 부분도 혼자서 해결하기보다 당사와 같이 오랫동안 현업에 종사하면서 많은 금융권과 만나고 있는 관련 업체의 도움과 조력을 받는다면 좀 더 유리한 조건으로 투자가 가능한 부분이다. 본 투자 물건에 대한 수익적 부분은 앞으로 좋아지면 더 좋아졌지, 나빠질 일은 없다. 몇 년간 보유하면서 임대료를 차곡차곡 받았으니 실제 투자금은 이미 회수되었고, 공짜로 강남 중심에 내 명의의 부동산이 생긴 것이다. 투자는 이렇게 하는 것이다.

낙찰 후 수익형 부동산으로 운영을 하던 중 새로운 강남 시대를 견인하게 될 신분당선(강남~신사)이 2022년 5월 28일 개통했다. 그에 힘입어 투자한 물건들의 몸값은 또 한 번 꿈틀거리기 시작했다.

14

소자본 공매 투자로
강남을 공략하라

1. 적은돈으로 투자하는 강남부동산

서울시 서초구 우면동에 있는 오피스텔이 공매로 나왔다. 그것도 무려 10개 호실이다.

물건관리번호:2018-0456-006, 007, 008, 011, 012, 014
소재지 : 서울특별시 서초구 우면동 728 황금빌딩 521호, 522호, 523호, 529
        호, 530호, 532호
투자 포인트 : 공매+수익형 부동산(제2의 월급통장)

양재·우면동 일대는 고속도로 및 순환도로 등의 교통망과 각종 물류 시설 등이 잘 형성되어 있어 기업 및 연구소들이 선호하는 지역이다. 강남역에서 삼성역으로 이어지는 테헤란 밸리와 과천 지식정보타운, 판교 창조 테크노밸리와도 지리적으로 가깝고, LG전자, KT, 현대기아차 등 대기업 연구소가 자리하고 있어 기존에 우수한 연구인력들에 더해 꾸준히 유입되고 있는 고급 인재들을 포함하면 맨파워를 두루 갖춘 국내 몇 안 되는 지역이라는 평가다. 또한 양재, 우면동 일대 가용 가능한 부지들은 첨단산업과 물류시스템, 문화시설 등의 대규모 개발 가능 부지로 탈바꿈할 준비를 하고 있다. 이미 오래전부터 R&D단지로 자연스럽게 만들어진 양재·우면지역은 R&D 산업을 육성하기에 최적 입지를 갖추고 있어 R&D 클러스터 조성 및 미래 성장 가능성이 높은 지역이기도 하다. 이에 따라 서울시는 서초구 양재·우면동 일대 300만㎡ 'R&CD' 특구를 지정하여 지식기반 상생권역으로 만들겠다는 큰 계획도 가지고 있다.

부동산 투자는 사람을 읽어야 한다. 이런 맥을 연결해서 생각해보면 크고 작은 지식 집약적 산업 관련 업체가 300여 개 이상 포진하고 있는 양재, 우면동 일대는 이와 관련한 업무에 종사하는 근로자도 상당히 많아 다른 지역에 비해 상대적으로 주거용 임차인을 구하기가 용이한 배후 지역이라 판단하여 오피스텔 공매 입찰을 진행하게 되었다.

부동산경매에 대해선 직·간접적으로 알고 있는 분들이 많지만, 공매에 대해선 아직까지 생소한 분야로 인식되어 낯설게 느껴지는 분들이 더욱 많은 게 사실이다. 경매와 공매의 차이점은 경매가 법원에서 진행하는 매각방식이라면, 공매는 자산관리공사에서 진행하는 방식이라는 점과 인도명령제도의 유·무에서 가장 큰 차이가 있다고 할 수 있다.

'경매 친구 공매'라는 말이 설명해주듯이 큰 틀에서 경매에 대한 기본적 지식을 갖추면 공매는 더불어 쉽게 이해되는 부분이다. 경매와 공매의 차이점에 대해 정리된 다음의 표를 보고 이해하면 쉬울 듯하다.

근거법률	민사집행법	국세징수법
법률적 성격	채권, 채무관계조정	공법상의 행정처분
처분방법	호가경매, 기일입찰, 기간입찰 ※ 현장입찰방식으로 실시	기간입찰 ※ 인터넷 입찰(온비드) 방식으로 진행
기입등기	경매개시결정 기입등기	공매공고 등기촉탁
현황조사	집행관	세무공무원
저감율	유찰시 20~30%씩 저감 (법원마다 상이)	10%씩 저감 (50%까지 진행)
명세서	매각물건명세서 (현황조사보고서, 감정평가서)	공매재산명세서 (현황조사 및 감정평가서 포함)
매각결정	매각기일로 부터 1주일 이내	개찰일로부터 3일 이내
차순위매수신고	매각기일의 종결 고지 전까지	없음
대금납부 기한	매각허가결정일로부터 1개월 이내	매각결정일로부터 - 1천만원이내(7일 이내) / 1천만원 이상 (60일 이내)
통지 방식	개시결정의 송달	공매통지서 송달
(납부기한경과) 대금납부여부	가능 (재매각기일 3일 이전)	불가능
대금미납시 보증금의 처리	배당할 금액에 포함	체납액충당, 잔여금액 체납자 지급
대금불납 전 매수인의 자격제한	매수 신청 불가	매수 신청 가능
상계여부	가능 (재매각기일 3일 이전)	불가능
인도명령제도	있음(대금 납부 후 6월내)	없음(별도의 명도소송 절차 필요)

| 경매(민사집행)와 공매(체납처분) 비교표

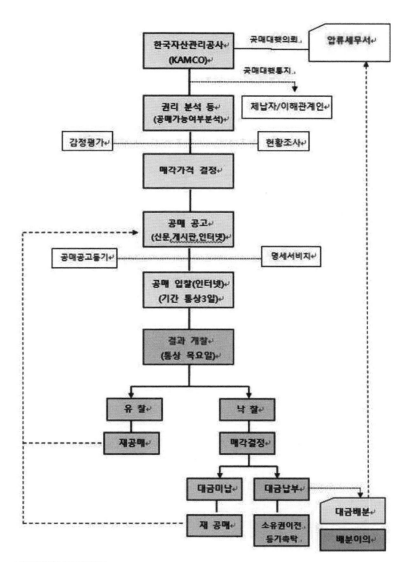

| 압류부동산 공매 절차도

앞선 표에서 보다시피 오피스텔 10개 호실이 공매로 진행 중이었다. 그 동안 양재·우면지역은 강남이긴 하지만 강남의 변방으로 취급받는 경향 이 있었다. 하지만 최근 개포동 재건축 아파트를 중심으로 상황이 180도 달라지기 시작했다. 현장 조사해보니 주변 시세 대비 월세 수익률이 상당

사진	물건번호 물건종류(용도)	소재지	감정가(원) 최저입찰가(원)	입찰시작 입찰마감
	2018-04567-007 업무시설	서울특별시 서초구 우면동 728 황금빌딩 제5층 제522호 대 6.63㎡, 건물 13.86㎡	138,000,000 82,800,000 91,800,000	02.11 10:00 02.13 17:00
	2018-04567-004 업무시설	서울특별시 서초구 우면동 728 황금빌딩 제5층 제507호 대 6.63㎡, 건물 13.86㎡	141,000,000 84,600,000 102,383,838	02.11 10:00 02.13 17:00
	2018-04567-005 업무시설	서울특별시 서초구 우면동 728 황금빌딩 제5층 제510호 대 6.63㎡, 건물 13.86㎡	141,000,000 84,600,000 103,277,000	02.11 10:00 02.13 17:00
	2018-04567-008 업무시설	서울특별시 서초구 우면동 728 황금빌딩 제5층 제523호 대 6.63㎡, 건물 13.86㎡	138,000,000 82,800,000 93,100,000	02.11 10:00 02.13 17:00
	2018-04567-010 업무시설	서울특별시 서초구 우면동 728 황금빌딩 제5층 제528호 대 6.63㎡, 건물 13.86㎡	138,000,000 82,800,000 83,799,990	02.11 10:00 02.13 17:00
	2018-04567-014 업무시설	서울특별시 서초구 우면동 728 황금빌딩 제5층 제532호 대 6.63㎡, 건물 13.86㎡	138,000,000 82,800,000 91,800,000	02.11 10:00 02.13 17:00
	2018-04567-011 업무시설	서울특별시 서초구 우면동 728 황금빌딩 제5층 제529호 대 6.63㎡, 건물 13.86㎡	138,000,000 82,800,000 91,800,000	02.11 10:00 02.13 17:00
	2018-04567-006 업무시설	서울특별시 서초구 우면동 728 황금빌딩 제5층 제521호 대 6.63㎡, 건물 13.86㎡	138,000,000 82,800,000 89,100,000	02.11 10:00 02.13 17:00
	2018-04567-012 업무시설	서울특별시 서초구 우면동 728 황금빌딩 제5층 제530호 대 6.63㎡, 건물 13.86㎡	138,000,000 82,800,000 91,800,000	02.11 10:00 02.13 17:00
	2018-04567-013 업무시설	서울특별시 서초구 우면동 728 황금빌딩 제5층 제531호 대 6.63㎡, 건물 13.86㎡	138,000,000 82,800,000 92,999,990	02.11 10:00 02.13 17:00

| 공매사건 10개 호실 중에서 낙찰받은 6개 호실(빨간색 표시)

한 것으로 확인됐다.

　필자가 운영하는 클럽 회원들이 입찰에 참여할 수 있도록 바로 모여 투자 물건 회의를 진행했다. 조사를 마친 사건들에 대해 투자 물건 회의를 진행하는 이유는 다양한 경험을 가진 부동산경매전문가들이 모여 해당 물건의 투자의견을 나누고 회원들의 최종적인 투자 진행 여부를 결정하기 위함이다. 이 회의에서 투자 진행 결정된 물건들만 회원들에게 투자설명 알림을 하게 된다. 본격적인 입찰 준비 작업을 위해 회원들에게 '경·공매 개인 추천 물건 브리핑 DAY'를 진행한다는 공지를 하였다.

　'경·공매 개인 추천 물건 브리핑 DAY'란 당사(리더스옥션)에서 회원들이 투자할만한 우량한 물건들을 경·공매 전문가들이 찾아내어 권리분석은

| 본 건 위치도

물론 현장을 방문 조사하고, 출구전략까지 세워서 회원들 대상으로 설명하는 서비스를 말한다.

이때 당사와 협력관계에 있는 은행들과도 미리 대출 협의를 해놓고 수익률 계산까지 마친 상태로 진행되게 된다. 그야말로 경매전문가들이 하나부터 열까지 전부 알아서 조사하고 분석해서 회원들에게 물건을 설명하는 시간이다.

투자회원들에게 라이브 온라인으로 물건 브리핑을 진행했다. 물건을 선정한 이유와 현장 조사한 내용, 그리고 권리분석 및 임차인 명도 전략 등 공매 관련 모든 내용을 자료화하여 브리핑했다. 가장 중요한 실투자금의 소액화 작업 등에 대해서도 놓치지 않고 설명하게 된다. 예상대로 브리핑

| 경·공매 추천물건 브리핑 진행 모습

회의에 참석한 회원들의 반응은 폭발적이었다. 실투자금 1~2천만 원으로 강남권의 오피스텔을 잡을 수 있는 좋은 기회가 생긴 것이니 좋아하는 것은 당연했다. 브리핑을 듣고 투자를 희망하는 회원들만 선착순 마감으로 개인 투자자(개인 입찰자)를 정해서 입찰에 참여했다. 10개의 호실 중에서 빨간색 숫자표시(1, 4, 6, 7, 8, 9)가 된 물건에 입찰하여 낙찰을 받았다.

오피스텔 건물의 구성은 1층은 근생시설로 이마트에브리데이가 입점해 있었고, 2층~3층은 자주식주차장으로 이용되고 있었으며, 4층은 사무실로, 5층은 복도식 형태의 오피스텔로 이용 중이었다.

| 본 건 현장모습

오피스텔은 상가와 더불어 대표적인 수익형 부동산이다. 이런 수익형 부동산을 선호하는 이유 중에 하나가 일을 하지 않아도 매달 꼬박꼬박 들어오는 월세 수익의 달콤함 때문이다. 임대수요가 풍부하고 위치가 좋은 오피스텔은 인기 있기 때문에 공실률 없이 임대료 상승도 꾸준하게 일어난다. 이렇게 몇 년만 투자하면 투자한 자금을 전부 회수하고 순수익만 받는 구조가 된다.

서초구 우면동 오피스텔의 투자가치로 첫째, 삼성 R&D 캠퍼스, 엘지전자 R&D 캠퍼스, KT 개발연구센터 등 오피스텔 유효 수요층이 대기하여 안정적인 임대수요가 기대되고, 둘째, 뛰어난 강남 접근성에도 불구하고 서초동 다른 오피스텔에 비해 공매라는 특성상 응찰자가 적기 때문에 저렴하게 매입이 가능했으며, 셋째, 환금성이 뛰어난 서초구 소재 오피스텔이며, 넷째, 깨끗한 신축 건물에 주차장도 넉넉하며 주변에 대형마트(이마트)가 있어 1인 거주자에게 인기 있는 매물이란 점 등이다.

| 낙찰사례 기념촬영 모습

한국자산관리공사

수신자   우정●

(경유)

제 목   매각결정통지서(북광주세무서 2018-04567-006)

관리번호 : 2018-04567-006			입금은행 : 신한은행	
위임기관 : 북광주세무서			입금계좌번호 : 561-92-002067266	

매 각 결 정 통 지 서

체납자	성 명	피녹●유한회사	주민(법인)등록번호 (사업자등록번호)	●●●●●●●●
	주 소 (사업장)	경기도 포천시 일동면 영일로●●●●●●●		
매수인	성 명	우정●	주민(법인)등록번호 (사업자등록번호)	
	주 소 (사업장)	경기도 화성시 반송동		

매각 재산의 표시	서울특별시 서초구 우면동 728 황금빌딩 제5층 제521호 [도로명 주소]서울특별시 서초구 태봉로 60 황금빌딩 제5층 제521호(우면동, 황금빌딩) 주차장 6.63 ㎡ 지분(총면적 1,600.8㎡) 건물 13.66 ㎡
매각금액	금89,100,000원 (보증금 : 금8,280,000원, 잔대금 : 금80,820,000원)
매각결정기일	2019년 02월 18일 10:00
매수대금 납부기한	2019년 03월 20일	매각대금 납부최고기한	2019년 04월 01일

국세징수법 제75조제3항 및 지방세징수법 제92조제3항에 의하여 위와 같이 통지하오니 매수대금을 납부하
시고 공매재산을 취득하시기 바랍니다. 다만, 매수대금 납부 전에 체납자가 매수인의 동의를 얻어 체납액을
완납하는 경우 매각결정이 취소될 수 있으니 참고하시기 바랍니다.

2019년 02월 18일

한국자산관리공사 서울동부지역본부장

우정●귀하

ㅣ 낙찰받은 오피스텔 물건 중 우정○님의 공매 매각결정통지서

2. 황금빌딩 오피스텔 입찰 및 진행 스토리

황금빌딩 사건은 클럽 회원들을 대상으로 '공매를 통한 제2의 월급통장 만들기'가 목표였으며, 해당 물건은 당시 시세가 1억 2천~1억 3천만 원 정도가 되어 공매를 통해 낙찰(1억 원 이하로 낙찰받을 경우)을 받을 경우 최소 수익률 20% 이상이 예상되는 우량한 물건이다.

경·공매 물건 중에 고르고 골라 발굴한 우량물건에 대해 물건 조사를 마친 후, 클럽 회원들을 대상으로 브리핑을 진행하여 본 공매 사건에 입찰을 희망하는 개인투자자들을 확정하였다.

온라인으로 진행하는 공매 입찰방식의 특성상 입찰업무 대부분을 인터넷 온비드를 통해 개인투자자에게 위임받아 ㈜리더스옥션에서 대리입찰 진행하였다. 입찰서류 제출 및 입찰보증금 입금, 개찰 확인, 응찰 참여 인원 확인을 위한 대리인의 자격증명 여부에 대해 강남구 온비드 강남지소에 방문하여 위임장 제출 및 대리인자격을 직접 증명하였다. 6개 호실 낙찰 이후 바로 현장 탐문조사와 우편과 유선전화를 이용해 임차인들 명도 절차를 진행했다. 그리고 동시에 사전에 당사와 업무협약으로 80% 대출 승인으로 세팅해 놓은 금융기관을 통해 대출업무와 잔금 납부 등기이전 업무 전 과정을 순조롭게 진행하였다. 명도 최종 완료 후 새로운 임대차계약이 빠르고 원만히 진행될 수 있도록, 부동산중개업소 모니터링 진행 및 임대차계약을 진행하였다.

황금빌딩 오피스텔 사건은 공매를 통해 아주 저렴한 금액에 낙찰받은 사례이다. 대항력 있는 임차인이 전액 임대보증금을 배당받을 수 있어 명도 집행을 원만히 해결할 수 있는 물건이기도 했다. 아울러 소형평수이고, 소액보증금액이라서 임대차계약도 빠르게 진행되어 실투자금 대비 22%~24%가 넘는 아주 높은 수익률을 달성하고 있다. 특히, 황금빌딩 532호의 경우 대출금(73,440,000원)과 보증금(40,000,000원)을 합한 금액이 113,440,000원이다. 낙찰받은 가격이 91,800,000원임을 감안해 보면 오히려 2,164만 원의 환급수익이 발생한 사례이다. 즉, 내 돈 한 푼 안 들이고 공짜로 강남 오피스텔 한 채가 생겼고, 게다가 2,164만 원의 현금도 생겼으니 꿩 먹고 알 먹은 셈이다. '투자는 이렇게 하는 것!'이라는 투자의 교과서를 보여주는 사례라 할 수 있다.

낙찰받았던 우면동 황금빌딩 6개 호실은 대항력 있는 임차인들이 점유 중이었다. 현장 조사 당시, 공매를 통해 낙찰받은 황금빌딩 6개 호실 전체에 대해 대항력 있는 임차인들이 다수였으나, 낙찰받은 호실의 임차인들 모두는 배분 요구 신청자로 보증금 전체를 손해 금액 없이 배당받을 수 있었기 때문에 대항력이 없어서 배당을 못 받는 임차인들 명도에 비해 한결 수월하고 간단히 마무리할 수 있는 구조였다. 따라서, 대항력 있는 임차인들이 배당금 수령을 위해서는 낙찰자로부터 받아야 하는 명도 확인서 지급과 임차인의 명도 작업은 동시이행 관계로 진행하여 명도 집행을 조기 종결하였다.

본 사건처럼, 대항력 있는 임차인이 배분 요구까지 하였고 배당금을 전액 받아 가는 경우는 그야말로 명도 상 문제 될 게 전혀 없다. 이들에게 경·공매 절차에 대한 지식과 경험이 없는 임차인의 경우엔 납득할 수 있도록 차근차근 상황설명을 해주면 된다. 임차인들 일부는 관리사무소 소장을 통해 연락처 확인 후, 공매 과정과 낙찰 후 전개될 진행 상황을 설명하여 이해시켰고, 그 외 임차인은 현장 방문하여 안내문 부착과 우체국 내용증명 발송을 통해 상황설명을 진행하였다. 임차인들이 협조를 잘해주어야만 임차보증금 전액을 수령할 수 있고, 수령과정에서도 낙찰자의 인감이 첨부된 명도 확인서 발급이 꼭 필요한 상황임을 이해시키고 인지하게 하는 것이 사안 해결에 중요하다.

| 낙찰 물건 현관에 안내문 부착하는 모습

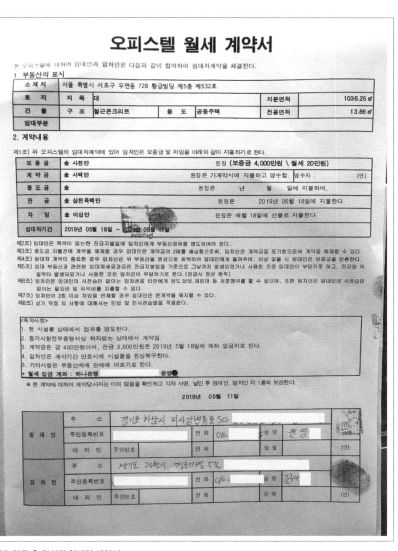

오피스텔 월세 계약서

본 오피스텔에 대하여 임대인과 임차인은 다음과 같이 합의하여 임대차계약을 체결한다.

1. 부동산의 표시

소재지	서울 특별시 서초구 우면동 728 황금빌딩 제5층 제532호				
토 지	지 목	대		지분면적	1036.25 ㎡
건 물	구 조	철근콘크리트	용 도	공동주택	전용면적	13.86 ㎡
임대부분					

2. 계약내용

제1조) 위 오피스텔의 임대차계약에 있어 임차인은 보증금 및 차임을 아래와 같이 지불하기로 한다.

보 증 금	金 사천만	원정 (보증금 4,000만원 \ 월세 20만원)	
계 약 금	金 사백만	원정은 가계약시에 지불하고 영수함. 영수자 :	(인)
중 도 금	金	원정은 년 월 일에 지불하며,	
잔 금	金 삼천육백만	원정은 2019년 05월 18일에 지불한다.	
차 임	金 이십만	원정은 매월 18일에 선불로 지불한다.	
임대차기간	2019년 05월 18일 ~ 2021년 05월 17일		

제2조) 임대인은 특약이 없는한 잔금지불일에 임차인에게 부동산점유를 명도하여야 한다.
제3조) 중도금 지불전에 계약을 해제할 경우 임차인은 계약금의 2배를 배상함으로써, 임차인은 계약금을 포기함으로써 계약을 해제할 수 있다.
제4조) 임대차 계약이 종료한 경우 임차인은 위 부동산을 원상으로 회복하여 임대인에게 돌려주며, 이상 없을 시 임대인은 보증금을 반환한다.
제5조) 임대 부동산과 관련된 임대제세공과금은 잔금지불일을 기준으로 그날부터 발생되었거나 사용한 것은 임대인이 부담키로 하고, 잔금일 익일부터 발생되었거나 사용한 것은 임차인이 부담하기로 한다. (잔금시 정산 원칙)
제6조) 임차인은 임대인의 사전승인 없이는 임차권을 타인에게 양도.담보.재임대 등 처분행위를 할 수 없으며, 또한 임차인은 임대인의 사전승인 없이는 필요비 및 유익비를 지출할 수 없다.
제7조) 임차인이 2회 이상 차임을 연체할 경우 임대인은 본계약을 해지할 수 있다.
제8조) 상기 약정 외 사항에 대해서는 민법 및 민사관습법을 적용한다.

〈특약사항〉
1. 현 시설물 상태에서 점유를 명도한다.
2. 등기사항전부증명서상 하자없는 상태에서 계약임.
3. 계약금은 금 400만원이며, 잔금 3,600만원은 2019년 5월 18일에 계좌 입금키로 한다.
4. 임차인은 계약기간 만료시에 시설물을 원상복구한다.
5. 기타사항은 부동산매매 관례에 따르기로 한다.
* 월세 입금 계좌 : 하나은행   윤영●

※ 본 계약에 대하여 계약당사자는 이의 없음을 확인하고 각자 서명, 날인 후 임대인, 임차인 각 1통씩 보관한다.

2019년 05월 11일

임 대 인	주 소	경기도 하남시 미사강변동로 50,				(인)
	주민등록번호		전 화	010-	성 명	현영	
	대 리 인	주민번호	전 화		성 명		(인)
임 차 인	주 소	경기도 과천시 지하가길 5길				
	주민등록번호		전 화	010-	성 명	건예	
	대 리 인	주민번호	전 화		성 명		(인)

| 명도 완료 후 작성된 임대차 계약서

〈임대차 계약 완료 호실별 수익률 분석표(입찰 당시 시세 1억 2천만 원~3천만 원)〉

호실 및 물건 번호	521호(6번)	감정가	138,000,000원
보증금	5,000,000원	낙찰가	89,100,000원
월세	450,000원	대출금액(80%)	71,280,000원
월세 합(년)	5,400,000원	대출이자(1년)	2,352,240
순수익(년)	3,047,760	금리	3.30%
수익률	24%	실투자금	12,820,000원

| 물건관리번호:2018-04567-006

호실 및 물건 번호	522호(7번), 523호(8번) 529호(11번), 530호(12번)	감정가	138,000,000원
보증금	5,000,000원	낙찰가	91,800,000원
월세	450,000원	대출금액(80%)	73,440,000원
월세 합(년)	5,400,000원	대출이자(1년)	2,423,520
순수익(년)	2,976,480	금리	3.30%
수익률	22%	실투자금	13,360,000원

| 물건관리번호:2018-04567-007, 008, 011, 012

호실 및 물건 번호	532호(14번)	감정가	138,000,000원
보증금	5,000,000원	낙찰가	91,800,000원
월세	450,000원	대출금액(80%)	73,440,000원
월세 합(년)	5,400,000원	대출이자(1년)	2,423,520
순수익(년)	2,976,480	금리	3.30%
수익률	22%	실투자금	0원(환급금 2,164만원 발생)

| 물건관리번호:2018-04567-014

15

반값 공매 투자,
수익은 대박

이번에는 공매 투자로 토지를 낙찰받아 우수한 수익으로 해결한 사례를 살펴보도록 하자.

물건관리번호 : 2017-12570-002
소재지 : 경기도 파주시 산남동 28-1(토지)
투자 포인트 : 반값 공매 투자+건물매각 제외

리더스옥션에서 회원들을 위해 진행하는 프로그램 중 1:1 개인 추천 물건 서비스가 있다. 이 프로그램은 회원이 원하는 투자금과 종목을 회사에 알려주면 회사 內 부동산경매 전문가가 직접 컨설팅을 해주는 프로그램이다. 이 프로그램을 통해 토지공매로 반값에 낙찰받아 투자한 사례이다.

경기도 파주시 산남동에 도로변에 붙은 위치 좋은 토지가 공매로 나왔다. 본 공매 사건은 물건관리번호 4건이 진행된 사건으로(2017-12570-001, 2017-12570-003, 2017-12570-004) 그중 2차선에 접하고 있는 본 토지는 다른 공매 사건들 보다 입지적으로 뛰어났고, 지목이 대지인 점, 진출입이 우수하다는 점 등을 감안할 때 사건 해결 후 높은 매각차익을 기대할 수 있어 투자 클럽 우영○ 회원에게 추천하였다.

본 물건은 토지만 공매로 진행되었고, 위 지상 단독주택(등기된 건물)은 매각 제외로 진행되어 유찰이 3회 진행된 시점에 2명이 응찰하여 우리측(우영○ 회원)에서 낙찰받게 되었다.

물건관리번호	2017-12570-002		
재산구분	압류재산(캠코)	담당부점	인천지역본부
물건명	경기도 파주시 산남동 28-1		
공고번호	201805-17169-00	회차 / 차수	030 / 001
처분방식	매각	입찰방식/경쟁방식	최고가방식 / 일반경쟁
입찰기간	2018-07-30 10:00 ~ 2018-08-01 17:00	총액/단가	총액
개찰시작일시	2018-08-02 11:01	집행완료일시	2018-08-02 11:10
입찰자수	유효 2명 / 무효 0명(인터넷)		
입찰금액	588,000,100원/ 551,111,110원		
개찰결과	낙찰	낙찰금액	588,000,100원
감정가 (최초 최저입찰가)	1,096,220,000원	최저입찰가	548,110,000원
낙찰가율 (감정가 대비)	53.64%	낙찰가율 (최저입찰가 대비)	107.28%

| 공매 상세 입찰 결과

한국자산관리공사

수신자 우영●

(경유)

제 목 매각결정통지서(파주세무서 2017-12570-002)

관리번호 : 2017-12570-002	입금은행 : 신한은행
위임기관 : 파주세무서	입금계좌번호 : 561-92-001947350

매 각 결 정 통 지 서

체납자	성 명	조병●	주민(법인)등록번호 (사업자등록번호)	
	주 소 (사업장)	경기도 파주시 산남로231번가길 33(산남동)		
매수인	성 명	우영●	주민(법인)등록번호 (사업자등록번호)	
	주 소 (사업장)	서울특별시 송파구		

매각 재산의 표시	경기도 파주시 산남동 28-1 [도로명 주소]경기도 파주시 산남로231번가길 33 (산남동) 대 929 ㎡

매각금액	금588,000,100원 (보증금 : 금54,811,000원, 잔대금 : 금533,189,100원)	
매각결정기일	2018년 08월 06일 10:00	
매수대금 납부기한	2018년 09월 05일	매각대금 납부최고기한	2018년 09월 17일

국세징수법 제75조제3항 및 지방세징수법 제92조제3항에 의하여 위와 같이 통지하오니 매수대금을 납부하시고 공매재산을 취득하시기 바랍니다. 다만, 매수대금 납부 전에 체납자가 매수인의 동의를 얻어 체납액을 완납하는 경우 매각결정이 취소될 수 있으니 참고하시기 바랍니다.

2018년 08월 06일

한국자산관리공사 인천지역본부장

우영● 귀하

|우영 ○ 회원의 공매 매각결정통지서

공매로 나온 본 토지물건은 채무자 겸 소유자인 조병○의 세금 체납(파주세무서)으로 인해 체납업무를 담당하는 파주세무서에서 캠코에 위임하여 공매 집행을 진행하게 된 사건이다.

본 공매 사건(산남동 28-1) 지상의 주택용 건물은 조상○ 씨 소유(채무자 조병○의 부친)로 체납당사자가 아니기에 매각이 포함되지 않고 진행되었다. 즉, 공매토지만 아들인 조병○의 소유이고, 공매토지 위에 존재하는 단독주택 건물은 조병○의 부친 조상○의 소유이므로 토지와 건물의 소유권이 달라 토지만 공매로 나온 케이스이다. 이는 특수물건 분야 중 법정지상권 관련 내용으로 법리적 판단과 해결방안 등을 고려해야 한다.

본 물건의 감정가는 1,096,220,000원으로 감정가 대비 최저가(50%)

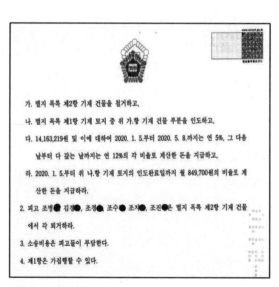

| 1심 승소판결문의 주문내용

548,110,000원에 진행되는 시점에 입찰에 참여하였고, 감정가 대비 낙찰가 54%인 588,000,100원에 낙찰받았다. 낙찰 이후 절차에 따라 잔금을 납부하여 소유권을 취득하였고, 바로 자료들을 모아 서울동부지방법원에 위 지상 건물철거 및 부당이득금 청구, 토지 인도 등에 대한 소송을 제기하여 1심에서 승소 판결을 받았다.

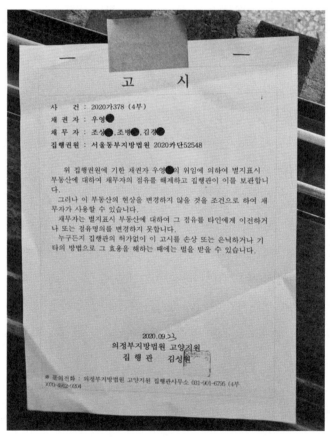

| 부동산 점유이전 금지가처분 계고 고시문

건물소유자인 부친 조상○ 씨는 연로하고 거동조차 어려웠기 때문에 제대로 된 협상과 소통을 위해 아들인 채무자 조병○(장남) 씨와 별도로 몇 차례의 협의를 진행하였다. 이런 부류의 사건들은 서로의 입장이 다르고 원하는 바가 확연히 다르기 때문에 협상이 불성립하는 경우도 상당히 많다는 것을 예상해야 한다. 역시 예상대로 협의가 이뤄지지 않아 민사 판결로 갈 수밖에 없었고, 1심판결에 패소한 피고 조병○ 씨는 이에 불복하여 항소하였다. 이런 경우는 판결의 부담을 덜기 위해 조정으로 회부하는 경우가 많다. '모 아니면 도' 형식의 판결보다는 요즘 법원의 취지가 가급적 당사자 간의 합의를 이끌기 위해 노력하는 경향을 보이고 있다는 것도 참고로 알고 있으면 좋을 듯하다. 어쨌든 항소심 법원(서울동부지방법원)은 우리 측 예상대로 조정에 회부 결정을 하였다. 원고 측인 우리 팀은 합의할 생각은 없었으나, 최근 법원의 취지도 그렇고 향후 법원의 밀당 관계를 고려한 전략적 판단으로 조정기일에 참여하기로 하였다.

날짜에 맞춰 조정기일에 참석하였다. 우리측은 되도록 짧은 기간 안에 건물철거 및 퇴거를 진행해야 하는 이유와 기간이 경과 됨에 따라 누적되는 부당이득금에 대해서도 적절히 어필하면서 퇴거를 종용하기로 전략을 세워 응대하기로 하였고, 전면적인 압박을 행사하여 결론을 빨리 도출하기 위한 전략의 일환으로 별개로 진행한 부동산점유이전금지 가처분 결정에 따라 집행 고시도 별도로 진행했다.

조정기일에 참석하여 원고인 우리측이 사실관계를 주장하자 채무자 조병○은 분위기상 마지못해 인정하기 시작했고, 자신들(피고들)이 거주하고 있는 주택을 철거하고 새롭게 생활해야 하는 거처를 마련할 때까지 양해하고 기다려줄 것을 요청하였다. 그러나, 조정위원은 그러한 요청에 무한정 기다려줄 수는 없으니, 기간과 날짜를 특정하라는 입장을 분명히 했다.

서울동부지방법원
조 정 조 서

| 사 건 | 2020머21403(2020나24986) | 건물등철거 |

원고, 피항소인　우영●
　　　　　　　서울 송파구 송파대로32길
피고, 항소인　1. 조상●
　　　　　　　　대리인 조병●
　　　　　　　2. 조병●
　　　　　　　피고들 주소 파주시 산남로

조정담당판사	임제훈	기　　　일 : 2020. 9. 22.　17:20
조 정 위 원	강보라	장　　　소 : 제312호 조정실
		공개 여부 : 공　　개

원고(피항소인) 우영●　　　　　　　　　　　　　　　　출석

피고(항소인) 1.대리인 겸 2.조병●　　　　　　　　　　출석

다음과 같이 조정성립

조 정 조 항

1. 피고 조상●은 원고에게 2020. 12. 15.까지,
   가. 별지 부동산 표시 기재 제2항 기재 건물을 철거하고,
   나. 별지 부동산 표시 제1항 기재 토지 중 위 가.항 기재 건물 부분(이하 '이 사건 토지'라 한다)을 인도한다. 만일 피고가 이 사건 토지를 인도한 이후 이 사건 토지에 남겨둔 시설 및 물건 등에 관하여는 피고가 그 소유권을 포기한 것으로 보고, 원고의 처분에 이의하지 아니한다.
2. 피고 조병●은 별지 부동산 표시 제2항 기재 건물에서 퇴거한다.
3. 만일, 피고 조상●이 2020. 12. 15.까지 제1. 가. 항의 철거를 이행하지 아니하고 건

| 서울 동부지방법원의 조정조서

그러자 채무자 조병○은 2021년 5월 30일까지 자신이 직접 퇴거하고 건물철거까지 진행하겠다는 입장을 보였다. 이에 우리측에서는 피고가 제안한 퇴거 날짜를 받아들일 수 없으니 2020년 10월 30일까지 건물철거 및 자진 퇴거하라는 내용으로 압박 수위를 좀 더 높여 주장하고 1차 조정을 마무리하였다. 이후, 2차 조정기일이 지정되었으나 코로나로 인한 재판 및 조정기일을 법원의 직권으로 변경하여 2020년 9월 22일 2차 조정기일을 열었고, 2020년 12월 15일까지 건물철거 및 퇴거일로 정하는 것으로 최종 조정이 되었다.

최종적인 조정안에 따라 집행 날짜를 기다리고 있었다. 그러나, 2차 조정에서 합의한 퇴거 및 자진 철거집행일(2020. 12. 15)이 지났음에도 불구하고 피고 조병○(조상○)은 이행하지 않았다. 이사 갈 곳을 계속 알아보고 있지만 그동안 마땅치 않았다고 했다. 그리고 때마침 얼마 전에 지인 소유의 토지에 가건물 형식의 주거시설을 설치하여 사용할 수 있도록 동의받았고, 현재 토지 성토작업을 하고 있으니 좀 더 말미를 주면 합의한 대로 퇴거 및 자진 철거를 하겠으니 시간을 달라고 우리측에 상황설명을 하였다.

이런 경우 한 번 더 기회를 주되, 기간은 너무 길지 않게 적당하게 잡아주는 것이 좋다. 여기서 너무 강하게 거절하게 되면, 감정 조절이 안 되는 상황으로 치닫고 물리적인 사고도 발생하는 역효과가 나타날 수 있다. 몇 수 앞의 상황까지 예견할 수 있어야 진짜 명도 기술인 것이다.

어찌 됐든, 이럴 때는 상대방 측에서 인정을 베푼다는 느낌이 들도록 채무자에게 한 번 더 기회를 주는 것이 향후 마무리를 깔끔하게 하기 위해서도 좋은 선택이다. 상대방이 야박하다고 느끼지 않게 해야 감정 문제가 안

생긴다. 기회를 주었음에도 불구하고 이를 위반한 것이 우리측이 아니라 본인이라는 인식을 강하게 느끼게 해야 한다. 그게 전략이다. 그래야만 최종적으로 물리적인 강제 집행을 진행할 때도 불의의 사고가 발생할 수 있는 확률을 일정부분 감소시키고 현장에서 좀 더 부드러운 집행이 가능하다는 것도 숙지해야 한다.

요구한 기간이 지나도 채무자 조병○으로부터 이렇다 할 소식이 없어 상황을 확인해 보았다. 겨울에 공사를 하다 보니 생각보다 공사 진행이 더디게 되고 있다는 등 이런저런 핑계를 대며 만날 때마다 입장을 번복하였다. 집행을 준비하다 보면 이런 일은 비일비재하게 있는 일이다. 수많은 명도 집행을 하면서 늘 겪는 일이기 때문에 속으론 그러려니 하면서도 겉으론 상대방이 느끼기에도 처음인 것처럼 행동해야 한다. 왜냐면 명도 집행당하는 상대방은 난생처음 겪는 일이기 때문에 그에 따른 감정도 처음 느껴보는 감정일 테니 본인도 감정 컨트롤이 안 되는 경우가 부지기수다. 그러니 항상 조심하고 경계해야 한다. 경험 많은 우리측에서 상대방의 감정을 조절해서 가야 한다.

이젠, 더 이상 이행의 조짐이 보이지 않는 조병○의 말을 신뢰할 수 없다는 결론 내렸고, 그동안 3~4번 정도의 기회와 충분한 기간을 주었기 때문에 마지막으로 강제집행을 진행해도 상대방 측의 반발은 크게 문제 되지 않을 것으로 판단하였다. 빠르게 움직였다. 건물철거 및 퇴거를 집행하기 위해 의정부지방법원 고양지원 집행관사무실에 강제(퇴거)집행 신청을 하였고, 얼마 지나지 않아 바로 집행날짜를 받고 현장 강제(퇴거)집행을 진행하게 되었다.

오전 9시에 집결하여 고양지원 집행관과 집행인력들이 참석한 가운데 강제집행을 시작하려고 준비하고 있었다. 집행을 위해 주택을 방문했을 때 문은 잠기고 집안에는 사람이 아무도 없는 상태였다. 인근 마을주민이 찾아와 '이 집에 거주하고 있는 조병○이 어제 사고사로 사망해서 가족들 전부 장례식장에 모여있다'는 상황을 알렸다. 집행 당사자가 사망한 것이다.

집행을 준비하던 중 당사자가 사망하게 되면 법적으로 상속을 받아 진행해야 하므로 더 이상 집행을 할 수 없게 된다. 집행관도 사실확인과 함

| 강제집행을 위해 집행관이 현장을 설명하는 모습

께 상황 파악을 하더니 역시 예상대로 더 이상 집행을 할 수 없어 집행 인력들에게 집행 중지를 지시하였다. 집행을 시작한 지 30여 분 만에 일어난 일이다. 부동산업을 하면서 참으로 다양하고 특이한 일을 많이 경험한다고 느꼈던 순간이다.

집행 중단 후 며칠이 지나 조병○ 씨 배우자로부터 연락이 왔다. 그동안 배우자의 사망 수습에 경황이 없어서 이제야 연락을 드리게 되었다고 미안함을 전해왔다. 또한, 이사 갈 곳에 대해서도 부동산매매 계약도 했으니 이삿날까지 조금만 더 시간을 달라는 사정을 말한다. 이후, 조병○의 가족들은 약속대로 이사를 하였고, 건물철거도 빠르게 진행되었다.

| 건물 철거 진행 모습

토지 매매 계약서

본 부동산에 대하여 매도인과 매수인은 합의에 의하여 다음과 같이 매매계약을 체결한다.

1. 부동산의 표시

소재지	경기도 파주시 산남동 28-1					
토지	지목	대	대지권비율	분의	면적	929 m²

2. 계약 내용

제1조 위 부동산의 매매에 있어 매수인은 매매대금을 아래와 같이 지불하기로 한다.

매매대금	金 일십삼억오천만원정(₩1,350,000,000)	
계약금	金 일억삼천오백만원정(₩135,000,000)	은 계약시에 지불하고 영수함. 영수자( )(인)
중도금	金 육천오백만원정(₩65,000,000)	은 2021년 6월 15일에 지불하며,
잔 금	金 일십일억오천만원정(₩1,150,000,000)	은 2021년 7월 16일에 지불하기로 함.

제2조 매도인은 매수인으로부터 매매대금의 잔금을 수령함과 동시에 매수인에게 소유권 이전등기에 필요한 모든 서류를 교부하고 이전등기에 협력하며, 위 부동산의 인도는 2021년 7월 16일자로 한다.

제3조 매도인은 위 부동산에 설정된 저당권, 지상권, 전세권 등 소유권의 행사를 제한하는 사유가 있거나, 제세공과금과 모든 부담금 등을 잔금 수수일까지 그 권리의 하자 및 부담 등을 제거하여 완전한 소유권을 매수인에게 이전한다. 다만, 승계하기로 합의하는 권리 및 부담금 등은 그러하지 아니한다.

제4조 위 부동산에 관하여 발생한 수익과 제세공과금 등의 부담금은 위 부동산의 잔금일을 기준으로 하되 그 전일까지의 것은 매도인에게, 그날부터의 것은 매수인에게 각각 귀속한다. 다만, 지방세의 납부책임은 지방세법의 납세의무자로 한다.

제5조 매수인이 매도인에게 중도금(중도금이 없을 때에는 잔금)을 지불하기 전까지 매도인은 계약금의 배액을 상환하고, 매수인은 계약금을 포기하고 이 계약을 해제할 수 있다.

제6조 매도인 또는 매수인이 본 계약상의 내용에 대하여 불이행이 있을 경우 그 상대방은 불이행을 한 자에 대하여 서면으로 최고하고 계약을 해제할 수 있다. 그리고 계약 당사자는 계약해제에 따른 손해배상을 각각 상대방에게 청구할 수 있으며, 손해배상에 대하여 별도의 약정이 없는 한에는 계약금을 손해배상의 기준으로 본다.

제7조 개업공인중개사는 계약 당사자간 본 계약불이행에 대해서는 일체 책임을 지지 않는다. 또한 중개보수는 본 계약의 체결과 동시에 계약당사자 쌍방이 각각 지불하며, 개업공인중개사의 고의나 과실없이 본 계약이 무효, 취소 또는 해제 되어도 중개보수는 지급한다. 공동중개인 경우 자신이 중개 의뢰한 개업공인중개사에게 중개보수를 지급한다.

제8조 매도인 또는 매수인이 본 계약 이외의 업무를 의뢰한 경우 이에 관한 보수는 중개보수와 별도로 지불하며 그 금액은 합의에 의한다. 개업공인중개사는 중개대상물확인설명서를 작성하고 업무보증관계증서(공제증서 등) 사본을 첨부하여 계약체결과 동시에 거래당사자에게 교부한다.

[특약사항]
특약사항 별지에 기재됨.

본 계약을 증명하기 위하여 계약 당사자가 이의 없음을 확인하고 각자 서명·날인한다. 2021년 05월 27일

매도인	주 소	서울시특별시 송파구 송파대로32길			
	주민등록번호		전화 010-	성명 우영○	(인)
매수인	주 소	경기도 고양시 덕양구 대덕로			
	법인등록번호	110111-	전화 010-	성명 플○트레이딩 주식회사	(인)
개업공인중개사	주 소	경기도 고양시 덕양구 화중로			
	사무소명	부동산○공인중개사사무소		대표자명	김○○
	등록번호		전화 031-	소속공인중개사	

※중개대상물확인·설명서 및 공제증서 사본 교부일자: 2021년 05월 27일

| 우영○ 회원의 낙찰 물건 매매계약서

본 물건은 위치가 뛰어나 이전부터 매수를 희망하는 사람들이 있었다. 현장에 얽혀있는 건물철거 및 퇴거 문제를 해결하고 나면 매수하겠다는 의사표시를 한 사람들 중에 가장 좋은 가격을 부른 매수인에게 2021년 5월에 매매계약을 체결하고 사건을 마무리하였다. 본 물건에 대한 공매낙찰가는 5억 8천8백만 1백원이었고, 매도가는 13억 5천만 원에 단순 매각차익만 7억 6천199만 9천9백 원이다.

부동산 투자는 단순하다. 좋은 위치의 좋은 물건을 싸게 사면 그만이다. 즉, 첫 번째 단추는 취득인 것이다. 남들이 쉽게 접하지 못하는 방법으로 좋은 위치의 좋은 물건을 싸게 살 수 있다면 그 방법이 베스트인 것이다. 대신, 남들이 쉽게 접근하지 못하는 방법에 관해 공부하고 노력하고 경험해야 한다. 이 사례를 보더라도 '공매 투자+지상물 철거소송+명도처리' 등을 거치며 현장을 섭렵해야 한다. 본인이 능력이 안되면 본 사례의 주인공인 투자클럽 우영○ 회원처럼 각 분야 전문가의 지식과 경험을 빌어 직·간접적으로 경험과 지식 쌓기를 추천한다.

'경·공매+특수물건+소액+공동 입찰'은 리스크를 낮추고, 전문가의 도움을 받아 블루오션 분야의 특수물건에 대한 법리적 지식과 투자경험을 쌓을 수 있어, 궁극적인 홀로서기를 위한 트레이닝 과정으로 손색이 없다.

3 부

공동 입찰로
특수물건 공략하기

경매입문자가 접근하기 어려운 분야가 '특수물건'이다. 법정지상권, 지분경매, 유치권, 분묘기지권 등이 대표적인데 이러한 매각 물건들도 법리적인 큰 틀을 이해하고, 세세히 살피다 보면 해결 방법을 찾을 수 있고, 잘 공략하면 좋은 결과를 가져다주는 투자의 대표적인 효자 종목들이라 할 수 있다.

01

법정지상권,
강남의 무허가건물 공략

대한민국의 대표적인 도시. 서울시 강남구 도곡동에 법정지상권과 관련된 사건이 경매에 나왔다. 대지가 20평이고, 그 위에 적벽돌로 지어진 2층짜리 무허가 건물이 존재하였고, 건물은 매각에서 제외되어 토지만 경매로 진행되는 케이스였다. 경매 나온 토지에 관심 있고, 또 낙찰받을 사람이라면 반드시 건물에 대한 해결방안을 가지고 입찰전략을 모색해야 한다.

사건번호 : 2012 타경 5446(물건 번호 2)
소재지 : 서울특별시 강남구 도곡동 959-57 외 1필지
특수권리 관계 : 법정지상권+무허가건물

본 물건의 투자가치를 중심으로 살펴보도록 하자.

1. 부동산에서 위치가 차지하는 비중

부동산에서 위치가 차지하는 비중은 생각보다 크다. 특히 토지에 있어서는 첫째도 위치, 둘째도 위치, 셋째도 위치라고 할 만큼 더욱더 중요한 요소로 꼽힌다. 본 물건이 소재한 강남구 도곡동은 타워팰리스를 중심으로 강남의 대표적인 지역으로 알려진 곳이다. 더욱이 지하철 3호선 양재역 북동 측 500m 인근에 있고 은성중학교와 은광여자고교 교문 옆에 있어 입지에 대한 선호도가 뛰어난 곳이기도 하다.

| 낙찰 물건 사건 기본내역

| 본 물건의 현장 모습

구분		소재지	층별 및 용도	구조 / 토지이용계획	면적	감정가격(단가)	기타
토지	1	도곡동 959-57 (목록 : 3)	대지	1(도시지역),2(2종일반 주거지역),3(대공방어협 조구역),4(과밀억제권 역),5(상대정화구 역),6(절대정화구역)	45㎡ (13.61평)	279,000,000원 (6,200,000원)	⊙ 매각제외 항목 : 타인소유2 층주택소재 제시외감안가격임
토지	2	도곡동 959-60 (목록 : 4)	대지	1(도시지역),2(2종일반 주거지역),3(대공방어협 조구역),4(과밀억제권 역),5(상대정화구 역),6(절대정화구역)	23㎡ (6.96평)	142,600,000원 (6,200,000원)	⊙ 매각제외 항목 : 타인소유2 층주택소재 제시외감안가격임
제시외	1	도곡동 959-57외 1필지	1,2층	주택/벽돌조	65㎡ (19.66평)	0원	매각제외
제시외	2	도곡동 959-57외 1필지	1,2층	주택/벽돌조	14㎡ (4.23평)	0원	매각제외
부동산 현황							

부동산 현황	1)본건 부동산 959-57번지 지상 2층 주택있음. 2)본건 부동산 921-3번지 주택 101호 임차인 김명례의 자 나혜지 면담 3)본건 부동산 959-57번지 주택 1층 임차인 감인화 면담 4)나머지 세대에 대하여 3회 방문하였으나 폐문부재이고, 방문한 취지 및 연락처를 남겼으나 아무런 연락이 없으므로 주민등록 전입된 세대만 임차인으로 보고함.
물건비고	일괄매각
기타	▪ 1,2)게시외건물감안단가:6,200,000원/㎡ ▪ 양재역 북동측 인근에 위치,부근은 학교,공동주택,단독주택 및 로변으로는 근린생활시설들이 혼재된 지역 ▪ 차량출입 가능,인근에 노선버스정류장과 지하철역(3호선 양재역)이 위치하여 교통사정은 무난한 편임 ▪ 사다리형의 토지로 서측 도로와 등고평탄하나 동측 토지(은성중학교)는 본건보다 약5미터(석축으로조성).고지임 ▪ 서측으로 폭 약8미터의 포장도로와 접함

| 감정평가 상세내역

2. 싼값에 취득할 수 있다

좋은 물건을 싸게 취득할 수 있는 장점이 있다. 최초 감정가인 4억 2천
1백60만 원에 시작하여 2억 8천2백만 원에 39명이 공동으로 낙찰받았다.
서울 한복판 강남에 있는 토지를 감정가 67%에 낙찰받은 것이다. 또한 토
지 위에 존재하는 건물에 대해 철거가 제대로 이뤄질 경우에는 그 이상의
수익이 예상되는 상황이었다.

3. 법정지상권 성립 여부에 따라 큰 수익을 창출할 수 있다

법정지상권은 특수물건으로 취급되는 매각 물건 중 한 종류이다. 토지
경매 법정지상권 물건은 토지를 볼 줄 아는 혜안과 경매와 관련된 해박한

| 양재역 주변 본 건 위치도

영 수 증

고윤●더생 귀 하

사 건 번 호		부동산 매수신청 보증금	물 건 번 호	비 고
타 경	번 호			
2012	5446	21,585,900	2	
합 계				

위 금액을 틀림없이 영수 하였습니다.

20 13 . 7 . 9 .

서울중앙지방법원 집행

※ 경매사건의 매각 불허가, 취소, 취하 등으로 보증금의 반환 절차나 사건에 대한 문의는 민사집행과 담당 경매계에 하십시오.

| 고윤O 외 38명이 공동으로 낙찰받은 영수증

| 공동 입찰을 위한 사전 입찰 전략 회의 모습

지식과 경험 그리고 법정지상권에 대해 심도 있게 이해하고 접근할 수 있는 법리적 판단력 또한 요구된다. 법정지상권 물건은 이러한 능력을 두루 갖추어야만 접근이 가능하기 때문에 초보자들이 쉽게 접근하기는 다소 어려운 부분이 있을 수 있다. 그런 이유로 특수물건 분야가 상당히 투자 매력이 있는 종목이기도 한 것이다.

법정지상권을 이해하기 위해선 먼저 지상권의 개념을 이해해야 한다. 우리가 흔히, 지상권이라고 말하면 약정 지상권을 말한다. 왜냐하면 지상권이라는 권리가 성립하려면 토지소유자와 토지를 사용·수익하려는 자 사이에 지상권을 설정한다는 계약(약정)을 하고, 등기를 하기 때문이다. 따라서 본 책에서 말하는 지상권은 약정 지상권이라고 이해하면 된다.

지상권이란 타인의 토지에 건물이나 수목, 기타 공작물 등의 소유를 위해서 타인의 토지를 사용할 수 있는 권리이다. 또한 토지소유자의 동의를 얻어 부동산등기부에 지상권 설정등기를 해야 그 효력이 발생하는 권리로서 민법에서 정하고 있는 물권의 한 종류이다. 토지 자체의 사용을 근본으로 하고 있기 때문에 현재 토지 위에 공작물이 없거나 멸실되어 나대지 상태라도 지상권은 존속하게 된다. 또한 강행규정으로 인정되어 당사자의 특약에 의해서 이를 배제 시키거나 포기하게 할 수도 없다. 그만큼 강한 권리라는 뜻이다. 따라서 지상권은 임차권보다 강하게 인식되기 때문에 타인의 토지를 이용하기 위해선 토지소유자와 토지를 사용하려는 자의 관계는 가급적 지상권 설정 방식보다는 임대차계약에 의한 방법을 이용하고 있는 것이 현실이다. 또한, 지상권은 제한물권 중에서도 용익물권이므로 토지의

법정지상권의 성립요건(민법 제366조)
1. 저당권 설정 당시에 지상에 건물이 존재할 것.
2. 저당권 설정 당시에 토지와 건물의 소유자가 동일인일 것.
3. 토지와 건물 어느 한쪽 또는 양쪽에 저당권이 설정될 것.
4. 임의경매(강제경매는 아님)에 의해 소유자가 달라질 것.

사용 가치에 목적을 두고 있어, 처분권에 목적을 둔 담보물권이 가지는 경매신청권과 우선변제권은 인정되지 않는다. 따라서 경매 시 배당에 참여하여 배당받을 수도 없는 것이다.

지상권의 존속기간에 대해선 양 당사자가 약정한 경우라면 약정한 기간이 존속기간이 된다. 하지만 법에서 정하고 있는 최단 존속기간(석조, 석회조, 연와조 등의 견고한 건물이나 수목을 목적으로 하는 경우는 30년, 목조건물 및 기타건물인 경우는 15년, 건물 이외의 공작물의 소유를 목적으로 하는 경우는 5년)보다 짧게 약정한 경우엔 최단 존속기간이 된다. 이때 만일, 존속기간을 정하지 않고 약정한 경우라면 최단 존속기간이 지상권 기간이 된다.

지상권의 존속기간에 대해 알아두어야 할 점도 있다. 지상권의 최단 존속기간에 대해선 민법에서 정하고 있지만, 최장 존속기간에 대한 별도의 규정은 없기 때문에 지상권의 존속기간을 영구히 약정하는 것도 가능하다는 것이다.

지상권은 존속기간이 만료되면 소멸한다. 이 경우 지상권자는 계약갱신청구권을 행사할 수 있는데, 이때 만일 토지소유자(지상권 설정자)가 계약

갱신 청구를 거절한다면, 지상권자는 토지 위에 건물 또는 기타 공작물이나 수목에 대하여, 상당한 가액으로 토지소유자에게 지상물매수를 청구할 수 있다. 지료를 지급키로 약정한 지상권자가 2년 이상의 지료를 미지급했을 경우에도 토지소유자는 소멸을 청구할 수 있다. 지상권이 소멸하게 되면 지상권자는 토지 위에 건물 또는 기타 공작물이나 수목을 철거하여 원상으로 복구하여야 한다. 하지만 이때 토지소유자가 상당한 가액을 제공하여 지상물(건물, 기타 공작물, 수목 등)에 대하여 매수를 청구한 때에는 지상권자는 정당한 이유나 특별한 사정이 없다면 이를 거절하지 못한다.

앞에서 설명한 것처럼, 일반적인 약정 지상권은 당사자 간에 약속해서 정해야만 지상권이라는 권리가 발생하는 것이다. 이러한 지상권이 때에 따라서는 당사자 간에 약정하지 않았어도 법률의 규정 또는 관습법에 의해서 일정한 요건이 충족되는 경우(토지소유자와의 지상권설정계약이 없는 경우)에는 지상의 건물이나 수목 등을 위하여 타인의 토지를 사용할 수 있는 권리가 인정되는데, 이를 '법정지상권(法定地上權, 법에서 정한 지상권)'이라고 한다.

즉, 법정지상권이란 토지와 건물이 동일인에게 속하고 있는 토지 또는 건물의 일방에만 전세권 또는 저당권이 설정되어 있거나 또는 전세권, 저당권이 설정되어 있지 아니하더라도 그 후에 어떠한 사정으로 토지와 건물이 소유자를 달리하게 된 때에는 건물소유자를 위하여 법률상 지상권이 설정된 것으로 인정하는 제도이다.

이렇듯, 법정지상권을 인정하는 가장 큰 이유는 기존 건물의 철거로 인해 생기는 사회적, 경제적 손실(즉, 사회적비용)을 예방하려는 이유가 가장 큰 이유다.

즉, 저당권 설정 당시 동일인의 소유에 속하던 토지와 건물이 경매 등으로 인하여 토지와 건물의 소유자가 다르게 된 때에 건물소유자의 건물 철거로 인한 사회경제적 손실을 막기 위해 건물소유자가 철거하지 않고 계속 건물을 유지할 수 있도록 하는 권리이다. 이 법정지상권은 토지와 건물을 각각 별개의 부동산으로 취급함으로써 일어나는 제도라고 할 수 있다.

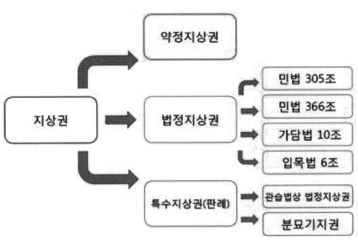

| 지상권 개략도

지상권과 법정지상권의 가장 큰 차이점은 다음과 같다. 약정 지상권은 건물, 공작물, 수목에 대해서 성립하고(토지 자체의 사용을 근본으로 하고 있기 때문에) 설령, 지상물이 멸실하였어도 성립된다. 하지만 법정지상권은 건물과 수목에 성립하고 관습법상 법정지상권은 건물에 대해서만 성립하게 되며, 지상물이 멸실하면 법정지상권도 함께 소멸하는 것이 차이점이라 할 수 있다.

법정지상권은 법률의 규정에 의해서 성립되는 물권으로서 등기하지 않아도 그 효력이 발생한다. 법정지상권의 발생에 관한 규정은 강행규정(强行規定)으로서 당사자의 특약에 의하여도 그 발생을 배제할 수 없다. 또한, 법정지상권의 일반적 효력은 약정에 의해 설정된 지상권과 같으므로 존속기간 등은 특별한 규정이 없는 한 지상권의 일반적 사항에 준하도록 하고 있다. 지료(地料)는 당사자의 협의로 정하는 것을 원칙으로 하지만, 협의가 되지 않으면 법원이 결정한다(민법 제305·366조 등).

법정지상권이 성립한다고 해도 건물소유자는 토지소유자에게 지료를 납부해야 하는 의무가 있다. 지료의 납부는 합의, 조정, 판결을 가리지 않고 당연히 지급해야 하는 것이며, 법정지상권 성립 시점(즉, 지료청구권은 토지 낙찰자가 토지 대금을 납부했을 때 발생)부터 2년 이상의 지료를 지급하지 않으면 토지소유자는 지상권 소멸 청구권을 갖게 되는 것은 약정 지상권의 일반적 사항과 동일하다.

부동산 투자(특히, 토지 투자)는 제일 중요한 요소 중의 하나가 활용성이 있어야 하는데 이렇듯 법정지상권이 성립하게 되면 토지의 활용성을 제약받게 되고, 토지의 활용성이 제약받으면 토지소유자는 자신이 원하는 대로 토지를 활용할 수 없게 된다. 따라서 쓸모없는 땅으로 전락하고 그런 땅을 원하는 사람은 없기 때문에 실무에서는 법정지상권이 걸린 물건은 여러 차례 유찰이 되는 것이 보통이다.

경매 실무에서 보면 민법 366조에 해당하는 저당권 관련 법정지상권 경매사건이 전체 물건 중에 약 70~80% 이상 차지하므로 이와 관련한 내용을 주로 살피도록 한다.

당해 사건에 대한 쟁점 사항에 대한 검토는 다음과 같다. 본 건의 미등기 건물은 2004년도 당시 토지소유자 이범○이 지은 건물로서 관할 관청에 아무런 신고 및 허가 없이 건축되었다. 그 이후 박병○, 이대○, 현 소유자 박양○에게 토지와 건물 모두 양도되었지만, 건물에 대해서는 등기를 할 수 없었다. 따라서 위 판례와 같이 등기할 수 없었던 미등기 건물의 소유권은 처음 건축을 하여 원시취득을 하였던 이범○이라 할 수 있으며, 최선○의 채권자인 우리은행에서 2008년도 근저당 설정 시 토지소유자(박양○)와 건물의 소유자(이범○)가 달라, 위에서 설명한 법정지상권 성립요건에 해당하는 '저당권설정 당시에 토지와 건물의 소유자가 동일인일 것'의 요건에 어긋난다. 결과적으로 본 건은 법정지상권이 성립할 여지가 없게 되는 것이다.

〈법정지상권의 일반적인 종류〉

1) 법률상 인정되는 법정지상권
① 민법 제305조(건물의 전세권과 법정지상권) 대지와 건물이 동일한 소유자에 속한 경우에 건물에 전세권을 설정한 때에는 그 대지 소유권의 특별승계인은 전세권 설정자에 대하여 지상권을 설정한 것으로 본다. 그러나 지료는 당사자의 청구에 의하여 법원이 이를 정한다.
② 민법 제366조(저당권과 법정지상권)
저당물의 경매로 인하여 토지와 그 지상 건물이 다른 소유자에 속한 경우에는 토지소유자는 건물소유자에 대하여 지상권을 설정한 것으로 본다. 그러나 지료(地料)는 당사자의 청구에 의하여 법원이 이를 정한다.
③ 가등기 담보 등에 관한 법률 제10조(법정지상권) 토지와 그 위의 건물이 동일한 소유자에게 속하는 경우 그 토지나 건물에 대하여 가등기 담보 등에 관한 법률 제4조 제2항에 따른 소유권을 취득하거나 담보가등기에 따른 본등기가 행하여진 경우 그 건물의 소유를 목적으로 그 토지 위에 지상권(地上權)이 설정된 것으로 본다. 이 경우 그 존속기간과 지료(地料)는 당사자의 청구에 의하여 법원이 정한다.
④ 입목에 관한 법률 제6조(법정지상권) 입목의 경매나 그 밖의 사유로 토지와 그 입목이 각각 다른 소유자에게 속하게 되는 경우에는 토지소유자는 입목소유자에 대하여 지상권을 설정한 것으로 본다. 이 경우에 지료(地料)에 관하여는 당사자의 약정에 따른다.

2) 판례에 의해 인정되는 관습법상 법정지상권
토지 또는 건물이 동일한 소유자에게 속하였다가 건물 또는 토지가 매매 또는 기타의 원인으로 인하여 양자의 소유자가 다르게 된 때에 그 건물을 철거한다는 조건이 없는 이상 건물소유자는 토지 소유자에 대하여 그 건물을 위한 관습법상의 법정지상권을 취득한다. 관습법상의 법정지상권은 관습법에 의한 부동산에 관한 물권의 취득이므로 등기를 필요로 하지 아니하고 지상권 취득의 효력이 발생하는 것이며, 이 관습법상 법정지상권은 물권으로써의 효력에 의하여 이를 취득할 당시의 토지소유자나 이로부터 소유권을 전득한 제3자에게 대하여도 등기 없이 위 지상권을 주장할 수 있다.

〈해당 사건과 관련된 판례 검토〉
민법 제366조의 법정지상권은 저당권 설정 당시에 동일인의 소유에 속하는 토지와 건물이 저당권의 실행에 의한 경매로 인하여 각기 다른 사람의 소유에 속하게 된 경우에 건물의 소유를 위하여 인정되는 것이므로, 미등기건물을 그 대지와 함께 매수한 사람이 그 대지에 관해서만 소유권이전등기를 넘겨받고 건물에 대하여는 그 등기를 이전받지 못하고 있다가, 대지에 대하여 저당권을 설정하고 그 저당권의 실행으로 대지가 경매되어 다른 사람의 소유로 된 경우에는, 그 저당권의 설정 당시에 이미 대지와 건물이 각각 다른 사람의 소유에 속하고 있었으므로 법정지상권이 성립될 여지가 없다.

대법원 1987. 12. 8. 선고 87다카869 판결,
대법원 1989. 2. 14. 선고 88다카2592 판결,
대법원 1991. 8. 27. 선고 91다16730 판결 등

이렇게 법정지상권이 성립되지 않게 되면 본 사건에 대한 모든 열쇠는 토지낙찰자에게 있게 된다. 해당 건물에 대하여 철거소송 및 임료 상당액에 해당하는 부당이득금에 대한 청구 소송을 진행할 수 있다. 물론 임료 상당액의 지료가 미납되어 미등기 건물에 대하여 직권으로 등기를 신청하고 건물에 대하여 경매에 들어갈 수도 있다. 법정지상권 성립 안 되는 건물에 대하여 입찰할 투자자는 없을 것이므로 건물 또한 토지낙찰자가 소유할 확률은 거의 100%다. 결국, 경매를 통하여 건물을 낙찰받을 수도 있고, 건물 철거소송을 통해 건물을 철거할 수도 있는 것이다.

| 물건 낙찰 후 건물 철거 모습

4. 저가 공략이 가능하다

토지를 일단 시세 대비 저렴한 가격대에 낙찰받고 본토지 위에 존재하는 건물에 대해서도 법정지상권 성립 여지가 없음을 이유로 철거시킨 후, 바로 토지 매각에 들어갔다. 2억 8천2백만 원에 39명이 공동으로 낙찰받았고, 매각가는 무려 5억 원이었다.

필자가 만든 '무조건 이기는 3 법칙'이 있다. 무조건 3가지 조건으로 승리를 확보하고 시작한다는 뜻으로 절대 지지 않는 게임을 하기 위한 말이다. 일단 저렴하게 취득을 하고, 대출을 이용하여 지렛대 원리를 이용하고, 최소화된 투자금을 공동으로 나눠서 소액으로 투자하는 것이다.

| 매각결산 및 배당금 지급모임 모습

예를 들면 이런 것이다. 1억 원짜리 물건을 50%에 취득하면 5천만 원이 필요하고, 5천만 원 중 대출을 60%(3천만 원) 이용한다면 2천만 원이 필요하다. 2천만 원을 10명이 공동 입찰한다면 1인당 2백만 원만 있으면 이런 물건을 충분히 투자할 수 있는 것이다.

즉, 공동 입찰을 통해 큰돈 들이지 않고 소액으로 투자가 가능하며 거기에 은행의 대출까지 이용하게 되면 실질적인 투자 금액은 더욱더 내려가게 된다. 이것이 가장 큰 장점이라 할 수 있다. 만약 개인이 혼자 본 물건을 낙찰받는다고 한다고 가정하면 2억 8천여만 원이 당장 있어야 하는 상황이며, 설령 대출받는다 하여도 대출금에 대한 이자 부담을 혼자 인내해야 하므로 심적 압박이 상당할 것이다. 그런 심적 압박은 성공적인 투자를 방해하는 절대적 요소가 된다.

또, 공동 입찰을 통해 개인 혼자 감당해야 하는 투자리스크에 대한 부담도 줄어들게 되고, 그에 따라 심리적으로도 안정성을 찾을 수 있으며 또한 대출을 받는다 하여도 대출금 이자 부담도 투자자 전원이 나누게 되니 보다 안정적인 투자가 가능하게 되는 원리다.

5. 특수물건 트레이닝으로 안성맞춤이다

필자가 즐겨 쓰는 표현 중 '경험이 선생님이다'라는 말이 있다. 경험하지 않으면 누구라도 그 대상에 대해 두려움이 존재하기 마련이다. 고기도 먹어본 사람이 찾고, 돈도 써본 사람이 쓴다고 했다. 그만큼 경험은 중요한 것이다. 특히 경매는 실전 학문이기 때문에 아무리 이론으로 떠들고 교육을 받더라도 한 번의 경험을 해보지 않는다면 아무 소용이 없는 것이다. 특히 이러한 특수물건의 경우는 더욱더 그러하다. 직접 스스로 해보고 싶어도 그에 대한 경험이 전무한 초보 투자자들에겐 언감생심이란 말이다. 따라서 공동 입찰 방식을 이용하여 투자에 대한 리스크를 줄이며 소액으로 직접 자신이 참여해 이런저런 투자를 경험하면서 법률적 지식 쌓기와 스스로 느끼고 배우는 것만큼 좋은 교육은 없다고 본다.

보통의 일반적인 물건도 그런데 더욱이 특수물건의 경우는 더욱더 공동 입찰 방식이 필요한 것이다. 이런 방식을 통해 2~3번 경험해 보면 어느 정도 감이 잡힐 것이고, 그 정도가 되면 스스로 홀로서기가 가능할 것이다. 그렇게 경험이 쌓이면 혼자 입찰도 해보고 처리도 해보면서 투자 성공률을 높일 수 있게 된다.

0 2

법정지상권이 성립되지 않는 물건 공략

경기도 성남시 분당구 판교동에 면적 70평의 토지가 경매로 나왔다. 감정가 7억 34,489,000원에서 1회 유찰된 후 654,000,000원에 31명이 공동으로 낙찰받았다.

사건번호 : 2014 타경 7133(물건 번호 1)
소재지 : 경기도 성남시 분당구 판교동 509-2
특수권리 관계 : 법정지상권+유치권

본 물건은 초보 투자자들에겐 특수물건 경험을 위한 트레이닝으로도 안성맞춤인 물건이었다. 해당 토지 위에는 단독주택 공사를 한창 진행하다가 중단된 상태의 건물이 존재하고 있었다.

대지 (임의경매)		**2014 타경 7133** 1 ˅		수원지방법원 성남지원	사건링크
매각기일 2014-08-04(월) 10:00				경매 6계 문의 : 031-737-1326	법원위치

소 재 지	[지 번] 경기도 성남시 분당구 판교동 509-2				
용도	대지	채권자	굿플러스제일차유동화전문유한회사	감정가	734,489,000원
건물면적		채무자	우지호	최저가	(80%) 587,591,000원
토지면적	231.7㎡ (70평)	소유자	우지호	보증금	(10%) 58,759,100원
매각대상	토지매각	경매종류	임의경매	청구금액	1,118,153,531원
사건접수	2014-03-24	배당종기	2014-05-30	경매개시	2014-03-26
주의사항	건물매각제외, 법정지상권, 유치권				

이미지
- 총 18장   경매절차 흐름도

기일내역   기일내역 전체 열기 ▼

회차	매각기일	최저매각금액	결과
신건	14.07.07	734,489,000원	유찰
2차	14.08.04	587,591,000원	매각
낙찰	고정❶외 30명	입찰 1명	654,000,000원(89.04%)	
일정	14.08.11	매각결정기일	허가
일정	14.09.16	대금지급기한	납부
배당종결 사건			

구분	소재지	층별 및 용도	구조 / 토지이용계획	면적	감정가격(단가)	기타
토지 1	판교동 509-2 (목록 : 1)	대지	도시지역,1종전용주거지역,1종지구단위계획구역, 가축사육제한구역,비행안전구역(2구역,전술),제한보호구역(전술항공:5km),대기환경규제지역,도시교통정비지역,공익용산지,과밀억제권역,배수구역(판교배수구역),하수처리구역(판교처리분구),상대정화구역	231.7㎡ (70.09평)	734,489,000원 (3,170,000원)	◉ 매각제외 항목 : 소유자미상3층규모신축중공사중단된 건물소재 ◉ 법정지상권성립여부불분명
물건비고	본건 지상에 소유자 미상의 지상3층 규모의 신축중인 매각제외 건물이 소재함. 집행관 현황조사보고서에 의하면 현황조사 당시에는 공사가 중지된 상태였음. 매각제외된 지상 건물을 위하여 이 사건 대지 부분에 법정지상권 성립 여부는 불분명함. 2014.5.26.자 주식회사 태종씨앤씨로부터 공사대금(금165,000,000원)의 유치권권리 신고서가 제출되었으나 성립 여부는 불분명함. 2014.5.29.자 양창석으로부터 건축물의 설계비등(금6,600,000원)의 유치권권리 신고서가 제출되었으나 성립은 불분명함. 2014.7.16.자 채창우로부터 공사대금(금95,000,000원)의 유치권 신고서가 제출되었으나 성립여부는 불분명함.					
기타	☞ "낙원중학교" 북동측 인근에 위치하는 토지로, 주위는 단독주택 및 주거나지, 근린생활시설 등으로 형성된 고급주택단지임 ☞ 본건까지 차량접근이 가능하며, 버스정류장까지의 거리 및 운행빈도 등으로 보아 대중교통사정은 보통임 ☞ 본건은 장방형의 평지로, 본건 토지 지상에 소유자 미상의 지상3층 건물이 신축중임 ☞ 본건의 남동측으로 노폭 약 8미터 내외의 포장도로에 접함					

ㅣ 낙찰 물건 사건 기본내역과 감정평가 상세내역

건물 공사 중에 경매 나온 토지는 법정지상권의 문제와 공사대금채권에 대한 유치권 문제로 서로 얽혀있는 경우가 대부분이다. 하지만, 법적인 부분을 검토할 때 큰 줄기는 변함이 없으므로 그 맥을 잡고 분석하는 기술이 필요하다. 즉, 토지에 저당권 설정 후에 건물 공사가 시작되었거나 또는 건물로서 갖춰야 할 물리적 요건(지붕, 주벽, 기둥 등)을 갖추지 못했다면 법정지상권이 처음부터 성립되지 않는다.

본 사례처럼 공사업자는 공사비 미지급을 이유로 유치권을 주장하면서 현장을 점유하고 있기 때문에 유치권에 대한 분석과 판단도 중요하다 하겠다. 하지만, 유치권을 주장하는 채권의 본질은 건물 공사비에 대한 채권이지 토지에 대한 채권이 아니기 때문에 법정지상권 성립 여부를 판단해 처리해야 한다.

영 수 증			
		고정●의 대리인 양상●	귀 하
사건번호	물건 번호	부동산 매각 보증금액	비 고
2014타경7133	1	58,759,100원	

위 금액을 틀림없이 영수 하였습니다.

2014.08.04

수원지방법원 성남지원 집행관사무소

집 행 관   백윤철 (인

※ 사건에 대한 문의는 민사 집행과 담당 경매계에 문의하십시오.

| 고정○ 외 30명이 공동으로 낙찰받은 영수증

낙찰 후, 투자 클럽 회원 31명은 바로 건축주이자 토지소유자였던 '우지
○'를 상대로 건물철거 소송을, 주식회사 태○씨앤씨와 인테리어업자 '채창
○'에 대한 유치권 부존재 확인 및 퇴거를 구하는 소송을 제기하였다. 역시
예상대로 원고 승소 판결로 끝났다.

본 사건의 법리적 다툼에 대한 쟁점 사항을 수원지방법원 성남지원의
승소판결문(2014 가합 207678 건물 등 철거 판결)을 기초로 정리하면 다음과 같다.

　　사건번호 : 성남지원 2014가합207678 건물 등 철거
　　원고 : 투자 클럽 회원 고정○ 외 30명
　　피고 3명 : 우지○(토지소유자 및 건축주), 태○씨앤씨(건축회사), 채창○(건축업자2)

| 공사중단 된 상태로 토지만 경매나온 본 건 현장모습

본 사건에 의한 기초 사실을 살펴보면, 피고 우지○는 성남시 분당구 판교동 509-2 대 231.7㎡의 소유자로서 주식회사 우리은행과의 사이에 채권최고액 7억 2천만 원에 채무자 피고 우지○로 하는 근저당권설정 계약을

순번	원고	공유지분	월 임료(원)
1	고정●	10/242	52,922
2	손라●	5/242	26,462
3	권수●	5/242	26,462
4	권원●	10/242	52,922
5	김기●	20/242	105,846
6	김대●	5/242	26,462
7	김양●	3/242	15,877
8	김연●	3/242	15,877
9	김은●	30/242	158,769
10	김현●	5/242	26,462
11	김홍●	10/242	52,922
12	라세●	3/242	15,877
13	문세●	10/242	52,922
14	문정●	3/242	15,877
15	박수●	7/242	37,046
16	박종●	10/242	52,922
17	성지●	10/242	52,922
18	송지●	5/242	26,462
19	유지●	5/242	26,462
20	은근●	5/242	26,462
21	이광●	5/242	26,462
22	고인●	10/242	52,922
23	이동●	5/242	26,462
24	이윤●	5/242	26,462
25	이지●	10/242	52,922
26	인서●	5/242	26,462
27	임성●	10/242	52,922
28	임원●	6/242	31,754
29	정용●	7/242	37,046
30	지수●	10/242	52,922
31	최건●	5/242	26,462
합계		242/242	1,280,733

l 부당 이득 반환 청구에 따른 지분별 임료상당액표

체결하고, 우리은행 앞으로 근저당권 설정등기를 경료해 주었다.

아울러, 피고 주식회사 태○씨앤씨와는 이 사건 토지 위에 지상 3층 규모의 단독주택을 신축하는 공사 중 일부를 공사대금 4억 원에 도급 주기로 하는 내용의 공사계약을, 피고 채창○와는 건물 신축공사 중 일부를 공사대금 9천 5백만 원에 도급하기로 하는 내용의 공사계약을 별도로 각각 체결하였다.

이 사건의 건물은 2014년 4월 7일경 지상 2층까지의 지붕, 주벽 및 지상 3층까지의 기둥이 완성된 상태로 우리은행의 근저당권에 기한 임의경매 신청으로 2014년 3월 26일경 이 사건 토지에 관하여 수원지방법원 성남지원 2014 타경 7133호로 임의경매절차가 개시되었다.

| 투자 클럽 법무팀 법률검토 모습

〈본 물건의 건물 등 철거 소송에 대한 판결 내용〉

1) 건물 철거 및 토지 인도 청구에 대한 법원의 판단
피고 우지○는 비록 미완성이긴 하지만, 지상 2층까지의 지붕, 주벽 및 지상 3층까지의 기둥이 완성되어 사회 통념상 독립된 건물로 봄이 상당하다고 주장하며, 토지와 건물은 모두 자신의 소유였는데 이 사건 경매로 인하여 그 소유자가 달라지게 되었으므로 관습법상의 법정지상권이 성립한다고 주장하였다. 물론, 피고 우지○의 주장대로 건물의 소유권을 원시취득한 사실과 토지는 건물의 부지로 이용되고 있는 사실을 인정할 수는 있으나, 민법 제366조 법정지상권은 저당권설정 당시부터 저당권의 목적되는 토지 위에 건물이 존재할 경우에 한하여 인정되며 건물이 없는 토지에 대하여 저당권이 설정된 후 저당권설정자가 그 위에 건물을 건축하였다가 임의경매절차에서 경매로 인하여 대지와 그 지상 건물이 소유자를 달리하였을 경우에는 민법 366조에 의한 법정지상권이 인정되지 아니할 뿐만 아니라, 관습법상의 법정지상권도 인정되지 않는다고 판단하였다. 따라서 피고 우지○의 주장은 이유가 없으며, 원고들에게 건물을 철거하고, 토지를 인도할 의무가 있다고 판시하였다.

2) 유치권 부존재 및 부적법한 유치권 주장에 대한 법원의 판단
이 사건 경매 절차에서 피고 태○씨앤씨, 채창○는 위 각 공사계약에 기한 공사대금채권을 피담보채권으로 하여 각 유치권 신고를 하였다. 우리측에서는 피고 태○씨앤씨, 채창○는 이 사건의 토지 및 건물의 적법한 유치권자가 아니며 이 사건 건물에 관한 유치권 또한 존재하지 아니함을 확인해 달라고 피력하였다.
재판부의 판단은 이러했다. 원고들은 이 사건 건물의 소유자가 아니므로 피고 태○씨앤씨, 채창○가 이 사건 건물의 유치권자라고 주장하면서 이 사건 건물을 점유하고 있다고 하더라도 원고들의 법적 지위에 어떠한 불안과 위험이 발생하였다고 볼 수 없다는 것이다. 또한, 이 사건 건물의 부지인 토지는 이 사건 건물의 소유자인 피고 우지○만이 점유하고 있으며, 피고 태○씨앤씨와 채창○는 이 사건 건물에 관한 공사대금채권에 기하여 유치권 신고를 한 점은 토지소유자인 원고들에게 특별히 불리한 점이 없으며, 토지에 대한 유치권도 인정되지 않는 것으로 판단했다. 원고들로서는 피고 우지○에 대하여는 이 사건 건물의 철거 및 그 부지의 인도를 구하고, 피고 주식회사 태○씨앤씨, 채창○에 대하여는 이 사건 건물에서의 퇴거를 구하는 것이 원고들의 이 사건 토지에 대한 소유권의 방해를 제거하는 데 가장 유효하고 적절한 수단이라고 판시하며 유치권 자체를 부정하는 의견을 내비쳤다.

3) 부당이득 반환청구에 대한 법원의 판단

재판부는 피고 우지○가 건물을 소유하면서 아무런 권원 없이 토지를 점유·사용함으로써 임료 상당의 사용이익을 얻고 이로 인하여 토지 소유자인 원고들에게 상당한 손해를 가하고 있다고 봤다. 한편 임료 감정 결과에 의하면, 이 토지에 대하여 2014. 8. 28.부터 2015. 7. 27.까지 11개월분 임료는 27,026,040원인 사실을 인정할 수 있고, 2015. 7. 27. 이후의 본 토지에 대한 임료도 같은 금액일 것으로 추인되므로, 피고는 원고들에게 토지의 소유권을 취득한 2014. 8. 28.부터 토지의 인도를 완료하는 날까지 토지의 임료 상당액인 월 1,280,733원(27,026,040원×120.78㎡/231.7㎡÷11개월)을 원고의 지분 비율에 따라 계산하여 금원을 지급할 의무가 있다고 판시하였다. 부당이득 반환청구도 받아들여진 것이다.

입찰을 위해 현장조사할 때의 예상대로 건물 철거소송과 유치권 배제 및 임료 상당의 부당이득 청구에 대한 우리측의 법적 판단이 정확히 맞았다. 법적인 문제가 말끔히 정리되었으니 위치 좋은 토지를 매수희망자에게 매각하는 것은 쉬웠다. 본 사례는 매각가 9억 8천만 원에 매도하였다.

| 매각결산 및 배당금 지급모임 모습

03

법정지상권이
성립되지 않는 건물
공짜로 인수하기

본 물건은 법정지상권의 끝판왕이라 할 수 있는 내용이다. 건물이 있는
상태에서 토지만 경매로 나왔고, 토지를 낙찰받은 후 법정지상권이 성립되
지 않는 건물을 어떻게 정리할 것인지를 살펴보자. 금천구의 중심 지역인
독산동에 나온 경매사건으로 건축 막바지 중인 건물은 매각에서 제외되
고 토지만 경매로 나온 물건이다. 토지의 감정가격을 보면 6억 8천6백7십4
만 8천 원으로 경매된 토지면적 46평을 계산해보면 약 1,490만 원꼴이다.

사건번호 : 2017 타경 8965
소재지 : 서울특별시 금천구 독산동 965-24
특수권리 관계 : 토지만 매각+법정지상권

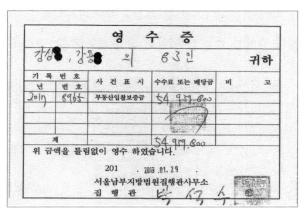

| 강성O 외 84명이 공동으로 낙찰받은 영수증

| 낙찰 물건 사건 기본내역

여기서 눈여겨봐야 할 부분은 감정평가서에서도 알 수 있듯 2017년 9월에 조사된 감정가격이라는 것이다. 입찰일이 2019년임을 감안할 때 감정

구분		소재지	층별 및 용도	구조 / 토지이용계획	면적	감정가격(단가)	기타
토지	1	독산동 965-24 (목록 : 1)	대지	도시지역,2종일반주거지역(7층이하),가축사육제한구역,교육환경보호구역(남부교육청예빈드시확인요망),대공방어협조구역(위탁고도194m),정비구역(2017-05-04)(독산2주택재건축정비구역),과밀억제권역,장애물제한표면구역(진입표면구역)	151.6㎡ (45.86평)	686,748,000원 (4,530,000원)	◎ 나지상태
부동산 현황		*현장에 임한 바 이 사건 토지는 나대지 상태임(사진참조)					
물건비고		1. 이 사건 감정평가 당시 나지였으나, 소유자 박성원이 이 사건 토지 위에 지상권자인 대전 YMCA신용협동조합의 지상권행사 승인 및 금천구청의 건축허가를 얻어 5층 건물 다세대주택을 신축하여 완공 전이라고 진술(소유자의 2018. 8. 16.자 경매물건의 지상권등 하자에 대한 이의신청서 참조)					
기타		▪ 본건은 서울특별시 금천구 독산동 소재 '문성초등학교' 북동측 인근에 위치하며, 주위는 단독주택 및 다세대주택, 아파트, 주상용건물 등이 소재하는 지대로서 제반 주위환경은 무난한 편임. ▪ 본건이 소재한 토지까지 차량 출입이 가능하며, 인근 간선도로변에 노선버스정류장이 소재하고 있는 바 제반 대중교통여건은 보통시 됨. ▪ 본건 토지는 사다리형의 토지로서, 나지 상태임. ▪ 본건 토지의 북서측으로 노폭 약 6미터의 포장도로와 접하며, 이 도로를 통하여 인근의 간선도로와 연결되는 등 도로의 폭과 구조, 상태는 보통임.					

| 본 사건에 대한 감정평가 현황 상세내역

감정평가액	一金육억팔천육백칠십사만팔천원整 (₩686,748,000.-)					
의 뢰 인	서울남부지방법원 사법보좌관 김진남		감정평가목적		법원경매	
채 무 자			제 출 처		경매5계	
소유자 (대상업체명)	박성✱✱ (2017타경8965)		기 준 가 치		시장가치	
			감정평가조건		-	
목록 표시근거	귀 제시목록		기 준 시 점	조 사 기 간		작 성 일
			2017.09.25	2017.09.21~2017.09.25		2017.09.27
감정평가	공 부 (의 뢰)		사 정		감 정 평 가 액	
	종 류	면적(㎡) 또는 수량	종 류	면적(㎡) 또는 수량	단 가	금 액
	토지	151.6	토지	151.6	4,530,000	686,748,000
		이		하		
			여		백	

| 본 사건에 대한 감정평가서

평가 시점과 기간차이도 많이 나고 최근 몇 년 동안 부동산 가격이 상승 국면이었던 점. 더욱이 독산동 일대는 각종 개발계획의 발표와 진행으로 가격 오름세가 지속되고 있는 상황 등을 따져볼 때 확실히 저평가된 가격이다. 85명이 공동 입찰에 참여하여 좋은 가격에 낙찰받았다.

　서울시 금천구는 그동안 '서울의 변방 지역'이라는 이미지와 더불어 도시 경관심의지구 및 준공업지역 등으로 인해 각종 개발규제가 많아 지역 발전이 유독 더딘 지역 중에 하나였다. 하지만 최근엔 신안산선 철도사업 추진, 금천구청역사 복합개발 사업, 대형 종합병원 설립추진, 공군부대 이전추진 등 각종 개발사업에 속도감을 내기 시작했다. 특히, 부동산 투자에서 가장 중요하게 생각하는 것이 교통 인프라를 꼽을 수 있는데, 시흥대로

| 신안산선 철도사업 노선도

지하를 활용해 건설 예정인 신안산선 철도사업은 지하 60m 깊이에 들어서는 노선으로 안산, 시흥시와 서울 여의도를 연결할 예정으로 2024년 준공을 목표로 진행 중이다.

국토교통부는 2019년 9월 안산시청에서 신안산선 복선전철 건설사업 착공식을 개최했고, 이외에도 입찰 당시 '서부간선도로 지하화' 사업도 한창 진행 중이었으며, 난곡 경전철 금천구청역 연장사업추진 그리고 인천지하철 2호선 신 독산역 연장사업 등의 개발계획도 준비 중에 있다. 이렇게 되면 25개 서울시 자치구 중에서 철도시설이 가장 열악했던 모습에서 완전히 탈바꿈하게 되어 부동산가격 상승도 당연히 기대해 볼 수 있을 것이다.

특히, 본 건은 신안산선의 착공이 예정되어 있는 신 독산역과는 직선거리 700m, 구로디지털단지역과는 직선거리 1km의 접근성을 가지고 있다. 또한 물건지로부터 구로디지털단지까지는 버스 한 정거장으로 이동이 가능하고, 신 독산역 예정지까지는 시흥대로를 따라 연결되는 우수한 입지

| 본 물건지 현장모습

라 할 수 있다.

현장 조사를 위해 본 건을 방문했을 때 이미 사진에서 보는 것처럼 5층 짜리 다세대 건물이 완공을 눈앞에 두고 공사가 진행되고 있었다. 외부를 둘러보니 깔끔하게 공사된 외부 모습에서 한눈에 봐도 잘 지어진 건물임이 틀림없다고 느낄 수 있었다. 내부로 들어가 보았다. 내부 마감재는 물론 엘리베이터 설치까지 최근 트랜드에 맞게 세세한 부분까지 신경을 쓴 흔적들을 곳곳에서 확인할 수 있었다. 이제 건물 공사는 페인트 공사 정도만 하면 마무리되는 상황처럼 보였다. 공정율 약 98%. 거의 완공 준비가 끝났다고 해도 무리가 없을 정도의 공정율이다. 이런 상황에서 건물을 제외하고 토지만 경매되었고 그 토지를 우리 팀이 낙찰받은 것이다.

이 건물이 토지 위에 안전하게 그리고 물리적으로 존치되기 위해선 건물소유자에게 법정지상권이라는 권리가 인정되어야만 가능하다. 토지가 저당권 실행에 의한 임의경매로 진행되었으니, 민법 366조에서 정하고 있는 법정지상권의 성립요건에 부합해야만 건물이 철거를 당하지 않고 존치가 될 수 있다.

본 물건의 경우 감정평가액 결정 의견처럼 2016년 근저당 설정 당시에는 토지 위에 건물이 없는 나대지(주거나지) 상태였다. 이는 감정평가가 진행될 당시인 2017년 감정평가서의 대상부동산의 개황과 현장 사진을 통해 충분히 확인이 가능하다. 따라서, 2017년 이후 건축이 진행되고 있는 본 사건의 토지 위의 건물을 위한 법정지상권은 성립될 여지가 없게 되는 것이다. 저당권 설정 당시에 건물이 존재하고 있어야 한다는 성립요건에 부

	기호	소재지	지목	면적 (㎡)	용도지역	이용 상황	도로 교통	형상 지세	개별공시지가 (2017년,원/㎡)
토지	1	금천구 독산동 965-24	대	151.6	2종일주	주상 나지	세로 (가)	사다리 평 지	2,744,000

| 2017년 감정평가서상의 대상 부동산의 개황 및 현장 사진

합하지 않기 때문이다.

　본 토지를 낙찰받은 후 건물 철거 및 토지 인도 소송과 임료 상당액의 부당이득반환 소송을 진행하여, 사건번호 서울중앙지방법원 2019 가단 5187820 건물 등 철거소송을 통해 확정판결을 받은 상태다. 앞으로 경우에 따라서 불법적인 부분이 있다면 손해배상 청구도 함께 진행할 예정이며, 앞으로 적극적이고 전방위적으로 토지소유권을 행사할 계획이다.

　이후에는 이 판결에 기한 건물에 대한 강제경매를 동시에 진행하고 있으며, 최대한 저렴한 가격(낙찰가격이 임료 상당액을 충당할 만큼의 채권 발생 시 상계 처리로 추가금 없이 건물인수)에 토지 위의 건축물을 취득하는 방향으로 사건을 처리할 예정이다. 그렇게 되면, 거의 공짜나 마찬가지로 건물을 인수하게 되고 토지와 건물소유자가 같아지게 되어 임대사업 운영 또는 통매각 절차를 진행할 수 있게 된다.

　우선, 법정지상권이 성립하는 경우와 그렇지 않은 경우로 나눠 볼 수 있다. 건물에 대한 법정지상권이 성립하게 되면 건물소유자가 건물 사용을 할 수 있도록 토지소유자는 수인(인정)해야 한다. 토지 위에 존재하는 건물의 종류에 따라 토지상의 견고한 건물 및 수목일 경우는 30년, 목조건물 및 기타의 건물인 경우는 15년의 존속기간을 인정해 주고 있고, 대신 토지소유자에게는 지료청구의 권리가 발생하게 된다. 지료는 당사자 합의가 원칙이지만 합의 불성립 시 법원에 지료청구의 소를 제기하여 판결로서 결정할 수 있다. 또한, 존속기간이 지나 지상권이 소멸한 경우에는 건물 기타 수목 등이 현존한 때에는 지상권자는 계약의 갱신을 청구할 수 있다. 이때 만일 토지소유자가 응하지 않게 되면 지상권자 즉, 건물소유자는 상당한 가액으로 지상물의 매수를 청구할 수 있다.

따라서, 법정지상권이 성립하게 되면 그만큼 토지 사용에 제약이 따르게 되어 실질적으로 토지를 낙찰받는 실익이 없어지게 되므로 유찰률이 높게 된다. 그런데 만일, 지역이 좋고 위치가 좋은 우량한 물건이라면 실무상에서는 법정지상권이 성립되는 물건도 적극 공략한다.

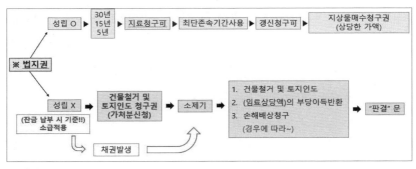

| 법정지상권 처리 도식도

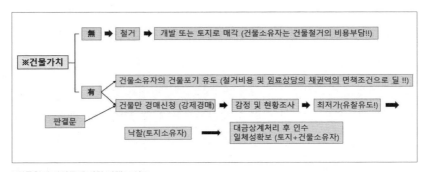

| 건물철거 판결문에 기한 진행 도식도

법정지상권이 성립될 경우 '토지소유자가 토지 사용의 제약'이라는 결정적 이유로 입찰을 꺼리기 때문에 경쟁이 약하고 유찰률이 높아 저렴하게 낙찰의 기회를 잡을 수도 있다. 법정지상권이 성립되는 토지를 경매로 낙찰받게 되면 건물소유자인 지상권자는 토지소유자에게 토지사용료 즉, 지료를 내야 하므로 법정지상권이 성립하는 물건을 낙찰받은 후 지료청구 소송을 제기하여 지료를 청구하면 농지, 주거지, 상업지 등 물건의 종별과 위치에 따라 다르지만 감정가의 적게는 3~4%, 많게는 6~8%의 고정적인 토지사용료의 수익 창출이 가능하다. 이점이 메리트가 있는 것이다. 또, 만일 지상권자(건물소유자)가 2년 이상의 지료를 지급하지 않을 때에는 지상권 설정자(토지소유자)는 지상권 소멸을 청구할 수도 있다(민법 제287조). 따라서, 토지사용료에 대한 수익분석 후 고정적이고 안정적이면서 고수익이 나온다면 법정지상권이 성립하는 물건도 응찰을 노려볼 수 있는 것이다.

이와는 반대로 법정지상권이 성립하지 않을 때는 토지를 낙찰받은 토지소유자에게는 엄청난 힘이 실리게 된다. 즉, 건물철거 및 토지 인도 청구권을 피보전 권리로 하는 가처분을 신청과 건물철거 및 토지 인도 청구 소송을 제기 후 확정판결을 받게 되면, 그때부터 토지소유자는 엄청난 권리행사가 가능하게 되는 것이다. 즉, 건물철거를 집행하거나 명도 후, 건물을 경매신청 할 수도 있다.

일단, '건물을 어떻게 처리할 것인가'에 대한 전략을 잘 짜야 한다. 경우의 수는 두 가지이다. 낙찰받은 토지 위에 존재하고 있는 건물이 건물로서의 가치가 없다고 판단되는 경우와 건물로서의 가치가 있다고 판단되는 경우로 나눠볼 수 있다. 건물로서 가치가 없다고 판단되면 건물소유자의 건물을 철거시키고, 나대지 상태로 만들어 토지를 개발하거나 매각 또는 임대하는 등 이후의 상황을 도모할 수 있다. 이때 건물철거에 사용되는 비용도 건물소유자가 부담하도록 되어 있다.

반대로, 건물이 가치가 있는 경우라면 다시 두 가지 전략으로 판단할 수 있다. 우선 건물소유자가 부담해야 할 건물철거 비용과 토지 낙찰 이후 그동안 연체되어 쌓인 임료 상당액의 채권을 면책시켜주는 조건으로 건물 포기를 유도할 수 있다. 건물소유자와 딜을 하는 것이다. 이렇게 딜을 하는 과정 중에 약간의 건물 인수 비용이 발생한다고 하더라도 건물의 인수를 적극적으로 진행하는 것을 추천한다. 그래야 시간도 절약하면서 사건을 조기에 마무리할 수 있어, 토지 건물 모두에 대한 소유권 행사도 가능해지기 때문이다.

이 경우 반대로, 끝까지 건물소유자가 비협조적으로 나온다면 확정판결에 기해 건물에 대하여 강제경매를 신청하여 여러 차례 유찰시킨 후, 직접 토지소유자가 입찰에 참여해 저가 낙찰받아 건물과 토지에 대한 소유권을 모두 확보하여 마무리하면 된다. 이때, 건물만 매각으로 경매에 나오게 되고, 그 건물에는 이미 건물철거 및 토지 인도 청구권이 붙은 가처분 신청이 되어 있으므로 누구도 입찰에 참여할 수 없게 된다. 철거당할 건물을 굳이 자기 돈을 들여 입찰할 사람은 없으니까. 오로지 토지소유자만 건물을 입찰하는 구조가 되기 때문에 손 안 대고 코 풀기식으로 건물을 거의 공짜 수준으로 가져올 수 있게 된다.

낙찰받고 건물철거소송과 부당이득반환 청구 등을 거쳐 사건이 해결될 때까지 몇 년의 기간이 소요될 수도 있는데 그 기간을 어떻게 기다리느냐고 말하는 사람도 있다. 그런 사람에게 이렇게 답해주고 싶다.

첫째, 좋은 지역에 투자하기 때문에 사건 해결의 기간 동안 좀 더 가격 상승효과는 높을 것이며, 둘째, 일반적이고 평이한 물건에 비해 그만큼의 수익이 기다리고 있으며, 셋째, 그 정도의 기간이 지나야 양도세와 같은 세금 부분에서도 유리하며, 넷째, 소액으로 만기 적금을 든다는 편안한 마인드로 투자하며, 경험할 수 있는 것이다.

경매정보지 등을 보게 되면 '법정지상권 성립 여부(가능성) 있음'으로 표기해 놓은 경우를 보게 된다. '법정지상권의 성립 여부(가능성) 있음'이란 말 그대로 법정지상권이 성립할 수도 있고, 그렇지 않을 수도 있다는 것을 의미한다. 따라서 이런 경우 현장과 서류 등을 철저히 조사한 후, 계획을 세워 입찰해야 할 것이다. 그러나 보통의 경우는 '법정지상권의 성립 여부(가능성) 있음' 이란 문구가 있게 되면 실체적인 성립 여부를 따지지 않고, 쉽게 포기하는 경향이 많은 것이 사실이다. 그래서 투자의 틈새가 존재하게 되는 것이다.

〈독산동 사건의 법률상 쟁점사항 요약정리〉

사건번호 : 중앙지법 2019 가단 5187820 건물 등 철거
원고:투자 클럽 회원 강성O 외 84명
피고:박성O

○ 이 사건 토지 위에 박성O이 신축 중이던 미등기 건물이 존재하여 이 건물의 철거 및 토지인도, 부당이득반환을 청구한 사건.
○ 송달이 되지 아니하여 공시송달로 판결한 사건.
○ 소송 당시 건축주를 특정하기 위해 구청에 사실조회를 통하여 건축주를 확인하여 피고를 명확히 함.
○ 미등기 건물도 철거 판결의 대상이 되고, 특별한 사정이 없으면 건축허가 신청서상의 건축주가 건물의 소유자가 된다. 따라서 민법 214조 소유권에 기한 방해배제 청구에 의해 피고 박성O은 건물철거 및 토지 인도 의무, 부당이득반환 의무가 있다고 판시한 사건.

다음은 독산동 사건에 대한 판결문(중앙지법 2019가단5187820 건물 등 철거) 전문이다. 법정지상권의 법리를 이해하고 꼼꼼하게 내용을 살펴보면, 아주 훌륭한 공부가 될 것이라 기대해 본다.

서울중앙지방법원

판   결

사   건   2019 가단 5187820 건물 등 철거

주   문
1. 피고는 원고들(강성○외 84명)에게,

가. 별지 1 부동산 표시 기재 부동산 지상에 있는 별지 도면 표시
10,11,12,13,14,15,16,17,18,19,10의 각 점을 연결한 선내 'ㄱ'부분
(건물 1층 70.2㎡), 별지 도면 표시 6,7,13,14,8,9,6의 각 점을 연결한
'ㄴ'부분(건물 2층 95.7㎡)을 철거하고, 위 'ㄱ, ㄴ'부분의 토지를 인
도하고,

나. 별지 2 '공유지분 및 공유지분별 월임료·기발생 임료액'표 중 원
고별 '기발생 임료 상당액'란 기재 각 돈 및 위 각 돈에 대하여 2020.
2. 21.부터 2020. 5. 13.까
지는 연 5%의, 그 다음 날부터 다 갚는 날까지는 연 12%의 각 비율에
의한 돈을 각 지급하고,

다. 2020. 2. 21.부터 위 가.항 기재 토지의 인도완료일까지 매월 별지
2 '공유지분 및 공유지분별 월임료·기발생 임료액'표 중 원고별 '지
분별 월임료'란 기재 각 돈의 비율에 의한 돈을 각 지급하라.

2. 소송비용은 피고가 부담한다.

3. 제1, 2항은 가집행할 수 있다.

청 구 원 인

1. 원고들의 소유권 취득
강성O외 84명의 원고들은 서울남부지방법원 2017타경8965 임의경매를 통해 '서울 금천구 독산동 965-24'(이하 '이 사건 토지'라 합니다)의 소유권을 2019. 2. 21. 취득하였습니다. (갑 제1호증 토지 등기부 등본 참조).

2. 이 사건 토지 위에 위치한 피고 소유의 미등기건물
이 사건 토지 지상의 미등기건물(이하 '이 사건 건물'이라 합니다)이 존재하고 있는데 2020. 1. 29.자 금천구청의 사실조회 회신서에 의하면 이 사건 건물의 건축주는 피고로 확인되었는바, 이 사건 건물의 소유자는 피고라 할 것입니다.

3. 피고의 건물철거 의무 및 토지인도 의무 발생

가. 원고들의 소유권 침해
이 사건 토지에 대하여 소유권을 가지고 있는 원고들(강성O외 84명)로서는 피고의 건물로 인하여 토지의 사용수익이 방해받고 있습니다.

나. 피고의 건물철거 및 이 사건 토지의 인도 의무 부담
원고는 민법 제214조 방해제거청구에 의거하여 이 사건 건물을 철거할 것을 피고에게 요청하는 바입니다. 따라서 이 사건 건물의 소유자인 피고는 이 사건 토지 지상에 건축된 이 사건 건물을 철거하고 토지를 원상회복하여 원고에게 인도하여야 할 의무를 부담한다고 할 것입니다.

4. 피고의 부당이득

가. 부당이득의 발생
피고는 법률상 원인 없이 이 사건 토지를 사용하고 있으므로 임료 상당액의 부당이득을 취하고 있습니다.

나. 감정평가상 임료

구분	임대료 산정기간	기초가액(원) (A)	기대이율 (B)	적산임료(원) (C)=A×B	면적(㎡) (D)	㎡당 임료(원) (E)=(C)÷(D)
1	2019.02.21. ~ 2020.02.20.	735,260,000	4.0%	29,410,400	151.6	194,000

감정평가 결과에 따르면 이 사건 토지의 ㎡당 임료는 194,000원임을 확인할 수 있습니다. 피고 소유의 이 사건 건물의 면적은 측량감정 결과에 따르면 95.7㎡이므로 기발생 임료 상당 부당이득액은 18,565,800원(194,000×95.7)이라 하겠습니다.

다. 원고들의 지분에 따른 기발생 임료 상당 부당이득액의 청구
위 기발생 임료 상당 부당이득액 18,565,800원은 공유지분 전체를 기준으로 한 것이기에 원고들(강성O외 84명)의 지분에 따라 받을 원고 각자의 부당이득액을 산정해야 합니다.

라. 2020. 2. 21. 이후 원고 지분별 월임료 상당 부당이득액
위에서 살펴본 바와 같이 이 사건 건물에 대한 1년간(2019. 2. 21.~2020. 2. 20.)의 기발생 임료 상당 부당이득액은 18,565,800원(194,000×95.7)이었으므로 2020. 2. 21. 이후의 월임료 상당 부당이득액은 1,547,150원(18,565,800/12)입니다. 위 금액은 원고들 전체 지분에 대한 것이므로 원고들(강성O외 84명)의 지분에 따른 각자의 부당이득액을 산정해야 합니다.

5. 결론
피고는 이 사건 토지 위에 있는 이 사건 건물을 철거하고 이 사건 토지를 원고들(강성O외 84명)에게 인도하여야 할 것이고, 건물을 철거하여 원고들에게 인도시까지의 임료 상당액의 부당이득을 반환하여야 할 것입니다.

04

지분경매로
투자의 틈새를 열다

　서울시 강남구 개포동 1228에 소재한 본 건물은 지상 6층, 지하 2층으로 건축된 근린시설 건물로 소유자 총 9명이 공동소유하고 있었다. 그 중, 옥성○의 지분(7.41%)이 경매로 나왔으며, 해당 지분의 감정가가 364,954,080원으로 경매된 사건이다. 1회 유찰된 후, 투자자 40명이 옥성○의 지분(7.41%)을 공동 입찰하여 292,300,000원에 낙찰받았다.

　사건번호 : 2013 타경 27061
　소재지 : 서울시 강남구 개포동 1228
　특수권리 관계 : 지분경매

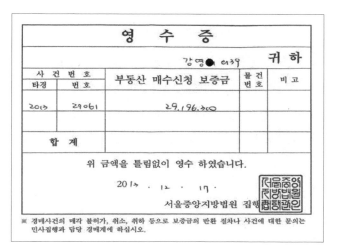

| 강영○ 외 39명이 공동으로 낙찰받은 영수증

| 낙찰 물건 사건 기본내역

편의상 투자 금액을 1/40로 나누면 1인당 약 730만 원 정도 투자된 셈이다. 10%도 안 되는 공유 지분을 다시 40명이 공동 입찰로 입찰한 것이다. 즉 지분 속에 지분, 이 사건은 토지와 건물 전체 100% 지분 중, 고작 7.41%의 적은 지분이다. 이렇게 적은 지분으로 무엇을 하겠나 싶겠지만, 이 경우가 바로 꼬리가 몸통을 흔들 수 있는 무기가 되는 전형적인 지분경매 사건이라 하겠다.

이런 부류의 물건(소수의 지분)을 낙찰받게 되면, 대부분 다른 공유자와 임차인들은 지분이 작다는 이유로 낙찰자를 무시하거나, 연락을 피하는 등의 비협조적인 모습이 다반사다. 늘 있는 일이니, 그러려니 하고 해결 과정의 일종의 한 단계로 봐야 한다. 그렇기 때문에 적은 지분을 낙찰 받을수록 처음부터 내용증명과 소송을 통해 강경하게 밀고 나가는 전략이 필수적이라 하겠다. 이 경우 상대방 측은 지분이 적음을 이유로 민법상 권리남용에 해당 한다는 입장을 간혹 취하기도 한다. 하지만, 권리남용에 해당하려면 주관적으로 그 권리행사의 목적이 오직 상대방에게 고통을 주고 손해를 입히려는 목적만 있고, 행사하는 사람에게 어떠한 이익도 없는 경우여야 하므로 그 주장은 대부분 받아들여지지 않는다.

본 물건을 낙찰받은 이후부터 최종 매각해서 마무리하기까지 본 사건에 대한 스토리를 대략 정리하면 다음과 같다.

본 건물은 개포동에 위치하는 상업용 건물로서 노래방, 의류점, 병원, 사무실 등이 임차하여 사용하고 있었다.

부동산 현황	1)본건 부동산은 지하1~2층, 지상1~6층 구조의 건물임. 2)본건 부동산 지하2층(주차장), 지하1층(노래방), 지상1층(의류매장), 지상2층~6층(근린 생활시설) 등으로 사용함. 3)본건 부동산(지하1층, 지상1~4층, 지상6층 별지기재와 같이 임차인들이 점유사용하고 있다고 함.(각층 임차인들과 면 담)

낙찰받은 이후, 다른 공유자들과 임차인들에게 내용증명 발송 및 현장 방문을 통해 정확한 임대차 관계를 파악하였다. 임대차 관계 조사를 마치고, 향후 새롭게 발생하는 임대료에 대하여 우리 몫에 대해 임대료 청구를 하였으나 불응하여, 정식적으로 부당이득반환 소송을 통해 임대료 청구하였다. 이어서, 형식적 경매를 염두에 두고, 공유물 분할소송을 진행하여 확

| 사건번호 2013 타경 27061 매각 후 배당 사진

정판결까지 받았다. 공유물 분할 청구가 왜 필요한지는 뒤에서 소송자료들을 통해 설명하겠다. 공유물분할에 대한 확정판결을 받은 이후, 빠른 정리를 위해 토지와 건물 전체에 대해 형식적 경매와 함께 일반매매를 진행 시켰다. 이후 87억 원에 매수 제의가 있어 일반 매매계약을 진행했다.

낙찰가 : 292,300,000원
전체(건물과 토지) 매각금액 : 8,700,000,000원
매각금액의 지분 : 644,444,444원(7.4%)
전체 임대소득 중 7.4% 지분에 해당하는 임대수익 : 82,277,709원

전체 매각대금에서 투자자 40명의 몫은 644,444,444원(지분 7.4%)이며, 지분매각 금액과 추가로 받은 우리 몫의 임대수익 82,277,709원까지 합하면 726,722,150원이 된다. 2억 원대 투자금으로 7억 원대의 수익을 본 셈이다. 이것이 지분경매의 매력이다.

0 5

지분경매 알수록
수익이 커진다

경매 물건을 살피다 보면 지분경매(또는 지분매각)라는 이름으로 등장하는 사건들이 있다. 유치권, 법정지상권과 같이 특수물건의 영역으로, 이른바 선수들만 취급할 수 있는 물건으로 초보자들은 접근하기 꺼리는 분야로 인식되어 있다. 즉, 지분경매란 경매에 나온 물건이 아파트이든 토지이든 또는 본 사건처럼 대형 근린건물이든 간에 2명 이상이 공동소유의 형태로 자기 지분비율만큼 소유하고 있다가 공유자 중 1인이 어떤 사유로 인하여 그가 가지고 있는 지분이 경매되는 것을 말한다.

1. 공유지분의 소유권 및 권리행사

지분경매를 이해하기 위한 민법적 기본내용은 다음과 같다. 우선, 소유권의 형태에 대해 이해하자. 소유의 형태는 단독 소유와 공동 소유의 형태로 나뉘게 된다. 단독 소유란 말 그대로 하나의 물건을 혼자서 소유하는 형태를 말하고, 공동 소유란 하나의 물건을 2인 이상이 소유하는 것을 말한다.

공동 소유의 형태는 공유, 총유, 합유 3가지로 구분되고 이중 부동산경매에서 가장 많이 등장하는 형태가 '공유'인 것이다. 이때 공동 소유의 내용에서 공유 지분이란 내용이 등장한다. 공유 지분이란 공유물에 대한 각 공유자의 권리, 즉, '공유물에 대한 소유 비율'을 말한다. 공유자는 비율에 대하여 다른 공유자와 협의하여 비율을 정할 수 있고, 만일 비율을 등기하지 않고 공유 등기만 되어 있는 경우에는 민법상 균등한 것으로 추정한다(민법 262조). 공유에서 공유자 각자가 가지는 '지분'은 단독 소유권과 같은 성질을 가지고 있기 때문에 '지분 처분의 자유'와 '공유물분할의 자유'가 인정되고 있다. 따라서, 공유 지분 또한 하나의 소유권과 같은 성질을 가지므로 소유권이 가지는 사용, 수익, 처분하는 권리능력을 갖게 되는 것이다. 각 공유자는 그 지분을 자유로이 처분할 수 있고, 공유물 전부를 자기 지분의 비율로 사용·수익 할 수 있다(민법 263조).

공유자는 다른 공유자의 동의 없이 단독으로 자기 지분을 양도하거나 담보로 제공하는 등의 행위를 자유롭게 할 수 있기 때문에 공유자 중 1인이 경제적 문제가 발생하면 지분경매는 필연적일 수밖에 없다. 공유자 사이에 지분을 처분하지 않겠다는 특약을 한 경우라도 이는 약정을 한 당사자 사이의 채권적 효력밖에 없다. 또한, 자기만의 지분에 전세권, 지상권 등의 용익물권이나 임차권 등을 설정하는 것도 일물일권주의에 위반하기 때

공유물에 대한 지분의 권리행사
1. 처분행위 : 공유물 전체에 대한 처분행위 - 공유자 전원(100%)협의에 의해 결정
　　　　　※자기 지분에 대한 처분은 자유(양도, 담보제공 등)
2. 관리행위 : 지분의 과반수로 결정
3. 사용·수익 : 지분의 비율
4. 보존행위 : 공유자 각자 가능

〈공유 지분 관련 민법 조문〉

제262조(물건의 공유)
① 물건이 지분에 의하여 수인의 소유로 된 때에는 공유로 한다.
② 공유자의 지분은 균등한 것으로 추정한다.
제263조(공유지분의 처분과 공유물의 사용, 수익)
공유자는 그 지분을 처분할 수 있고 공유물 전부를 지분의 비율로 사용, 수익할 수 있다.
제264조(공유물의 처분, 변경)
공유자는 다른 공유자의 동의 없이 공유물을 처분하거나 변경하지 못한다.
제265조(공유물의 관리, 보존)
공유물의 관리에 관한 사항은 공유자 지분의 과반수로써 결정한다.
그러나 보존행위는 각자가 할 수 있다.

2. 공유 지분은 어떻게 발생할까?

실무에서 공유지분이 발생하는 경우는 크게 3가지 정도로 요약된다.

첫째, 상속에 의한 경우

부모님 모두 또는 한 분이 사망하면서 나머지 배우자 또는 형제자매에게 상속되는 경우이다.

등기사항전부증명서의 갑구 소유권에 관한 사항란을 살펴보면 성씨와 돌림자가 같아 중복되는 경우가 많다. 이때 등기부에 나와 있는 나이와 주소지 등을 파악하여 나머지 공유자들의 경제력과 입찰 가능성 더 나아가 공유자 우선 매수신청 가능성 등을 종합적으로 파악하여 입찰전략을 짜야 한다.

둘째, 부부가 공동명의로 있는 경우

이런 경우는 대체로 아파트와 같은 주거용부동산에 많은 사례다. 최근 들어 양도세 등을 절세하기 위해 부부가 공동명의로 하는 경우가 상당히 많아졌다. 상대적으로 좋은 지역의 주거용부동산인 경우도 많아지고 있기 때문에 부부 공동명의가 늘어날수록 우량한 지역의 부부의 공유 지분경매 사건들도 늘어날 확률이 높아지는 것은 당연한 이치다. 투자자 입장에서 보면 투자환경이 나아지게 되니 유리하다.

주거용 공유 지분을 낙찰받게 되면 그 부동산을 전체 점유하고 있는 자가 다른 공유자라면 즉, 아파트에 거주 중인 부부 공동명의 중 한 명의 지분이 낙찰되고 나머지 공유자가 해당 아파트를 전부 점유해서 사용하고 있다면 내가 낙찰받은 지분의 비율만큼 부당이득을 취하게 되는 상황이 되고 나머지 공유자는 부당이득금을 반환해야 할 의무를 부담하게 된다.

쉽게 말해, 내가 가진 지분의 비율만큼 무단으로 사용하고 있으니 그에 맞는 사용료(임료 상당액)를 내야 한다는 뜻이다. 앞선 개포동 사례에서도 건물에 대한 임대료 수익을 기존의 공유자들이 챙긴다면 이 또한 부당이득이 되는 원리와 같다. 다시 말해, 모든 공유자는 공유물 전체에 대하여 자기 지분의 비율로 사용수익 할 권리가 있기 때문에 기존 공유자와의 합의가 있었든 없었든 관계없이(사용수익을 하지 않고 있는 다른 공유자들에 대해) 타 공유자의 지분에 해당하는 만큼의 부당이득을 보고 있는 것이 된다. 다른 공유자가 자기 지분을 초과하는 비율에 대해서 부당이득을 보게 되는 것이므로, 그 부당이득 부분에 대해서 청구가 가능한 것이다.

만일, 경매 절차에서 공유지분을 낙찰받은 이후, 상대방 공유자와 몇 차례 접촉을 통해 임료 청구를 함에도 불구하고 상대방 공유자 측에서 어떤 응대도 없이 지속해서 소수의 지분이라고 무시한다면 바로 내용증명을 보내고, 부당이득금 반환 청구 소송을 제기하여 강력히 대응하면 된다. 이때 혹시 모를 상황을 대비하기 위해(소장을 접수한 후 소장접수증명원을 발급받아) 보전처분 절차인 가압류 절차를 진행해 놓으면 선제적으로 담보를 묶어두는 효과가 있어 만약을 대비할 수 있다.

판결이 난 이후에도 임료 상당액에 대하여 계속 지급이 없다면, 판결문에 기해 나머지 공유자의 지분에 대하여 강제경매신청을 진행하면 된다. 물건만 좋다면, 유찰된 후 입찰자가 발생하면 공유자우선매수권을 행사하여 아파트 전체에 대한 소유권을 취득하는 것으로 마무리할 수도 있고(공유자우선매수권'에 대하여 후술하도록 한다.), 이것이 여의치 않으면 타인이 입찰에 참여하게 두고 낙찰대금에서 자기의 지분만큼 배당을 받고 마무리하는 것도 방법이다

셋째, 지인 또는 친인척 등의 '관계에 의한' 경우

부동산을 취득하는 패러다임이 많이 변했음을 느끼는 경우가 바로 '관

계에 의해' 공유지분을 취득하는 경우라 할 수 있다.

'관계에 의해' 공유지분을 가진 경우라 해도 공유자 중에서 1명이라도 경제적 사정이 어려우면 해당 지분이 경매시장에 나오게 된다.

3. 공유자우선매수권

아래 사례에서 보면 공유자 A씨는 감정가 2억이었던 다른 공유자의 지분을 홍길동 씨가 입찰한 가격 1억 원에 우선 매수 신고하여 권리를 취득하였다. 이것이 공유자 우선 매수 신고 행사의 전형적인 예라 할 수 있다.

장소 : ○○지방법원 경매법정

집행관 : 사건번호 2021 타경 ○○○○호 사건에 대해 개찰한 결과, 홍길동 씨가 1억 원에 입찰하여 최고가 매수신고인이 되었습니다(감정가 2억). 이 사건에 대하여 이의 없으면 사건을 종결합니다. 의사봉을 꽝 꽝 꽝! 내리치기 직전!

A 씨 : 집행관님!! 잠깐만요. 제가 이 사건의 공유자입니다. 공유자 우선 매수 신고하겠습니다.

집행관 : 아! 그래요? 신분증과 공유자임을 증명하는 서류 가지고, 법대 앞으로 나오세요.

A 씨 : 법대 앞으로 나가서 신분증, 공유자임을 입증할 수 있는 서류와 10%의 입찰보증금을 제출한다.

집행관 : 확인 결과(A씨가 진정한 공유자인지 신분증과 등기부등본 또는 등기필증 등을 대조 확인, 보증금 금액도 확인), 사건번호 2021 타경 ○○○○호 사건은 공유자 우선 매수신고를 하신 A씨가 최고가인 입찰금액 1억 원에 최고가 매수신고인이 되셨고, 홍길동 씨는 차순위매수신고 하시겠습니까?(홍길동 차순위매수신고인 지위 포기 의사를 밝히자) 이 사건을 종결합니다. 꽝 꽝 꽝!

공유자우선매수권은 다른 나라에는 없는 우리나라만의 독특한 제도이다. 공유자 우선매수제도를 만든 취지를 살펴보면 공유자는 공유물 전체를 이용·관리하는 데 있어서 다른 공유자와 협의하여야 하고, 그 밖에 다른 공유자와 상호 간의 인적인 유대관계를 유지할 필요가 있기 때문이다. 즉, 기존의 공유자들끼리는 어찌 되었든 학연, 혈연, 지연 등 이미 일정한 유대관계가 있는 사이로 묶여 있을 확률이 높다. 한마디로 말해 서로 아는 사이라는 뜻이다.

만약 공유자 누군가의 지분이 경매로 나왔다고 가정하면, 일면식도 없는 낯선 사람이 낙찰받게 되면 인적 유대관계가 없어 기존 공유자와의 관계는 어색해지고, 또 공유물 사용에 따른 의견도 대립하여 다툼이 발생하는 등 사회적 문제가 야기될 확률도 높아질 것이다. 이런 측면에서 경매가 진행될 때 새롭고 낯선 사람이 공유지분을 낙찰받아 공유자가 되는 것보다는 기존의 공유자에게 먼저 매수할 기회를 주는 것이 좀 더 합리적이고 사회경제적으로도 바람직하다는 것이 이 제도를 만든 입법 취지라 할 수 있다.

지분을 입찰하려는 투자자 입장에서는 '공유지분을 입찰하려고 시간과 비용을 들여 현장 조사까지 다 하고 경매법원까지 직접 가서 입찰을 했는데, 만일, 경매법정에서 다른 공유자가 나타나 우선매수권을 행사해서 낚아채 가면, 닭 쫓던 개 지붕 쳐다보는 격으로 괜히 시간 버리고 헛일하게 될 것이니 입찰을 안 하는 게 속 편하겠네' 이런 속내 이유로 대부분 입찰 경쟁률이 낮게 된다. 그런데 투자자 입장에서는 이 상황을 역발상 해 보면 투자의 틈새가 되는 것이다.

그 외에도 공유자가 경제적 상황이 좋지 않거나, 법률적 지식이 없는 경우, 또 공유자로서 욕심은 나지만 공유자 간에 관계가 불편해질 것을 염려하여 차마 우선매수권 행사를 못 하는 경우도 상당히 많다.

특히, 지역사회의 경우는 마을 사람들의 소문들도 꺼리기 때문에 공유자 우선 매수는 고사하고, 동네에 지분이 아닌 매각 물건이 나와도 입찰자체를 금기시하는 분위기도 있다.

실제 사례로 여주의 ○○ 지역에 경매로 나온 물건을 그 지역 사람이 입찰하고 싶었으나, 소문날 것을 두려워해 친척을 동원해 진행한 경우도 상당수 있었다.

4. 공유자 우선 매수 신고는 언제까지 할 수 있을까?

공유자 우선 매수 신고 행사 시기와 방법에 대해 실전 현장에서는 기술적으로 어떻게 활용하는지에 대해 알아보도록 하자.

민사집행법 140조 ①항에서는 '공유자는 매각기일까지 제113조에 따른 보증을 제공하고'라고 되어 있지만, 민사집행 규칙 76조에서는 '법 제140조 제1항의 규정에 따른 우선 매수의 신고는 집행관이 매각기일을 종결한다는 고지를 하기 전까지 할 수 있다.'라고 되어 있다.

따라서, 공유자는 경매법원의 집행관이 해당 사건을 마무리하기 전까지만 우선 매수 신고를 하면 되는 것이다.

정리하자면, 공유자는 누구라도 매각기일 전에 미리 집행관 또는 집행법원에 공유자로서 우선 매수를 신고할 수 있다. 단, 매수보증금을 매각기일 종결의 고지 전까지는 제공해야 한다.

따라서, 매각의 종결을 고지하기 전까지만 공유자우선매수권을 행사하면 되는 것이고, 또 그때까지 매수보증금을 제공하면 절차상 문제없이 처리된다는 의미다.

공유자가 공유자로서 우선 매수 신고를 한 경우 최고가매수신고인이 있다면 그 사람은 차순위매수신고인으로 보게 된다.

〈공유자의 우선매수권 조항〉 민사집행법 제140조
① 공유자는 매각기일까지 제113조에 따른 보증을 제공하고 최고 매수 신고가격과 같은 가격으로 채무자의 지분을 우선 매수하겠다는 신고를 할 수 있다.
② 제1항의 경우에 법원은 최고가 매수 신고가 있더라도 그 공유자에게 매각을 허가하여야 한다.
③ 여러 사람의 공유자가 우선 매수하겠다는 신고를 하고 제2항의 절차를 마친 때에는 특별한 협의가 없으면 공유지분의 비율에 따라 채무자의 지분을 매수하게 한다.
④ 제1항의 규정에 따라 공유자가 우선 매수 신고를 한 경우에는 최고가매수신고인을 제114조의 차순위매수신고인으로 본다.

〈공유자의 우선매수권 행사 절차 등〉 민사집행 규칙 제76조
① 법 제140조 제1항의 규정에 따른 우선 매수의 신고는 집행관이 매각기일을 종결한다는 고지를 하기 전까지 할 수 있다.
② 공유자가 법 제140조 제1항의 규정에 따른 신고를 했으나 다른 매수신고인이 없을 때는 최저매각가격을 법 제140조제1항의 최고가 매수 신고 가격으로 본다.
③ 최고가매수신고인을 법 제140조 제4항의 규정에 따라 차순위매수신고인으로 보게 되는 경우 그 매수신고인은 집행관이 매각기일을 종결한다는 고지를 하기 전까지 차순위매수신고인의 지위를 포기할 수 있다.

5. 공유자 우선 매수 신고의 방법

실전에서 사용되는 공유자 우선 매수 신고의 방법에는 두 가지가 있다. 그중 첫 번째 방법을 설명하면 다음과 같다. 이미 앞에서 소개한 사례처럼, 다른 공유자의 지분이 경매되는 입찰일에 경매법정 현장에 직접 출석하여 상황을 보며 우선 매수 신고를 할지, 말지를 결정하는 것이다. 행사 방법은 공유자우선매수권 행사를 위한 준비물(통상적으로는 최저매각가의 10% 보증금과 신분증 그리고 공유자임을 입증할 수 있는 서류 등)을 챙기고, 경매법원에 직접 가서 다른 공유자의 지분경매 사건이 어떻게 진행되는지 확인하는 것이다.

만일, 신건에 시작되어 경매를 진행했으나 응찰자가 없어 유찰이 되었다면 아무런 액션 없이 법원을 조용히 빠져나와 귀가하면 된다. 흔적도 없이 말이다. 경매법정에 가서 한 일이 있는가? 아무것도 없다. 단지, 유찰된 상황을 직접 눈으로 목격했고, 설명해주는 차기 매각기일이 언제인지만을 확인했을 뿐, 법원에 처음 온 구경꾼처럼 조용히 다녀가면 그만이다.

다음 매각기일에도 이전 구경꾼처럼 법원에 또 가보는 거다. 다만 첫 번째 방문 때처럼 준비물을 챙기고, 이때는 신건에서 저감된 가격, 즉 최저가격이 70~80%(법원마다 차이가 있으므로 꼭 확인해야 함) 떨어졌기 때문에 떨어진 최저가격의 10% 보증금을 준비해 가면 된다. 이번에도 유찰되면 다시 집으로 컴백! 이렇게 여러 차례 유찰이 될 동안 경매법원만 왔다 갔다 하며, 유찰 여부와 경매법원 내 입찰장 분위기 그리고 다음 매각기일만 체크했을 뿐 별다른 액션을 한 것이 없다. 그것도 혼자서 조용히 말이다. 다녀간 사람이 공유자인지, 경매법원에 왜 왔는지 등 마주친 사람들 그 누구도 관심 없고 알 수도 없다.

이렇게 몇 개월을 경매법원을 다니다 보면, 경매 취하 등의 특별한 사정이 없으면 지분가격은 50%대 가격까지 내려갈 수도 있고 그전에 입찰자가 생길 수도 있다. 그러는 사이에 입찰자가 나타났다면, 최고가 입찰자가 적어낸 입찰가격을 집행관이 호창(입찰가격을 공개적으로 부르는 것)하는 것을 보고 공유자우선매수권 행사를 할 것인지 아닌지를 판단하면 된다.

이때가 중요하다. 집행관이 호창하는 최고가 입찰가격을 듣고 그 순간, 그 찰나에 공유자우선매수권을 행사할 것인지 아닌지 유불리를 따져 결정지어야 하기 때문이다. 스스로가 좋은 부동산이라고 확신하고, 상대방에 의해 낙찰된 최고가 가격도 저렴하다고 느끼면 매각의 종결이 고지되기 전까지(쉽게 말해 의사봉을 꽝꽝꽝 치기 전까지) 매수신청을 하면 되는 것이고, 반대로 터무니없다고 느끼면 별다른 액션 없이 입찰한 상대방에게 낙찰의 기회가 돌아가도록 놔두면 되는 것이다.

즉, 우선매수권을 행사하면 그날 최고가로 낙찰된 가격에 지분을 내가 사 오는 것이고, 우선매수권 행사를 안 했다면 신규로 낙찰받은 이와 새로운 공유관계가 되는 것이다.

우선매수권 행사를 하는 것과 안 하는 것, 어떤 것이 유리하고 불리한지는 상황마다 다르므로 특정할 수는 없으나 대체로 좋은 지역의 좋은 물건이라면, 게다가 낙찰된 가격도 저렴하다면 공유자로선 우선 매수 신고하는 것이 유리하다고 본다.

실전에서 사용되는 공유자 우선 매수 신고의 두 번째 방법은 다음의 사례를 보면서 설명하겠다.

06

공유자우선매수권을
활용한 지분경매

공유자 우선 매수 신고 방법을 이용한 다음 사례를 살펴보자. 경기도 평택시 청북면 삼계리에 위치한 계획관리지역의 전체토지 1,544평 중 일부 지분(514평)이 경매로 나왔다. 평택~제천 간 고속도로 청북IC 근거리에 위치하고 있는 물건으로 아버지가 소유하고 있다가 사망하게 되어 배우자 김희○ 씨와 10대 후반의 아들 세 명(민태○, 민선○, 민철○)에게 상속된 경우다. 그러다, 김희○ 씨 지분 3/9(514평)이 감정가 5억원 대에 경매로 나왔다.

사건번호 : 2012 타경 5696(물건 번호 2)
소재지 : 경기도 평택시 청북면 삼계리 613-1 외 4필지
특수권리 관계 : 지분경매

현장 조사와 함께 나머지 공유자들(아들 3명)이 처한 상황에 대해서도 확

인 후, 입찰에 참여하여 우리 팀 투자자 24명이 공동 입찰에 참여하여 김희○ 씨 지분(감정가 5억 원대 물건)을 3억 2천만 원대에 낙찰받았다.

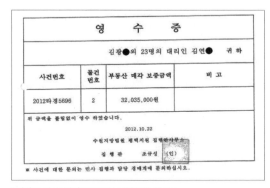

| 김광○ 외 23명이 공동으로 낙찰받은 영수증

| 낙찰 물건 사건 기본내역

이미 3명의 아들은 기존의 공유자들로 김희○ 씨(모친)의 지분을 우리 팀이 입찰에 참여할 때, 공유자우선매수권을 행사할 수 있는 기회가 있었으나 행사하지 않았다. 아니 행사하지 못했다고 표현하는 것이 더 정확한 듯하다. 이유는 공유자인 아들들이 10대의 아이라는 점, 또 법률적 지식의 부재 그리고 공유자 우선 매수 신고할 경우 최고가만큼의 입찰 대금을 잔금일까지 법원에 납부해야 되는데 경제적 상황상 그럴 수 없다는 점 등을 고려해 공유자 우선 매수 신고가 들어올 수 없다고 판단하여 입찰을 결정했다. 역시 예상대로 공유자우선매수권 행사는 없었고, 별문제 없이 우리 팀 24명이 김희○ 씨의 지분 3/9(514평)을 저렴하게 낙찰받았다. 이후, 큰아들 민태○의 지분 2/9(302평)도 경매에 나오게 되었다. 아들들의 지분에 대한 경매처분은 이미 예상된 바다. 왜냐하면 김희○ 씨(모친)가 미성년 자녀들의 재산권 행사를 맡아서 하고 있었기 때문이다.

1. 공유자 우선 매수 신고 이렇게 활용하라

기존 1,544평의 삼계리 전체토지는 배우자의 사망으로 인해 김희○씨와 3명의 아들들에게 상속되어 총 4명이 공동소유하고 있었고, 그중 김희○씨의 지분을 우리 팀 24명이 공동 입찰해서 낙찰을 받았으니, 이제 김희○씨는 소유자 지위에서 빠지고 그 빈자리를 24명이 들어가 채웠다.

사건번호 : 2013 타경 2243(물건 번호 2)
소재지 : 경기도 평택시 청북면 삼계리 613-1 외 4필지
특수권리 관계 : 지분경매+공유자 우선 매수 신고

이렇게 해서 1,544평의 전체 토지의 소유자는 기존 아들 3명+우리 팀 24명=27명이 되었다. 아들 중에 큰아들 민태○의 지분 2/9(302평)이 드디어 감정가 약 3억 원에 경매로 나왔다.

이제부터 전략적으로 접근해야 한다. 목표는 민태○의 지분 2/9(302평)를 우리가 가져와서 이미 낙찰받은 김희○씨 지분 3/9(514평)을 합하여 5/9(816평)의 지분을 확보하는 것이다. 이렇게 되면 전체 지분의 과반수가 되어 우

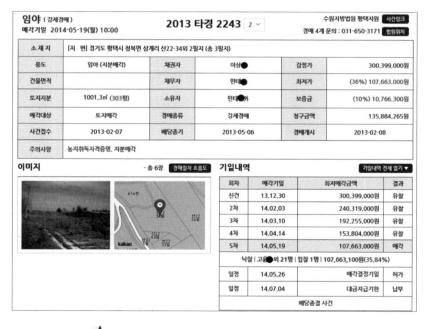

임야 (강제경매)		**2013 타경 2243**	2 ∨	수원지방법원 평택지원	사건링크
매각기일 2014-05-19(월) 10:00				경매 4계 문의 : 031-650-3171	법원위치

소재지	[지 번] 경기도 평택시 청북면 삼계리 산22-34외 2필지 (총 3필지)				
용도	임야 (지분매각)	채권자	이상●	감정가	300,399,000원
건물면적		채무자	민태●	최저가	(36%) 107,663,000원
토지지분	1001.3㎡ (303평)	소유자	민태●外	보증금	(10%) 10,766,300원
매각대상	토지매각	경매종류	강제경매	청구금액	135,884,265원
사건접수	2013-02-07	배당종기	2013-05-06	경매개시	2013-02-08
주의사항	농지취득자격증명, 지분매각				

이미지 - 총 6장   경매절차 흐름도

기일내역   기일내역 전체 열기 ▼

회차	매각기일	최저매각금액	결과
신건	13.12.30	300,399,000원	유찰
2차	14.02.03	240,319,000원	유찰
3차	14.03.10	192,255,000원	유찰
4차	14.04.14	153,804,000원	유찰
5차	14.05.19	107,663,000원	매각

낙찰 | 고●●외 21명 | 입찰 1명 | 107,663,100원(35.84%)

일정	14.05.26	매각결정기일	허가
일정	14.07.04	대금지급기한	납부

배당종결 사건

주의사항 / 법원문건접수 요약

일괄매각, 지분매각, 목록2-4번 현황상 "나대지" 목록4번 지상에 제시외 컨테이너 1동 있음. 목록3,4번 농지취득자격증명원 제출요함(미제출시 보증금 몰수함)
2014-03-10 공유자 오성●●유자우선매수신청 제출 (물건번호별 별도확인요망)
2014-04-09 공유자 이태●●유자우선매수신고서 제출 (물건번호별 별도확인요망)
2014-05-15 공유자 조용●●유자우선매수신고서 제출 (물건번호별 별도확인요망)
※본 사건의 등기부현황(건물/토지)은 대표번지에 대한 등기부현황으로 입찰에 참여하실경우 나머지 필지에 대한 등기부등본을 발급하셔서 소멸기준 권리를 확인하시기 바랍니다.

| 낙찰 물건 사건 기본내역과 입찰시 주의사항

리 팀이 해당 토지 1,544평 전체에 대한 관리행위를 독자적으로 할 수 있게 된다. 임대차계약 체결 등의 관리행위는 지분의 과반수로 결정하기 때문이다. 그리고, 또 하나의 목표는 민태○의 지분(감정가 3억 원)을 저렴하게 1/3 가격인 1억 원대로 가져오는 것이다. 왜? 좋은 부동산을 싸게 취득하는 것이 투자의 기본이며, 채권자도 어쩔 수 없이 용인할 수밖에 없는 금액대라고 판단했기 때문이다.

목표(1/3 저가취득)를 달성하기 위해 어떤 전략이 필요한지를 알아보기 전에 공유자 우선 매수 신고 방법 두 번째를 설명하겠다. 우선 매수 신고 방법 중 두 번째는 사전에 공유자 우선 매수 신청 서류를 문서로 만들어 법원에 송부시키는 방법이다. 송부된 서류는 법원의 경매 진행 중인 문건접수기록에 등재된다는 점을 이용하는 것이 핵심포인트다. 매각기일 전에 서류를 접수해 일부러 외부에 드러나도록 하여, 이 물건의 입찰에 관심 있는 사람이라면 누구라도 서류상에 공유자 우선 매수 신고가 접수되었음을 알 수 있도록 하려는 의도다. 궁극적으로 다른 입찰자들이 입찰을 포기하도록 하는 방법이다. 즉, 공유자 우선 매수 의향의 문건을 법원에 접수했다는 의미는 외부에서 보기에 공유자로서 우선매수권을 행사하기 위해 사전에 서류로 예약하였으니, 입찰하려는 사람들을 막는 경쟁자 입찰 차단 기능이 되는 것이다. 입찰을 준비하던 사람들은 대부분 포기를 하고, 입찰일에 입찰자가 없는 경우가 대부분이다.

또한, 공유자 우선 매수 신고를 할 수 있는 자격은 공유자이면 되지, 지분의 많고 적음은 아니다.

따라서 채무자 겸 소유자인 민태○을 제외한 나머지 26명이 각각 우선매수권을 행사할 수 있는 것이다. 그 카드를 쓸 것인지 아닌지는 카드를 가진 자의 선택권이다. 대신 공유자 1명이 카드를 남발하는 부작용을 막기 위해 공유자우선매수권 행사의 기회는 1회로 한정하고 있다.

어찌 됐든 우리 팀 카드는 24명이니 24장이고, 상대방 카드는 2명이니 2장이다. 상대 팀은 아직 카드를 사용할 준비(경매 관련 법률적 지식 및 경제적 상황 등)가 덜 되어 있다고 판단했다. 하지만 우리 팀은 오로지 투자를 위해 모인 팀이고, 공동(입찰)체이기 때문에 투자금을 개인별로 나누면 사실상 그렇게 많은 투자금도 필요치 않다는 점이 상대 팀과 다른 점이다. 이것이 바로 공동 입찰이 가지는 경쟁력이다.

일반적으로 비도시지역(관리지역, 농림지역, 자연환경보전지역)의 농지와 임야의 토지경매 경우는 2회차까지는 자연적 유찰이 되는 것이 보통이고, 도시지역(주거지역, 상업지역, 공업지역, 녹지지역)의 지분경매는 신건 또는 1회차 유찰 정도에 낙찰되는 것이 통상적이라고 생각하면 된다. 공법상 계획관리지역에 위치한 이 물건도 예외는 아니다.

따라서, 이런 경우는 2가지의 공유자우선매수권 행사 방법을 적절히 섞어서 사용해야 한다.

공유자 우선 매수 신고 방법에 대해 첫 번째는 법원 현장에서 하는 방법이 있고, 두 번째는 미리 문서로서 신고하는 방법이 있음을 이미 앞에서 설명했다.

좋은 부동산을 싸게 취득하는 것이 투자의 기본이기 때문에 이 사건에서는 민태○의 지분(감정가 3억 원)을 저렴하게 1/3 가격인 1억 원대로 가져오는 것이 목표라고 이미 앞에서 설명했다. 자, 그러면 어떻게 저가 공략이 가능한지 실전에서 사용한 방법을 설명하겠다.

우선, 우리는 24장의 카드가 있다. 공유자우선매수권이라는 카드 말이다. 그 카드를 가지고 저가 취득을 위한 1단계 방법을 구사했다. 즉, 24명 중 랜덤으로 정한 1명의 위임장(공유자 우선 매수 신청을 위한)을 작성하고, 준비물 등을 챙기고 직접 법원을 방문하여 입찰 상황을 지켜봤다. 혹시 모를, 상황을 대비하여 2회차까지는 공유자 우선 매수 신고서와 다른 사람의 위임장을 챙겨서 법원에 직접 가는 것이다. 만에 하나 입찰자가 있을 경우를 대비해 공유자 우선 매수 신고할 준비를 하고 상황을 살피는 전략인 것이다. 역시 예상대로 감정가 3억 원짜리는 2회차까지 유찰되어 1억 9천만 원대까지 떨어졌다.

2회차까지 유찰되었으니, 이제부터는 두 번째 방법으로 변경해야 한다.

즉, 경매법원 현장 방문 전략이다. 유찰될 것을 예상은 하지만, 만에 하나 민태○의 지분을 지인 또는 친척 등의 누군가가 입찰 할 수도 있는 가능성을 완전히 배제할 수는 없었고, 또 입찰 당시의 그 지역 물건들에 대한 입찰경쟁률, 낙찰가율, 유찰률 등 입찰장 내에서 느껴지는 전반적인 부동산 매수 분위기도 살펴야 하므로 반드시 방문 전략이 필요하다. 바로 공유자 우선 매수신청서류를 미리 신고하는 방법으로 변경하는 것이다. 앞에서 설명한 대로 우리가 쓸 수 있는 공유자 우선 매수신청 카드는 24장이다. 아직 1장도 사용하지 않았다. 이제부터 사용할 것이다. 3회차 입찰 시 최저가는 약 1억 9천 2백만 원이다. 우리 팀 24명의 공유자 중 오성○ 회원 이름으로 법원에 공유자 우선 매수신청서를 제출함으로써 1장의 카드를 사용했다. 위 자료에서 보다시피 경매사이트의 법원 문건접수 내역에 빨간색 (공유자 오성○ 공유자 우선 매수 신청서 제출)으로 공유자 우선 매수 신청서가 제출된 사실이 올라왔다. 당일 입찰자는 0명! 역시 유찰되었다. 경쟁자가 입찰하지 못하도록 방어에 성공한 것이다. 4회차가 진행된다. 4회차 입찰 시 최저가는 약 1억 5천여만 원이다.

이번에는 2번째 카드(이태○ 회원)를 사용했다. 법원 문건 서류에 추가로 '공유자 이태○ 공유자 우선 매수신고서 제출'이라고 올라왔다. 역시나 당일 입찰자는 0명! 또다시 유찰되었다. 경쟁자가 입찰하지 못하도록 방어에 또 성공한 것이다. 결국, 5회차까지 떨어졌고, 최저가는 1억 7백만 원 정도로 감정가의 1/3로 곤두박질쳤다. 3번째 카드인 조윤○ 회원까지 서류를 제출하고 나니, 3억 원대의 물건이 1억 원대까지 떨어지게 됐고, 결국 우리 팀 22명이 최저가(107,663,000원)에서 100원만 더 쓰고 낙찰(107,663,100원)

을 받았다. 100원만 더 쓰고 낙찰받았다는 뜻은 우리 팀 아니면 입찰 들어올 사람이 없다는 확신이 있었다는 의미다. 조윤○ 회원의 카드는 우리 팀이 입찰했으므로 중도 포기하는 것으로 마무리하면 됐다. 24장의 카드 중 3장의 카드만 사용하며 입찰 전략을 성공시켰다.

원래 목표였던 민태○의 지분 2/9(302평)를 우리가 가져와서, 이미 낙찰받은 김희○ 씨 지분 3/9(514평)을 합해 5/9(816평)의 지분을 확보하는 것과 1/3 저가 취득의 목표도 달성한 것이다. 또 예상한 대로, 상대방 공유자인 아들들은 공유자 우선 매수신청을 하지 않았고, 입찰도 들어오질 못했다.

이렇듯, 경매는 전략이다. 즉, 본 사례처럼 자연적으로 유찰된 것이 아니라, 카드(공유지 우선매수권)를 적절히 잘 사용해 유찰시킨 것이라는 표현이 더 정확하다. 이 글을 제대로 이해하면서 읽고 있다면 여기서 두 가지 정도의 의문점이 생길 것이다.

영 수 증			
	고윤●외 21명의 대리인 권오● 귀하		
사건번호	물건번호	부동산 매각 보증금액	비 고
2013타경2243	2	10,766,300원	

위 금액을 틀림없이 영수 하였습니다.

2014.05.19

수원지방법원 평택지원 집행관사무소

집 행 관   양덕수

※ 사건에 대한 문의는 민사 집행과 담당 경매계에 문의하십시오.

| 고윤○ 외 21명이 공동으로 낙찰받은 영수증

공유자 우선 매수 신고를 했다가 중도 포기할 수 있는 것인지? 포기하면 보증금을 몰수당하는 것 아닌지 그리고 24장의 카드가 있는데, 왜 카드를 더 사용해서 유찰시키지 않고, 왜 3장만 사용하고 끝냈는지 등이다.

우선, 공유자 우선 매수 신고를 했다가 중도 포기할 수 있는 것인지? 포기하면 보증금을 몰수당하는 것 아닌지에 대한 내용을 살펴보자.

공유자는 누구라도 매각기일 전에 집행관 또는 집행 법원에 공유자로서 우선 매수를 신고할 수 있다.

A : 매각기일 전+집행관에게 공유자 우선 매수 신고-입찰일 날 경매법정 현장에서 사건이 종결되기 전에 집행관에게 신고한다는 의미로 ①공유자 우선 매수 신고+②공유자 여부 관련 서류제공+③보증금 제공 이 세 가지 모두를 경매법정 현장에서 이행해야 공유자 우선 매수 신고의 효력이 발생한다는 뜻으로 해석하면 된다.

B : 매각기일 전+집행법원에 공유자 우선 매수 신고-①(미리 문서로 법원에) 공유자 우선 매수 신고를 해 놓고+입찰일 날 경매법정 현장을 방문해서 사건이 종결되기 전에 집행관에게 ②공유자 여부 관련 서류 제공+③보증금 제공을 하는 것이다.

앞에서 본 사례는 B의 경우에 해당하는데, ①만 진행하고 ②, ③은 진행하지 않았다. 공유자 우선 매수 신청서를 미리 제출하면 서류가 접수됐다는 것이 법원 기록 즉, 문건접수내역에 기록으로 공개되기 때문에 해당 물건 관심자들은 자연스럽게 알게 되어 대부분 입찰을 하지 않는다. 이것을 노리는 것이다. ①(미리 문서로서 법원에) 공유자 우선 매수 신고를 해 놓았고, 입찰일 날 입찰자가 없었음을 확인하였으니, 추가적인 '②공유자 여부 관련 서류제공+③보증금 제공'을 안 하고 매수 신고 절차를 포기했기 때문에 효력도 없다는 뜻이다. 즉 포기해도 전혀 문제 될 것이 없다. 보증금도 내지 않았으니 몰수될 보증금도 없으며, 결국 경쟁자의 입찰 방어 기능만을 수행하는 것으로 카드를 사용한 것이 된다. 대신, 대부분의 전국법원에서 공유자의 공유자 우선 매수 신고 자격은 1회로 한정함으로 차기 입찰일에 해당 공유자의 우선매수권 행사는 금하게 된다. 법원의 입장이 그렇다 해도 21장(24장에서 3장 사용)이나 되는 카드가 있는 우리 팀에겐 전혀 문제 될 게 없다. '카드 한 장 사용하고, 경쟁자 입찰을 방어하여 유찰되게 하라!'는 본연의 임무를 완수함으로써 목적이 달성되었기 때문이다. 그런 식으로 3장의 카드를 사용했다는 의미이다.

정리하면, '공유자우선매수권을 행사했다'의 완벽한 의미는 〈①미리 문서로서 공유자 우선 매수 신고+②공유자 여부 관련 서류제공+③보증금 제공〉 세 가지가 완전히 마무리되고, 이행되었을 때 '공유자 우선 매수신청권 행사에 효력도 발생하고, 절차도 마무리된다'라는 의미다. 경매 입찰 당일날 집행관이 의사봉을 두드릴 때까지 끝난 게 아니기 때문에, 끝까지 상황을 예의 주시해야 하며 상황 파악하는 작업은 꼭 필요하다.

다음으로 24장의 카드가 있는데, 왜 카드를 더 사용해서 유찰시키지 않고, 왜 3장만 사용하고 끝냈나요?

경매 입찰 전략은 입찰에 참여하는 투자자 입장, 경매당하는 소유자 또는 채무자의 입장, 그리고 경매신청 채권자의 입장 등을 두루 살피는 작업이다. 따라서, 우리 투자자의 입장만 생각해서 24장의 카드를 전부 사용(?)해서 최저가를 낮출 수 있는 만큼 낮춰서 입찰할 수 있다면 얼마나 좋을까? 하지만 세상일이 그렇지 않다. 경매신청 채권자의 입장에서 생각해 보면 답은 금방 나온다.

본 사건의 경매신청채권자 이상○ 씨의 청구 금액은 1억 3천5백여만 원이다. 이 돈을 받겠다고 감정가 3억 원 정도 되는 민태○의 지분을 강제경매신청 한 사건이다. 처음 경매신청을 하고 감정가 3억 원으로 평가되었을 때만 해도, 아무리 50% 반값까지 유찰된다고 해도, 채권자인 이상욱 씨는 10원도 손해 안 보고 채권액 전부를 변제받을 수 있을 것으로 생각하고 안심했을 것이다. 그런데 회차가 거듭되어 유찰이 되고, 심지어 5차까지 떨어진(1억 7백여만 원) 상태부터는 채권액 이하로 저감되어 아무리 최저가에 낙찰되도 자신의 채권액 전부를 변제받지 못할 것이 예상되는 바, 심경이 복잡해질 것은 뻔한 일이다. 게다가 3번이나 공유자 우선 매수 신청만 하고 중간에 포기하는 행태를 이상하게 여길 것이고, 주변의 법률전문가에게 상담을 받으면 '미리 공유자 우선 매수 신고의 방법으로 경쟁입찰자가 입찰을 못 들어오게 막고 있는 전략'이라는 것을 쉽게 간파하게 될 것으로 예상할 수 있기 때문에, 우리 팀의 남은 카드를 무한정 남발하며 가격을 떨어뜨릴 수만은 없는 노릇이다.

만일, 좀 더 욕심을 내고자 카드를 1~2회 더 사용했다면 분명, 채권자 이상욱 씨는 경매 자체를 취하해 버릴 것이고, 그렇게 되면 그동안 1/3 가격까지 유찰시키며 노력한 성과도 없이 모든 계획이 무산될 것은 자명한 일이다.

우리 팀이 카드를 더 사용해서 최저가격이 계속 내려가게 되면 채권자는 '이왕 돈을 제대로 받지 못할 바엔, 차라리 번거롭더라도 나중에 경매를 다시 신청하고, 이번 경매는 취하시켜 버려야겠다.'고 생각할 것이다. 그렇지만 채권자가 경매를 취하하면 채권액을 배당받지 못하는 것은 당연한 일이고, 나중에 다시 경매신청 절차를 진행하려면 또 한 번 수개월의 시간을 할애해야 하는 번거로움과 수고로움이 있다. 채권자 입장에서는 자신의 전체 채권액 중 일부를 배당받지 못하더라도 자금회수가 중요하니 꾹 참고 경매 절차를 계속 진행 시킬 것인가?를 결정해야 하는 것이다. 만일 채권금액 중 상당 부분을 배당받지 못해 너무 억울하다고 느낄 정도의 최저가 금액은 채권자 입장에서는 절대 용납이 안 될 것이기 때문에 더 이상의 카드 사용은 자제했다.

그렇게, 채권자를 고민에 빠지게 만드는 가격대는 과연 얼마일까? 그것에 대한 고민을 우리 팀도 해야만 했다. 그 상대방의 속내까지 알고 있기 때문에, 그 사이를 적절하게 찌를 수 있는, 즉 채권자 입장에서 아쉽기는 하지만 취하까지 생각하지 않을 정도의 가격대가 필요했다. 고민 끝에 내린 가격대! 그것이 바로 감정가의 약 1/3 가격이었다. 결국, 우리 팀은 1,544평의 전체 토지 중 저렴한 가격으로 과반수가 넘는 5/9의 지분(816평)을 확보하는 데 성공했다.

아파트 지분을 낙찰시 점유자의 인도청구

1. 종전 공유자였던 채무자가 점유하고 있는 경우
 공유물의 점유사용이 공유자인 지위에 기한 것이면 경매로 인해 그 지위는 상실하고 매수인이 그 지위를 승계하게 되므로 매수인은 보존행위로서 채무자를 상대로 인도명령 신청이 가능하다.

2. 채무자가 아닌 다른 공유자가 점유하고 있는 경우
 매수인이 취득한 공유지분이 과반수라면 보존행위 여부와 상관없이 관리행위로서 인도명령 신청이 가능하고, 과반수가 안되면 인도명령을 신청할 수 없다.

3. 채무자가 아닌 임차인이 점유하고 있는 경우
낙찰받은 지분이 과반수이고 매수인에게 대항력이 없는 임차인 : 임대차계약의 해지 행위도 공유물의 관리행위로 공유자 지분의 과반수로 결정되기 때문에 인도명령을 청구할 수 있다.
낙찰받은 지분이 과반수이고 매수인에게 대항력 있는 임차인이 있는 경우 : 과반수라도 매수인에게 대항력이 있는 임차인 등은 인도명령을 청구할 수 없다. 대항력이 있는 임차인이 있는 경우 매수인은 임차인의 권리를 인수해야 한다. 이때 인수금액은 자기 지분비율만큼 인수하게 되나 임차인으로부터 주택을 인도받기 위해서는 전체보증금을 지급해야 주택인도를 청구할 수 있다.
낙찰받은 지분이 과반수가 안될 경우에는 인도명령을 청구할 수 없다.

07

지분경매 낙찰 후
곧바로 매각하기

지분경매에 대한 내용만을 보면, 자칫 골치 아프고 어렵다고 느껴 기피하는 투자 물건으로 비치는 것은 아닐까 하는 생각이 든다. 지분경매라고 해서 반드시 어렵고, 난해하고 고도의 전략이 있어야 하는 경우만 있는 것이 아니다. 실전에는 그렇지 않은 경우도 많이 존재한다는 사실도 알아 두길 바란다.

다음의 사례는 '낙찰 후 매각'이라는 심플한 물건이었다. 초보자 입장에서는 이렇게 단순한 투자를 먼저 경험해 보는 것이 오히려 특수물건에 접근하기가 훨씬 편하다. 의욕만 앞서, 첫 지분경매 투자부터 많은 경험과 지식이 있어야 하는 물건을 골라 자칫하면 골칫거리가 되어 이도 저도 안 되는 상황에 빠질 수 있으니 주의를 필요로 한다. 어떻게 하면 단순한 물건을 가려낼 수 있을까? 생각보다 쉽다. 좋은 지역을 선택하면 일단 50%는 성공이다. 아니 잘하면 좋은 지역을 투자했다는 점 하나, 그것만으로도 게임이 끝날 수 있다.

좋은 지역은 투자자도 좋아하고, 실수요자도 좋아하고, 건설 쪽 개발사들도 좋아한다. 즉, 좋은 지역은 이것저것 따질 것 없이 그냥 모두가 좋아하고 원한다. 그런 곳에 지분경매로 투자하면 시간이 지남에 따라 주변 환경의 변화로 투자를 해결해 주는 경우도 많고, 또 그 지분이 있어야 하는 쪽에서 먼저 연락해 와서 매도 제의하는 경우도 실제로 많다. 지역에 대해 간단히 살펴보도록 하자.

| 낙찰 물건 사건 기본내역

사건번호 : 2017 타경 105365
소재지 : 서울특별시 중구 산림동 114 외 1필지
특수권리 관계 : 지분경매+개발 예정지 선점 투자(세운재정비지구)

  본 물건지 일대는 '다시, 세운 프로젝트'를 추진 중이고, 주변으로 광장 시장과 같은 전통 상권이 잘 형성되어 있어 전통과 개발의 수혜가 복합적으로 작용할 수 있는 탁월한 지역이다. 또한 세운4구역, 6구역 및 3구역이 본격적인 개발이 시작됨으로써, 직접적인 개발영향권에 들어가는 반경 3km 내에는 일반투자자들의 관심이 증폭되고 있는 곳이기도 하다. 또한, 교통망도 우수하여 을지로4가역을 통해 지하철 4호선과 2호선을, 또 을지

| 본 건 위치도, 네이버지도

로3가역을 통해서는 지하철 3호선을 이용할 수 있어 일명 '황금 교통망'이라 불리고 있는 우량지역으로 분석되고 있다.

소재지	서울특별시 중구 산림동 114번지		
지목	대 ❓	면적	130.2 m²
개별공시지가(m²당)	11,400,000원 (2021/01) 연도별보기		
지역지구등 지정여부	「국토의 계획 및 이용에 관한 법률」에 따른 지역·지구등	일반상업지역 , 도로(2014-03-27)(저촉)	
	다른 법령 등에 따른 지역·지구등	가축사육제한구역<가축분뇨의 관리 및 이용에 관한 법률>, 건축허가·착공제한지역<건축법>, 상대보호구역<교육환경 보호에 관한 법률>, 대공방어협조구역(위탁고도:77-257m)<군사기지 및 군사시설 보호법>, 정비구역(도시환경정비사업)<도시 및 주거환경정비법>, 재정비촉진지구(세운재정비촉진지구)<도시재정비 촉진을 위한 특별법>, 역사도심(4대문안)<서울특별시 도시계획 조례>, 과밀억제권역<수도권정비계획법>	
	「토지이용규제 기본법 시행령」 제9조 제4항 각 호에 해당되는 사항	중점경관관리구역(2016-11-24)	

| 본 건 지적개황도

일반적 시각에서는 고작 27평의 토지 지분에 대해 별것 아닌 것처럼 생각할 수도 있다. 하지만 지분경매를 정확히 이해하면 납득될 수 있다. 토지 지분이 크든 작든 이곳을 개발하기 위해선 꼭 필요한 토지다. 작은 토지라고 우습게 보면 안 된다. 공동 입찰자 106명이 함께 입찰을 진행했고, 2등과의 가격 차이가 불과 233만 원 정도의 근소한 차이로 낙찰받았다. 10억 원짜리 물건을 입찰하기 위해 입찰가격을 산정하는데 있어, 고작 233만 원 정도 차이의 낙찰 결과는 그야말로 신의 한 수가 아닐까 싶다. 다음 기회가 될 때 입찰가 산정을 위한 노하우도 설명하도록 한다.

이 사건은 의외로 단순한 사례다. 본 건은 개발지 내 포함되는 곳이기 때문에 낙찰받은 지분이 꼭 필요한 주체(개인투자자, 상대방공유자, 사업시행자 등)에게 협상의 과정(매도가격 및 세금 처리 문제 등)을 거쳐 좋은 조건에 넘기는 방법을 모색했다. 그 결과, 10억 2천만 원에 낙찰, 16억 9천80만 원에 매각!

| 강성O 외 105명이 공동으로 낙찰받은 영수증

나쁘지 않은 결과다. 투자 금액을 106명으로 평균적으로 나눠보면 개인당 약 962만 원 정도 투자한 사건이다. 특히, 본 사례처럼 개발지역에 해당할 경우에는 감정된 가격이 적절한 가격인지에 대한 평가를 반드시 따져봐야, 입찰가격 및 향후 출구전략 등을 세울 수 있다.

지분경매를 통한 '단독소유권' 확보 방법
1. 지분낙찰 후 가급적 빠른 기간내에 적법한 임대료 청구(내용증명을 통해 증거 확보)
2. 임료상당액의 부당이득반환 청구소송을 통해 판결 구하기
3. 임료를 지급하면 수익으로 산입하고, 임료를 지급하지 않으면 임료채권(판결문)에 기한 강제경매 신청을 진행 할 것(이 과정 중에 협의가 되기도 함).
4. 경매진행 과정 중 입찰자가 생기는 시기에 공유자우선매수권 행사
5. 공유물 전체에 대하여 단독으로 소유권 취득

| 매각결산 및 배당금 지급 모습

08

지분경매의 마지막,
공유물분할 청구

1. 공유물분할 청구

지분경매의 가장 마지막 수단이라고 할 수 있는 공유물분할 청구에 대해 알아보자. 공유자는 공유물에 대하여 자기 지분은 임의대로 처분할 수 있지만, 공유물 전체를 처분하려면 반드시 공유자 전원이 동의해야 한다. 만일, 공유자 중 단 1명이라도 공유물 전체를 처분하는 것에 대해 반대한다면 처분이 불가능하다. 하지만 공유물을 각자의 지분대로 나누도록 청구하는 것은 가능하다. 공유자는 민법 제268조 제1항에 따라 언제든지 다른 공유자를 상대로 공유물의 분할을 청구할 수 있다. 이때의 공유물분할 청구권은 형성권이므로 공유관계가 존속되고 있는 동안 다른 공유자는 분할 청구라는 일방적 의사표시로 분할에 대하여 협의해야 할 의무를 지게 된다. 다시 말하면, 아무리 다수의 공유자라도 공유자 1인이 공유물 분할을 청구하면 나머지 공유자들은 원하든 원치 않든 '분할 협의 의무'를 지게 되고, 이 의무는 피할 수 없다는 의미다. 이것을 '공유물분할 청구'라 고 한다.

공유물의 분할은 협의분할이 원칙이다. 하지만 공유자 간에 협의가 성 립되지 않는 경우, 민법 제269조 제1항에 따라 각 공유자는 다른 공유자 전원을 피고로 하여 법원에 공유물의 분할을 청구할 수 있다. 따라서, 재 판에 의한 분할이 필요하다. 즉, 법원에 공유물분할 청구의 소를 제기하여 야 하고, 이렇게 재판에 의한 분할을 하는 경우에는 법원은 현물로 분할하 는 것이 원칙이나, 현물로 분할할 수 없거나 분할로 인하여 그 가액이 현저 히 감손할 염려가 있는 때에는 공유물건 전체에 경매를 명하여 대금 분할 방식으로 이뤄질 수 있다. 이 경우 어떻게 분할할 것인가? 하는 문제는 공 유물분할 청구를 받은 법원의 재량에 따라 결정하게 된다.

<투자 포인트>

<공유자 입장에서 취할 수 있는 공유물 분할 방법>
공유물 분할의 방법 2가지 : 원칙적으로 협의 분할, 협의가 안될 시 강제 분할(재판상 분할이라고도 함).

<공유물 분할 청구를 받은 법원 입장에서 취할 수 있는 공유물 분할 방식>
공유물 분할의 방식 2가지 : 원칙적으로 현물 분할, 대금 분할(현물로 분할할 수 없거 나 현물로 분할하게 되면 그 가액이 현저히 감손될 염려가 있는 때에는 공유물 전체를 경매진행 함).

〈공유물분할 관련 민법 조문〉

제268조(공유물의 분할 청구)
① 공유자는 공유물의 분할을 청구할 수 있다. 그러나 5년 내의 기간으로 분할하지 아니할 것을 약정할 수 있다.
② 전항의 계약을 갱신한 때에는 그 기간은 갱신한 날로부터 5년을 넘지 못한다.
③ 전 2항의 규정은 제215조, 제239조의 공유물에는 적용하지 아니한다.
제269조(분할의 방법)
① 분할의 방법에 관하여 협의가 성립되지 아니한 때에는 공유자는 법원에 그 분할을 청구할 수 있다.
② 현물로 분할할 수 없거나 분할로 인하여 현저히 그 가액이 감손될 염려가 있는 때에는 법원은 물건의 경매를 명할 수 있다.

개포동 근린 건물 사례를 통해 좀 더 살펴보자. 서울시 강남구 개포동에 소재한 본 건물은 지상 6층, 지하 2층으로 건축된 근린시설 건물로 소유자 총 9명이 공동소유하고 있었다. 그 중, 옥성○의 지분(7.41%)이 경매로 나왔으며, 우리 팀 투자자 40명이 옥성○의 지분(7.41%)을 낙찰받았다. 토지와 건물 전체 100% 지분 중, 고작 7.41%의 적은 지분이다. 이 경우처럼, 꼬리가 몸통을 흔들 수 있는 강력한 무기가 바로 '공유물분할 청구'다

우리는 적은 자본으로 큰 수익을 내기 위해 입찰에 참여했다. 그러면, '어떻게 해야 수익이 될 것인가?'에 대한 고민을 하는 것은 당연하다. 다음의 내용처럼 '지분경매를 통해 수익을 올리는 방법'을 정리해 보면 7가지 정도로 요약된다.

< 지분경매를 통해 수익을 올리는 방법 >

1) 다른 공유자에게 낙찰받은 지분을 매도하여 수익을 올리는 방법
2) 다른 공유자의 공유지분을 매수하여 완전한 하나의 소유권을 확보하는 방법
3) 꼭 필요한 주체(개인, 사업시행자, 조합 등)에게 좋은 가격에 지분을 넘기는 방법
4) 공유물 전체를 사용 수익하는 공유자에게 낙찰받은 지분에 따른 사용료(차임) 를 청구하여 임대수익을 올리는 방법
5) 다른 공유자와 협의하여 공유물 전체를 3자에게 매각하여 매매 차익을 실현하는 방법
6) 다른 공유자와 협의 불성립 시, 법원에 공유물분할 청구 소송을 제기하여, 판결을 받아 형식적 경매 등의 절차에 참여하여 공유물 전체를 매수하는 방법 (또는, 매각대금에서 낙찰받은 자기 지분에 해당하는 비율만큼 배당받는 방법)
7) 지분을 낙찰받은 이후 다른 공유지분이 경매 등으로 매각되는 경우, 그 경매 절차에서 공유자 우선 매수신청권 행사를 통해 나머지 공유지분 매수하여 과반수 확보 또는 단독소유권을 확보하여 수익을 극대화하는 방법

개포동 사건을 해결하기 위해 상대방 측과 몇 번의 협상을 진행했다. 상대방 측은 우리측 지분을 싸게 사려고 했고, 우리는 응하지 않았다. 우리도 상대방 측 지분을 싸게 매입하려 했으나 불발됐다. 강남의 건물을 누가 그렇게 호락호락하게 넘기겠는가? 결국, 위 방법 중 개포동 사건은 1)번~3)번까지 모두 적합하지 않은 방법이었다. 당연한 결과였고, 예상한 결과였다. 그래서, 위 4)번, 6)번을 선택해서 진행한 것이다. 즉, 공유물 전체를 사용 수익하는 공유자에게 낙찰받은 우리 몫에 대해 임대료 청구를 하였으나 불응하여, 정식으로 부당이득반환청구소송을 통해 임대료 청구와 공유물분할 청구 소송을 진행하여 확정판결까지 받았다. 형식적 경매를 염두에 둔 포석이다.

우리측 투자자 40명과 상대방 측 공유자 9명의 싸움이었다. 우리측 지

분 7.41%, 상대방 측 지분 92.59%, 다윗과 골리앗의 싸움처럼 보인다. 그런데, 이 싸움을 우리측 입장에서 유리하게 끌고 가서 해결할 수 있는 아주 좋은 수단이 있다. 그것은 바로, '공유물분할 청구'다.

상대가 공유물분할을 원하던, 원하지 않든 관계없다. 공유자 누구라도 동의하면 따라야 하는 것이 공유물분할 청구다. 이것이 '형성권'의 힘이다.

〈공유물분할 청구에 관한 대법원의 판단〉
재판에 의하여 공유물을 분할하는 경우에 현물로 분할할 수 없거나 현물로 분할하게 되면 그 가액이 현저히 감손될 염려가 있는 때에는 물건의 경매를 명하여 대금 분할을 할 수 있는 것이고, 여기에서 '현물로 분할할 수 없다'는 요건은 이를 물리적으로 엄격하게 해석할 것은 아니고, 공유물의 성질, 위치나 면적, 이용 상황, 분할 후의 사용 가치 등에 비추어 보아 현물분할을 하는 것이 곤란하거나 부적당한 경우를 포함한다(대법원 2009. 9. 10. 선고 2009 다 40219, 40226 판결 등 참조).

공유물분할에 대한 이해를 돕기 위해 쉽게 설명하면, 다음과 같다. 앞선 설명에서 공유물분할은 현물분할이 원칙이라고 했다. 말 그대로 물건을 분할해서 나눠준다는 의미다. 그런데 생각해보라. 아파트나 건물 등을 시루떡 자르듯이 잘라서(분할해서) 물건으로 나눠 줄 수 있는가? 애초부터 안 되는 방법이다. 그렇기 때문에 공유물 전체를 법원만이 가지고 있는 고유한 부동산 매각 절차인 '경매'라는 절차의 형식을 빌려서 즉, '경매로 팔아서 낙찰되면 대금(돈)에서 공유자들 모두에게 각자 지분별로 나눠 줄게!' 하는 것이다. 그래서 형식적 경매라고 부르는 것이고, 경매 방법은 임의경매 절차를 차용해서 진행한다. 사실, 형식적 경매는 유치권과 같이 재산의 가격 보존성이 필요할 때, 또는 본 공유물분할 사건처럼 해당 부동산의 정리를 요할 때 하는 경매를 형식적 경매라고 한다.

어찌 됐든, 개포동 건물을 현물로 딱딱 잘라서 40명이 넘는 공유자를 만족시킬 만큼 분할하기가 쉽지 않을 것이 뻔하니, 애초부터 현실적으로 불가능 한 것이다. 우리는 그것을 노린 것이고. 그러니 판사님도 어쩔 수 없이 '현물로 분할할 수 없다'는 의견을 가지고 건물 전체를 경매할 것을 판결하게 되고, 이 판결문에 의해 경매를 진행하면 강남에 건물을 가지고 싶어 하는 투자자는 입찰에 참여할 것이다. 이때, 우리는 2가지 안을 가지고 선택만 하면 된다. 1안은 누군가 낙찰받게 되면 낙찰대금에서 우리측 지분만큼 배당받고 끝내고 나오면 된다. 2안은 개포동 건물이 경매될 때 우리측 투자자들이 공동 입찰로 경매에 참여하는 것이다. 우리는 2안을 선택하려고 준비했었다. 아니, 우리는 무조건 2안을 선택해야만 한다. 2안에 의해 공동 입찰을 했을 경우, 생길 수 있는 결과는 2가지! 낙찰 아니면 패찰뿐이다. 두 가지 결과 어느 경우의 수라도 무조건 우리가 이기는 게임이다. 왜일까? 낙찰되었다는 의미는, 우리가(경매를 업으로 하는 입장에서) 사전에 분석한 수익률과 주변 시세 등을 감안해서 정한 금액대로 입찰해서 낙찰받았으니 기뻐할 일이다. 반대로 패찰을 했을 경우, 이 경우도 절대 나쁘지 않다. 우리가 입찰에서 떨어졌다는 의미는 누군가가 우리가 입찰한 가격보다 더 높게 입찰해서 낙찰받았다는 뜻이고, 비록 떨어지긴 했지만 우리가 예상한 것보다 더 많은 배당금을 지분만큼 받아 갈 테니 이 또한 좋은 일 아닌가?

공유물분할에 대한 확정판결 받은 이후, 빠른 정리를 위해 토지와 건물 전체에 대해 형식적 경매 진행과 함께 일반매매를 진행 시켰다. 투 트랙

(two track) 전략이다. 이후, 87억 원에 매수 제의가 들어와 일반 매매계약으로 매각을 진행, 우리 투자자들의 몫을 정산받고 마무리했다. 이처럼 공유물 분할 청구에 의한 방법은 소수 지분권자에게 절대적 힘을 부여하는 것이다. 특히, 우리 투자클럽처럼 '공동 입찰 시스템'과 그리고 전문적인 지식과 풍부한 경험, 거기에 경매 전문 변호사팀을 가지고 있다면 말이다.

2. 공유자우선매수권 및 공유물분할 청구권 활용

이미 앞에서 지분경매에 대한 다양한 내용과 공유자우선매수권 활용 방법, 공유물분할 청구에 대해 살펴봤다. 이제까지의 내용을 잘 이해하고 있다면, 다음의 내용도 흥미 있을 듯하다. 필자가 운영하는 투자클럽에서 진행하는 주된 투자방식이 '공동 입찰 시스템'이라고 책 앞부분에서 설명했다. 다수의 투자자가 한 물건에 소액으로 공동 입찰하는 방식을 10년 넘게 진행해 오고 있다. 적게는 10~20명에서 많게는 200명이 넘는 사람들이 한 물건에 공동으로 입찰해서 낙찰받게 되면, 결국, 투자클럽 내부적으로는 ONE 팀이지만, 외부에서 보기엔 많은 수의 사람들이 1개의 부동산을 공유관계로 소유하고 있는 모습이 된다. 즉, 공유관계가 되는 것이다. 이제까지 지분경매를 통해 배운 그 '공유관계' 말이다.

공유자우선매수권 카드 활용

투자클럽에서 20명이 공동 입찰로 낙찰받아 소유권이전등기까지 마치면, 등기사항증명서상에 지분이 등기되고 공유관계가 된다. 그렇게 투자가 진행되다가, 만일 투자자 중 1명이 문제가 생겨 잘못되면 어떻게 처리할까?

20명 중 투자자 겸 공유자 1명이 경제적 사정이 안 좋아져 1/20로 소유하고 있던 자신의 지분이 경매된다면?? 그렇다. 앞에서 배운 대로 나머지 공유자들 19장의 카드를 활용해 공유자우선매수권 행사를 해서 흡수해 버리면 된다. 그리고 해당 공유자는 본 사건에서 빠지게 된다. 즉, 공동 입찰 했더라도 자신만 경제적 문제가 없으면 전혀 문제 될 게 없는 것이고, 공유자 우선 매수 카드를 사용해 정리하면 된다.

공유물분할 청구권 카드 활용

투자클럽에서 20명이 공유하고 있는 부동산을 정리하려면 어떻게 할까? 앞에서 배운 대로 '공유물분할 청구를 통해 판결받아 형식적 경매를 진행하면 된다, 이때 일반매매도 병행하면서 둘 중 빠른 쪽으로 처리하면 된다. 즉, 매매를 통해 정리하던가, 법원을 통해 낙찰대금에서 배당받고 끝내던가 하면, 깔끔하게 정리할 수 있게 된다. 공유물분할에 의한 형식적 경매가 진행되는 동안을 투자 기간이라고 생각하면 되고, 그 기간 동안, 좋은 지역의 좋은 물건은 부동산가격의 오름세를 보이기 때문에, 실제로 경매 입찰하는 시점이 되면 이전에 낙찰받았던 시점보다 좀 더 좋은 가격에 매각되는 경우가 많기 때문이다.

다음은 〈개포동 사건에 대한 공유물분할 판결문〉 전문이다. 경매 공부하는 사람들에게 필요한 실전 내용으로 본 판결문을 통해 지분경매에 대한 시각을 좀 더 크게 가질 수 있을 것을 기대한다.

서울중앙지방법원

판 결

사 건	2014가단5212363 공유물분할
원고 및 승계참가인	별지1 원고 및 승계참가인 목록 기재와 같다.
	소송대리인 변호사 현창●
피고 및 승계참가인	별지2 피고 및 승계참가인 목록 기재와 같다.
	소송대리인 법무법인 휘담
	담당변호사 손범●
변론종결	2017. 9. 28.
판결선고	2017. 11. 9.

주 문

1. 별지3 목록 기재 각 부동산을 경매에 부쳐 그 매각대금에서 경매비용을 공제한 나머지 금액을 별지4 표 '공유지분'란 기재 각 비율에 따라 원고들(탈퇴자 제외), 피고들(탈퇴자 제외) 및 승계참가인들에게 분배한다.

2. 피고 이보●는 원고들(탈퇴자 제외) 및 원고 승계참가인들에게 별지6 표 '인용금액' 란 기재 각 해당 금액 및 그중 같은 표 '순수입'란 기재 각 해당 금액에 대하여 2017. 1. 1.부터 2017. 11. 9.까지 연 5%, 그 다음날부터 다 갚는 날까지 연 15%의 각 비율로 계산한 돈을 각 지급하라.

3. 원고들(탈퇴자 제외) 및 원고 승계참가인들의 피고 이보●에 대한 각 나머지 청구를

- 1 -

모두 기각한다.

4. 소송비용은 각자 부담한다.

5. 제2항은 가집행할 수 있다.

청 구 취 지

주문 제1항 기재 및 피고 이보희는 원고들(탈퇴자 제외) 및 원고 승계참가인들에게 별지5 표 '청구금액'란 기재 각 해당 금액 및 그중 같은 표 '순수입'란 기재 각 해당 금액에 대하여 2017. 1. 1.부터 이 사건 판결선고일까지 연 5%, 그 다음날부터 다 갚는 날까지 연 15%의 각 비율로 계산한 돈을 각 지급하라는 취지.

이 유

1. 기초사실

가. 원고들은 2014. 1. 3. 이 법원 2013타경27061호 임의경매절차에서 별지3 목록 기재 각 부동산(이하 합쳐서 '이 사건 각 부동산'이라고 하고, 각기 "이 사건 토지' 및 '이 사건 건물'이라고 한다) 중 옥성●의 2/27지분을 별지4 표 기재 각 해당 지분별로 경락받았고, 위 경락일 이전부터 이 사건 각 부동산 중 피고 박준●은 1/3지분, 피고 이보●는 3/27지분, 피고 옥수●, 옥설●은 각 2/27지분을, 이 사건 토지 중 피고 이종●는 1/3지분을, 이 사건 건물 중 피고 이재●, 이재●, 이정● 각 1/9지분을 보유하여 왔다.

나. 이 사건 소송 계속 중에 원고 김미현은 2016. 1. 12. 원고 승계참가인 정영균에게 이 사건 각 부동산 중 16/7,884지분을 각 증여하였고, 2016. 12.경 원고 승계참가인 정영균에게 이 사건 각 부동산의 공유지분권자로서 보유하던 일체의 채권을 양도함과

- 2 -

아울러 그 양도통지권한을 위임하였으며, 원고 박신●는 2016. 11. 16. 원고 승계참가인 김은선에게 이 사건 각 부동산 중 10/7,884지분을 각 증여하였고, 2017. 1.경 원고 승계참가인 김은●에게 이 사건 각 부동산의 공유지분권자로서 보유하던 일체의 채권을 양도함과 아울러 그 양도통지권한을 위임하였다. 원고 승계참가인들은 2017. 6. 22.자 청구취지 및 청구원인 변경신청서로서 피고들 및 피고 승계참가인들에게 위 각 채권양도사실을 통지하여 그 부본이 2017. 6. 27. 피고들 및 피고 승계참가인들에게 송달되었다.

다. 그리고 피고 승계참가인 박정●, 박정●은 2016. 4. 15. 피고 박준●으로부터 이 사건 각 부동산 중 각 1/6지분을 증여받았다.

라. 한편, 피고 이보●는 2006.경 이 사건 건물의 다른 공유자들로부터 위 건물의 관리권한을 위임받아 현재까지 단독으로 이 사건 건물을 관리하면서 임대사업을 영위하여 오고 있다.

[인정 근거] 일부 다툼 없거나 기록상 명백한 사실, 갑 제1, 8, 9호증의 각 1, 2의 각 기재 및 변론 전체의 취지

2. 공유물분할청구에 관한 판단

재판에 의하여 공유물을 분할하는 경우에 현물로 분할할 수 없거나 현물로 분할하게 되면 그 가액이 현저히 감손될 염려가 있는 때에는 물건의 경매를 명하여 대금분할을 할 수 있는 것이고, 여기에서 '현물로 분할할 수 없다'는 요건은 이를 물리적으로 엄격하게 해석할 것은 아니고, 공유물의 성질, 위치나 면적, 이용상황, 분할 후의 사용가치 등에 비추어 보아 현물분할을 하는 것이 곤란하거나 부적당한 경우를 포함한다(대법원 2009. 9. 10. 선고 2009다40219, 40226 판결 등 참조)

- 3 -

이 사건 각 부동산은 이 사건 토지 상에 지상 6층, 지하 2층의 이 사건 건물이 위치하고 있고, 40여 명이나 되는 원고들(탈퇴자 제외), 피고들(탈퇴자 제외) 및 승계참가인들이 이 사건 각 부동산을 공유하고 있을 뿐 아니라 그 공유지분 비율이 작게는 6/7,886부터 크게는 1/3까지 매우 큰 편차를 보이고 있으며, 피고 이종●, 이재● 이재● 및 이정●(위 각 피고들의 공유지분 합계 1/3)을 제외한 나머지 공유자들 모두가 경매를 통한 대금분할의 방법에 의한 분할에 동의하고 있다.

따라서 현물분할의 방법으로는 이 사건 각 부동산의 효용가치를 유지하면서 공유자들 사이에 공평한 분할을 하기가 곤란하거나 부적당한 경우에 해당하므로, 이 사건 각 부동산을 경매에 부쳐 그 매각대금 중 경매비용을 공제한 나머지 금액을 별지4 표 '공유지분'란 기재 각 비율에 따라 원고들(탈퇴자 제외), 피고들(탈퇴자 제외) 및 승계참가인들에게 분배하는 방법으로 분할하기로 한다.

3. 부당이득반환청구에 관한 판단

　가. 원고들(탈퇴자 제외) 및 원고 승계참가인들의 주장

　피고 이보●는 이 사건 건물을 임대하여 취득한 부당이득의 반환으로 원고들(탈퇴자 제외) 및 원고 승계참가인들에게 아래 표 기재와 같이 원고들이 이 사건 건물에 대한 각 공유지분을 취득한 2014. 1. 3.부터 2016. 12. 31.까지 이 사건 건물을 임대하여 취득한 임대료 수입과 임대보증금에 대한 이자를 합한 총수입에서 경비를 공제한 순수입 합계 424,718,956원 중 원고들(탈퇴자 제외) 및 원고 승계참가인들의 공유지분에 상응하는 별지5 표 '순수입'란 기재 각 해당금액과 그중 2014. 1. 3.부터 2015. 12. 31.까지의 순수입에 대한 지연이자로 같은 표 '지연이자'란 기재 각 해당금액을 합한 같은 표 '청구금액'란 기재 각 해당금액을 각 지급할 의무가 있다.

- 4 -

구분	총수입 (a)	경비 (b)	순수입 (c) = (a) - (b)
2014년[1]	202,249,875	54,135,917	148,113,958
2015년	207,689,995	61,799,666	145,890,329
2016년	202,924,909	72,210,240	130,714,669
합계	612,864,779	188,145,823	424,718,956

나. 판 단

1) 2014. 1. 3.부터 2014. 12. 31.까지의 순수입액

가) 총수입액

(1) 2014. 1. 3.부터 2014. 6. 30.까지: 임대료 수입 96,720,000원과 보증금에 대한 이자 2,585,368원을 합한 99,305,368원에 대하여 179일/181일의 비율로 계산한 98,208,071원(= 99,305,368 × 179일/181일, 원 미만 버림, 이하 같음)

(2) 2014. 7. 1.부터 2014. 12. 31.까지: 임대료 수입 101,520,000원과 보증금에 대한 이자 2,521,804원을 합한 104,041,804원

(3) 이상 소계 202,249,875원(= 98,208,071 + 104,041,804)

[인정 근거] 을 제1호증의 1, 2의 각 기재 및 변론 전체의 취지

(4) 피고 이보●는 2014년 각 부동산임대공급가액명세서(을 제1호증의 1, 2)상 보증금 이자 부분은 단지 세금신고를 위해 작성한 것에 불과하고 이 사건 건물을 관리하기 위한 예금계좌에 약 3500만 원에서 4000만 원 정도의 잔액만이 유지되어 와서 사실관계에 부합하지 않으므로 위 각 부동산임대공급가액명세서상 보증금 이자액을 임대 수입에 포함시키는 것은 부당하다고 주장하나, 이를 인정할 만한 아무런 증거가 없

---

1) 2014. 1. 3.부터 2014. 12. 31.까지를 가리킨다.

으므로, 피고 이보●의 위 주장은 받아들이지 아니한다.

나) 경비

(1) 피고 이보●는 2014년도 손익계산서(갑 제7호증) 상 2014년도 판매비와 관리비 86,942,433원 전부가 2014년도에 이 사건 건물의 관리를 위하여 발생한 경비라고 주장하고, 이에 대하여 원고들(탈퇴자 제외) 및 원고 승계참가인들은 위 판매비와 관리비 86,942,433원 중에서 세금과 공과금 중 건물 취득세 520,380원, 재산세 9,865,464원, 개인사업자균등할주민세 62,500원 등 합계 10,448,344원, 감가상각비 21,546,062원, 통신비 중 428,640원 및 카드접대비 85,200원을 공제한 54,434,187원만이 2014년 이 사건 건물의 관리를 위한 경비라고 다투는바, 이하 개별로 살펴본다.

(가) 원고들(탈퇴자 제외) 및 원고 승계참가인들은, 건물 취득세 520,380원은 피고 승계참가인들이 피고 박준●으로부터 그의 공유지분을 증여받음에 따라 부과된 것으로 이 사건 건물 관리를 위하여 발생한 것이 아니라고 주장하나, 이를 인정할 증거가 없으므로 위 주장은 받아들이지 아니한다.

(나) 피고 이보●는 재산세 합계 9,865,464원(= 이 사건 건물의 해당 공유지분에 관한 피고 이재● 376,860 + 피고 이재● 376,860 + 피고 이정● 376,860 + 이보● 376,860 + 피고 옥수● 251,340 + 피고 옥설● 251,340 + 피고 박준● 1,130,580 + 이 사건 토지 중 해당 공유지분에 관한 피고 옥수● 502,860 + 피고 옥설● 502,860 + 피고 이보● 752,260 + 피고 이종● 2,732,160 + 피고 박준● 2,234,624)도 이 사건 건물의 관리를 위하여 발생한 경비라고 주장하나, 이를 인정할 만한 증거가 없으므로 위 주장은 받아들이지 아니한다.

(다) 원고들(탈퇴자 제외) 및 원고 승계참가인들은, 개인사업자균등할주민세

- 6 -

는 피고 이보● 개인에게 부과된 세금에 불과하므로 이 사건 건물의 관리를 위한 필요경비에 해당하지 않는다고 주장하나, 개인사업자균등할주민세는 지방자치단체에 사업소를 둔 개인에게 부과되는 주민세로서[2] 사업을 위하여 지출되는 경비이므로, 위 주장은 받아들이지 아니한다.

(라) 피고 이보●는, 감가상각비 21,546,062원도 2014년에 이 사건 건물의 관리를 위하여 발생한 경비이므로 부당이득액 산정을 위해서는 총수입액에서 위 감가상각비를 공제하여야 한다고 주장하는데, 소득세법 제33조 제1항 제6호, 소득세법 시행령 제62조 제1항에 의하면 부동산 감가상각비는 사업소득의 소득금액을 산정하는 데 있어서 총수입금액에서 공제되어야 할 필요경비에 해당하는 점, 그러나 이 사건 건물의 감가상각비는 피고 이보●가 임대수입을 얻으면서 지출한 비용이 아니고, 이 사건 건물의 감가상각으로 인한 손실은 그 소유자에 포함하는 원고들도 각 지분별로 부담하게 되므로, 소득세 부과를 위한 소득금액 산정의 경우와 달리 피고 이보●가 원고들 및 원고 승계참가인들에게 반환하여야 할 부당이득금을 산정하는 데에 있어서는 해당 금액을 공제할 이유가 없는 점 등을 종합하여 보면, 위 주장은 받아들이지 아니한다.

(마) 원고들(탈퇴자 제외) 및 원고 승계참가인들은, 통신비 계정별 원장(갑제11호증)에는 2대의 핸드폰요금이 계상되어 있는데 이 사건 건물의 관리를 위하여 2대의 핸드폰이 사용되었다고 볼 수 없으므로 손익계산서상 통신비 1,779,560원에서 위 계정별 원장 상 각 핸드폰요금 중 요금이 적은 1대분의 요금 428,640원(= 35,720 × 12개월)은 이 사건 건물의 관리를 위한 경비로 볼 수 없다고 주장하나, 피고 이보희가 허위로 2대의 핸드폰요금을 계상하였음을 인정할 증거가 없으므로, 위 주장은 받아들

---

[2] 지방세법 제74조, 제75조, 제78조 참조

이지 아니한다.

(바) 원고들(탈퇴자 제외) 및 원고 승계참가인들은, 카드접대비 계정별 원장 (을 제12호증) 상 부동산중개사무실 식사접대비 85,200원은 이 사건 건물의 관리를 위하여 지출된 것이 아니라고 주장하나, 일반적으로 부동산 임대에는 중개인의 협조가 필요한 점을 고려할 때, 위 식사접대비가 이 사건 건물의 관리를 위한 것이 아니라고 단정할 수 없으므로, 위 주장도 받아들이지 아니한다.

(사) 인정 경비: 55,530,907원(= 2014년도 손익계산서상 판매비와 관리비 86,942,433 - (재산세 합계 9,865,464 + 감가상각비 21,546,062))

다) 순수입액 146,718,968원(= 총수입액 202,249,875 - 인정 경비 55,530,907)

2) 2015년도의 순수입액

가) 총수입액

(1) 2015년도 상반기 임대료 수입 93,720,000원과 보증금에 대한 이자 2,107,533원 등 합계 95,827,533원

(2) 2015년도 하반기 임대료 수입 93,720,000원과 보증금에 대한 이자 2,142,462원 등 합계 95,862,462원

(3) 피고 이보●가 조태●로부터 수령한 임료 6,000,000원과 임대차보증금에서 공제한 연체 차임 10,000,000원 등 합계 16,000,000원

(4) 이상 소계 207,689,995원(= 95,827,533 + 95,862,462 + 16,000,000)

[인정 근거] 일부 다툼 없는 사실, 을 제1호증의 3, 4의 각 기재 및 변론 전체의 취지

(5) 피고 이보●는 2015년 각 부동산임대공급가액명세서(을 제1호증의 3, 4)상

- 8 -

보증금 이자 부분에 대해서도 위 1), 가), (4)항 기재와 같은 주장을 하나, 같은 이유로 위 주장은 받아들이지 아니한다.

나) 경비

(1) 피고 이보●는 2015년도 손익계산서(갑 제7호증) 상 2015년도 판매비와 관리비 102,052,148원과 기부금 1,000,000원 전부가 2015년도에 이 사건 건물의 관리를 위하여 발생한 경비라고 주장하고, 이에 대하여 원고들(탈퇴자 제외) 및 원고 승계참가인들은 위 판매비와 관리비 102,052,148원 중에서 세금과 공과금 중 재산세 11,414,620원, 개인사업자균등할주민세 62,500원 등 합계 11,477,120원, 감가상각비 21,546,062원, 대손상각비 6,160,000원 및 통신비 중 69,300원과 기부금 1,000,000원을 공제한 61,799,666원만이 2015년 이 사건 건물의 관리를 위한 경비라고 다투는바, 이하 개별로 살펴본다.

(가) 피고 이보●는 재산세 합계 11,414,620원(= 이 사건 건물의 해당 공유지분에 관한 피고 옥설● 249,010 + 피고 옥수● 249,010 + 피고 이보● 373,340 + 이재● 373,340 + 피고 이재● 373,340 + 피고 이정● 373,340 + 피고 박준● 1,230,070 + 이 사건 토지 중 해당 공유지분에 관한 피고 옥설● 528,060 + 피고 옥수● 528,060 + 피고 이보● 799,390 + 피고 이종● 2,881,060 + 피고 박준● 3,566,600)도 이 사건 건물의 관리를 위하여 발생한 경비라고 주장하나, 이를 인정할 만한 증거가 없으므로 위 주장은 받아들이지 아니한다.

(나) 원고들(탈퇴자 제외) 및 원고 승계참가인들은, 개인사업자균등할주민세 62,500원은 피고 이보희 개인에게 부과된 세금에 불과하므로 이 사건 건물의 관리를 위한 필요 경비에 해당하지 않는다고 주장하나, 위 1), 나), (1), (다)항 기재와 같은 이유

- 9 -

로 위 주장은 받아들이지 아니한다.

(다) 피고 이보●는, 감가상각비 21,546,062원도 2015년에 이 사건 건물의 관리를 위하여 발생한 경비이므로 부당이득액 산정을 위해서는 총수입액에서 위 감가상각비를 공제하여야 한다고 주장하는데, 위 1), 나), (1), (라)항 기재와 같은 이유로 위 주장은 받아들이지 아니한다.

(라) 피고 이보●는, 2012년 중 2개월 상당의 임대료채권 6,160,000원에 대한 3년의 소멸시효가 완성되어 대손상각비로 처리한 것도 2015년도에 이 사건 건물의 관리를 위하여 발생한 비용에 해당한다고 주장하나, 위 비용은 원고들이 이 사건 건물에 관한 공유지분을 취득하기 이전의 수입에 관한 것으로서 원고들과 무관한 것이므로 위 주장은 받아들이지 아니한다.

(마) 원고들(탈퇴자 제외) 및 원고 승계참가인들은, 2015년도 통신비 계정별 원장(을 제13호증)에는 1월과 2월에 2대의 핸드폰요금이 계상되어 있는데 이 사건 건물의 관리를 위하여 2대의 핸드폰이 사용되었다고 볼 수 없으므로 손익계산서상 통신비 중 통신비 중1,779,560원에서 위 계정별원장 상 각 핸드폰요금 중 요금이 적은 1대분의 요금 69,300원(= 35,870 + 33,430)은 공제되어야 한다고 주장하나, 위 1), 나), (1), (마)항 기재와 같은 이유로 위 주장은 받아들이지 아니한다.

(바) 피고 이보●는, 기부금 1,000,000원도 이 사건 건물의 관리를 위하여 발생한 경비라고 주장하나, 이를 인정할 만한 증거가 없으므로 위 주장도 받아들이지 아니한다.

(사) 인정 경비: 61,931,466원(= 2015년도 손익계산서상 판매비와 관리비 102,052,148 - (재산세 합계 11,414,620 + 감가상각비 21,546,062 + 대손상각비

- 10 -

6,160,000 + 기부금 1,000,000))

다) 순수입액 145,758,529원(= 총수입액 207.689,995 - 인정 경비 61,931,466)

3) 2016년도의 순수입액

가) 총수입액

(1) 2016년도 상반기 임대료 수입 93,720,000원과 보증금에 대한 이자 1,521,636원 등 합계 95,241,636원

(2) 2016년도 하반기 임대료 수입 106,020,000원과 보증금에 대한 이자 1,663,273원 등 합계 107,683,273원

(3) 이상 소계 202,924,909원(= 95,241,636 + 107,683,273)

[인정 근거] 갑 제14호증의 1, 2의 각 기재 및 변론 전체의 취지

(4) 피고 이보●는 2016년 각 부동산임대공급가액명세서(갑 제14호증의 1, 2) 상 보증금 이자 부분에 대해서도 위 1), 가), (4)항 기재와 같은 주장을 하나, 같은 이유로 위 주장은 받아들이지 아니한다.

나) 경비

(1) 피고 이보●는 2016년도 손익계산서(갑 제15호증) 상 2016년도 판매비와 관리비 104,582,332원 전부가 2016년도에 이 사건 건물의 관리를 위하여 발생한 경비라고 주장하고, 이에 대하여 원고들(탈퇴자 제외) 및 원고 승계참가인들은 위 판매비와 관리비 중에서 세금과 공파금 중 재산세 10,682,530원, 개인사업자균등할주민세 62,500원 등 합계 10,745,030원, 감가상각비 21,546,062원, 접대비 81,000원을 공제한 104,582,332원만이 2016년 이 사건 건물의 관리를 위한 경비라고 다투는바, 이하 개별로 살펴본다.

- 11 -

(카) 피고 이보●는 재산세 합계 10,682,530원(= 이 사건 건물의 해당 공유

지분에 관한 피고 옥설● 239,490 + 피고 옥수● 239,490 + 피고 이보● 359,080 +

이재● 359,080 + 피고 이재● 359,080 + 피고 이정● 359,080 + 피고 승계참가인 박

정● 538,790 + 피고 승계참가인 박정● 538,790 + 이 사건 토지 중 해당 공유지분에

관한 피고 옥설● 547,820 + 피고 옥수● 547,820 + 피고 이보● 838,290 + 피고 이

종● 2,997,860 + 피고 승계참가인 박정● 1,378,930 + 피고 승계참가인 박정●

1,378,930)도 이 사건 건물의 관리를 위하여 발생한 경비라고 주장하나, 이를 인정할

만한 증거가 없으므로 위 주장은 받아들이지 아니한다.

(나) 원고들(탈퇴자 제외) 및 원고 승계참가인들은, 개인사업자균등할주민세

62,500원은 피고 이보● 개인에게 부과된 세금에 불과하므로 이 사건 건물의 관리를

위한 필요 경비에 해당하지 않는다고 주장하나, 위 1), 나), (1), (카)항 기재와 같은 이유

로 위 주장은 받아들이지 아니한다.

(다) 피고 이보●는, 감가상각비 21,546,062원도 2016년에 이 사건 건물의

관리를 위하여 발생한 경비이므로 부당이득액 산정을 위해서는 총수입액에서 위 감가

상각비를 공제하여야 한다고 주장하는데, 위 1), 나), (1), (카)항 기재와 같은 이유로 위

주장은 받아들이지 아니한다.

(라) 원고들(탈퇴자 제외) 및 원고 승계참가인들은, 접대비 계정별 원장(갑

제17호증) 상 신용카드등 사용 일반접대비 합계 81,000원은 이 사건 건물의 관리를 위

하여 지출된 것이 아니라고 주장하고, 피고 이보●는, 위 비용은 재판을 통하여 이 사

건 건물 중 5층의 임차인 조태●을 퇴거시키는 과정에서 발생한 것이라고 다투는바,

을 제14호증의 기재에 변론 전체의 취지를 보태면, 피고 이보●는 이 사건 건물 중 5

- 12 -

층의 임차인 조태●이 차임을 연체하는 등 채무를 이행하지 아니하여 이 법원 2015가 단204074호로 조태●을 상대로 위 5층의 인도와 연체차임지급 등을 청구하였고, 위 소 송에서 조태●의 소재가 파악되지 아니하여 공시송달로 재판이 진행되어 2016. 7. 13. 승소판결을 받은 점을 고려할 때, 위 접대비가 이 사건 건물의 관리를 위한 것이 아니 라고 단정할 수 없으므로, 원고들(탈퇴자 제외) 및 원고 승계참가인들의 위 주장은 받 아들이지 아니한다.

㈐ 인정 경비: 72,353,740원(= 2016년도 손익계산서상 판매비와 관리비 104,582,332 – (재산세 합계 10,682,530 + 감가상각비 21,546,062))

다) 순수입액 130,571,169원(= 총수입액 202,924,909 - 인정 경비 72,353,740)

4) 소 결

따라서 피고 이보●는 이 사건 건물을 임대하여 취득한 부당이득의 반환으로 원고 들(탈퇴자 제외) 및 원고 승계참가인에게 아래 표 기재와 같이 원고들이 이 사건 건물 에 대한 각 공유지분을 취득한 2014. 1. 3.부터 2016. 12. 31.까지 이 사건 건물을 임 대하여 취득한 임대료 수입과 임대보증금에 대한 이자의 합산액에서 이 사건 건물의 관리를 위하여 소요된 경비를 공제한 순수입 합계 423,408,666원 중 원고들(탈퇴자 제 외) 및 원고 승계참가인들의 공유지분에 상응하는 별지6 표 '순수입'란 기재 각 해당금 액과 그중 2014. 1. 3.부터 2015. 12. 31.까지의 금액에 대한 지연이자인 같은 표 '지연 이자'란 기재 각 해당금액을 합한 같은 표 '인용금액'란 기재 각 해당금액 및 그중 같 은 표 '순수입'란 기재 각 해당금액에 대하여 2017. 1. 1.부터 이 사건 판결선고일인 2017. 11. 9.까지 민법이 정한 연 5%, 그 다음날부터 다 갚는 날까지 소송촉진등에 관 한 특례법이 정한 연 15%의 각 비율로 다 갚는 날까지의 지연손해금을 각 지급할 의

- 13 -

무가 있다.

(단위: 원)

구분	총수입 (a)	경비 (b)	순수입 (c) = (a) - (b)
2014년3)	202,249,875	55,530,907	146,718,968
2015년	207,689,995	61,931,466	145,758,529
2016년	202,924,909	72,353,740	130,571,169
합계	612,864,779	189,816,113	423,048,666

4. 결 론

  그렇다면, 원고들(탈퇴자 제외) 및 원고 승계참가인들의 피고들(탈퇴자 제외) 및 피고 승계참가인들에 대한 공유물분할청구는 전부 이유 있어 이를 인용하고, 원고들(탈퇴자 제외) 및 원고 승계참가인들의 피고 이보●에 대한 각 부당이득반환청구는 위 인정 범위 내에서 이유 있어 일부 인용하며, 각 나머지 청구는 이유 없어 모두 기각하기로 하여, 주문과 같이 판결한다.

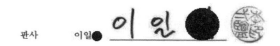

판사　　　　이일●　이인●

---

3) 2014. 1. 3.부터 2014. 12. 31.까지를 가리킨다.

- 14 -

09

유치권이란
무엇인가

경매 진행 물건들을 보다 보면, 다음과 같이 현장에서 유치권 행사 중인 사건들이 있다. 그리고, 법원의 매각물건명세서에 '유치권 신고가 있으나 성립 여부 불분명' 또는 '유치권 신고서 제출' 등의 표기로 유치권에 대해 언급된 경우가 있다.

이렇게 매각 물건 중에 유치권 행사 중인 사건들을 보면, 그 권리관계가 심플한 경우에서부터 실타래처럼 복잡하게 얽혀 있는 경우까지 참으로 다양하다. 이런 유치권 관련 사건들을 해결하기 위해선 유치권에 대한 이해가 충분히 되어있어야 해당 사건들에 대한 분석도 가능하다. 자, 그럼 유치권이란 무엇인지 확인해 보도록 하자. 또한 민법상 유치권과 관련된 조문도 살펴보자.

사 건	2020타경1244 부동산강제경매 2020타경1282(병합)		매각 물건번호	2	작성 일자	2021.08.24	담임법관 (사법보좌관)	정현주	
부동산 및 감정평가액 최저매각가격의 표시	별지기재와 같음		최선순위 설정	2019.9.24. 가압류			배당요구종기	2021.03.09	

부동산의 점유자와 점유의 권원, 점유할 수 있는 기간, 차임 또는 보증금에 관한 관계인의 진술 및 임차인이 있는 경우 배당요구 여부와 그 일자, 전입신고일자 또는 사업자등록신청일자와 확정일자의 유무와 그 일자

점유자 성 명	점유 부분	정보출처 구분	점유의 권원	임대차기간 (점유기간)	보증금	차임	전입신고 일자. 사업자등록 신청일자	확정일자	배당 요구여부 (배당요구일자)
김유나	전부	현황조사	주거 임차인	2020.09.17. ~ 2022.09.17.	2,500만원	월 40만원			
	전부	권리신고	주거 임차인	2020.09.17. ~ 2022.09.17.	2,500만원	월 40만원	2020.10.08.	2020.12.24.	2020.12.24.

〈비고〉

※ 최선순위 설정일자보다 대항요건을 먼저 갖춘 주택·상가건물 임차인의 임차보증금은 매수인에게 인수되는 경우가 발생 할 수 있고, 대항력과 우선변제권이 있는 주택·상가건물 임차인이 배당요구를 하였으나 보증금 전액에 관하여 배당을 받지 아니한 경우에는 배당받지 못한 잔액이 매수인에게 인수되게 됨을 주의하시기 바랍니다.

등기된 부동산에 관한 권리 또는 가처분으로 매각으로 그 효력이 소멸되지 아니하는 것

매각에 따라 설정된 것으로 보는 지상권의 개요

비고란

(주)대물하우징으로 부터 공사대금채권 금 20,000,000원에 대하여 유치권 신고가 있으나 성립여부 불분명

| 유치권 신고된 매각물건명세서 상세내역

| 현장에서 유치권 행사 중인 모습

〈유치권 관련 조문〉

◆유치권의 내용(민법 320조)
① 타인의 물건 또는 유가증권을 점유한 자는 그 물건이나 유가증권에 관하여 생긴 채권이 변제기에 있는 경우에는 변제를 받을 때까지 그 물건 또는 유가증권을 유치할 권리가 있다.
② 전항의 규정은 그 점유가 불법행위로 인한 경우에 적용하지 아니한다.

◆유치권의 불가분성(민법 321조)
유치권자는 채권 전부의 변제를 받을 때까지 유치물 전부에 대하여 그 권리를 행사할 수 있다.

◆유치권의 경매신청권과 간이 변제 충당권(민법 322조)
① 유치권자는 채권의 변제를 받기 위하여 유치물을 경매할 수 있다.
② 정당한 이유가 있는 때에는 유치권자는 감정인의 평가에 의하여 유치물로 직접 변제에 충당할 것을 법원에 청구할 수 있다. 이 경우에는 유치권자는 미리 채무자에게 통지하여야 한다.

◆유치권의 과실 수취권(민법 323조)
① 유치권자는 유치물의 과실을 수취하여 다른 채권보다 먼저 그 채권의 변제에 충당할 수 있다. 그러나 과실이 금전이 아닌 때에는 경매하여야 한다.
② 과실은 먼저 채권의 이자에 충당하고 그 잉여가 있으면 원본에 충당한다.

◆유치권자의 선관주의 의무(민법 324조)
① 유치권자는 선량한 관리자의 주의로 유치물을 점유하여야 한다.
② 유치권자는 채무자의 승낙 없이 유치물의 사용, 대여 또는 담보제공을 하지 못한다. 그러나 유치물의 보존에 필요한 사용은 그러하지 아니하다.
③ 유치권자가 전 2항의 규정에 위반한 때에는 채무자는 유치권의 소멸을 청구할 수 있다.

◆유치권자의 상환청구권(민법 325조)
① 유치권자가 유치물에 관하여 필요비를 지출한 때에는 소유자에게 그 상환을 청구할 수 있다.
② 유치권자가 유치물에 관하여 유익비를 지출한 때에는 그 가액의 증가가 현존

한 경우에 한하여 소유자의 선택에 좇아 그 지출한 금액이나 증가액의 상환을 청구할 수 있다. 그러나 법원은 소유자의 청구에 의하여 상당한 상환기간을 허여 할 수 있다.

◆피담보채권의 소멸시효(민법 326조)
유치권의 행사는 채권의 소멸시효의 진행에 영향을 미치지 아니한다.

◆타 담보제공과 유치권 소멸(민법 327조)
채무자는 상당한 담보를 제공하고 유치권의 소멸을 청구할 수 있다.

◆점유 상실과 유치권 소멸(민법 328조)
유치권은 점유의 상실로 인하여 소멸한다.

위 8개의 조문 중 유치권과 관련된 가장 중요한 내용은 민법 제320조에서 정하고 있고, 그 내용을 살펴보면 다음과 같이 정의되고 있다.

민법 제320조
① 타인의 물건 또는 유가증권을 점유한 자는 그 물건이나 유가증권에 관하여 생긴 채권이 변제기에 있는 경우에는 변제받을 때까지 그 물건 또는 유가증권을 유치할 권리가 있다.
② 전항의 규정은 그 점유가 불법행위로 인한 경우에 적용하지 아니한다.

간단히 말하면 유치권이란 '해당 물건으로부터 발생 된 채권(받을 돈)'을 못 받아서, 받을 때까지 그 물건을 점유할 권리'로 이해하면 된다. 유치권은 민법상 우선변제권이 인정되지 않는다. 하지만 경매 낙찰자에게 인수시키는 인수주의(引受主義)에 따라 사실상 최우선적인 변제를 받게 되는 결과가 된다. 즉, 변제하지 않으면 물건을 인도받을 수 없으니 어쩔 수 없이(?) 낙찰자는 유치권자의 채권을 가장 먼저 변제하고 물건을 받는 모양새가 된다.

'부동산경매의 매수인은 유치권자에게 그 유치권으로 담보하는 채권을 변제할 책임이 있다(민집91조5항)' 여기에서 '변제할 책임이 있다'는 의미는 부동산상의 부담을 승계한다는 취지로서 인적 채무까지 인수한다는 의미는 아니므로 유치권자는 매수인에게 목적물의 인도를 거절할 수 있을 뿐이지 그 피담보채권의 변제를 청구할 수는 없다(대법원 95다 8713).

이렇다 보니, 유치권이라는 권리는 경매 실무에서 해당 경매 사건에 선행된 타 담보물권들보다 사실상 우선권을 부여받게 되는 것으로 처리되는 결과가 나타나게 되고, 이는 물권 간의 우선권에 대한 질서를 흐트러뜨리는 문제를 야기시키게 된다. 이런 이유로 유치권에 대한 여러 차례 개정 움직임이 있었으나 처리되지 못하고 있다.

유치권은 저당권과 같은 약정담보물권이 아니고 법정담보물권이어서 등기사항 증명서를 통해 확인할 방법이 없다. 게다가 유치권자의 신고 의무도 없으므로 스스로 신고하고 알리지 않으면, 그 존재 자체를 알 수가 없다. 또한, 유치권자가 법원에 유치권에 관한 권리 신고를 했어도, 법원은 그 권리의 실제 존재 여부를 확인하는 실질적 심사를 하지 않고, 형식적 심사만 하므로 유치권의 진위 여부는 입찰자 즉, 매수하려는 자의 몫이 된다. 그 유치권의 권리가 진짜인지 가짜인지를 입찰자 스스로 파악해야 하고, 또 그 권리가 성립할 경우에는 그 권리가액을 인수해야 하는 부담도 생기게 되므로 주의를 필요로 하게 되는 것이다. 그래서 무서운 권리라고 말하는 것이다.

집행관이 현장을 방문하여 작성하는 현황조사서에도 유치권자의 점유 여부에 대한 언급이 있는 경우보다는 없는 경우가 훨씬 많다. 그 이유는 점유에 대한 판단 및 언급이 집행관의 의무적 기재 사항이 아니기 때문이다. 입찰하고자 하는 자의 입장에서는 '확인이 힘든 권리(?)'라는 인식이 깔리게 되고 따라서 모르면 피해 간다는 안전 주의에 따라 응찰을 꺼리게 된다. 그렇게 유찰이 거듭되어 입찰가가 저렴해지면 유치권 권리 신고가 입찰의 방어적 기능을 톡톡히 해낸 것이 된다. 바로 이점을 악용하여 저가 낙찰의 기회를 엿보려는 것이 허위 유치권자의 속내인 경우가 대부분이다. 그도 그럴 것이, 유치권이 법원에 신고되어도 입찰 희망자는 이해관계인이 아니기 때문에 관련 자료를 볼 수 있는 자격이 없다. 따라서 현장 확인을 통한 유치권 부존재 및 유치권이 성립하지만, 저지시킬 수 있는 증거 확보, 관련자들에 대한 주변 탐문, 추측 등, 마치 탐정이라도 되는 것처럼, 사건 현장을 살피듯 해야 하는 어려움에 봉착하게 되는 것이다. 이런 리스크를 통제하고 컨트롤할 수 없다면 유치권이 붙은 물건은 응찰이 어렵다고 할 것이다.

투자 포인트

유치권의 특징
① 법정담보물권으로 법률상 일정한 요건을 모두 갖추어야 성립하며, 당사자의 합의(또는 특약 등) 등으로 인하여 성립시키지 못한다.
② 부종성(채권이 부존재하거나 소멸하면 유치권은 소멸 함.)
③ 수반성('채권 + 목적물의 점유 '의 이전이 있으면 유치권도 이전 됨.)
④ 불가분성(채권 전부의 변제를 받을 때까지 유치물 전부에 대하여 그 권리를 행사할 수 있음.)
⑤ 물상대위성 불인정(점유로서 인도를 거절하는 권리(즉, 유치하는 권리)이자, 등기를 요하지 않는 권리이며 교환가치를 목적으로 하는 권리가 아님.)

10

가장 임차인의
유치권 신고 사례

1. 허위 유치권 사례

유치권 사례 중 다음과 같이 아파트, 다세대주택 등 주거용부동산에 유치권을 행사하는 경우도 많다. 그런데 대부분은 인정되지 못하는 실정이다. 왜 그런지 다음의 사례를 한번 살펴보자.

사건번호 : 2007 타경 12339
소재지 : 경기도 고양시 덕양구 성사동 신원당마을 205동 506호
특수권리 관계 : 유치권 신고+선순위 가장 임차인

해당 사례는 소유자 겸 채무자 이돈○의 아파트가 경매되자 임차인이라고 주장하는 김동○이 주택에 대하여 공사한 공사대금 2천420만 원을 받겠다고 유치권 신고를 하였다. 유치권에 대한 실체적 확인을 위한 현장 조

l 낙찰 물건 사건 기본 내역 및 매각물건명세서

사에서 임차인 김동○은 가장 임차인이자 허위 유치권자로 볼 수 있는 정황상의 증거들을 확인할 수 있었다.

다음은 경매신청채권자인 신용보증기금에서 김동○에게 보낸 내용증명 서류이다. 본 내용증명을 자세히 살펴보면 김동○은 확실히 가장 임차인이자 허위 유치권자일 가능성이 높다고 판단할 수 있다. 현장 조사 및 다음에서 정리한 내용들을 기초하여 '김동○을 정당한 임차인이자 유치권자로 볼 수 있겠느냐'에 대한 판단 근거로 삼을 수 있었다.

가장 임차인이자 유치권 신고가 허위라고 판단할 수 있는 의심 사항이 여럿 있었다. 첫째, 임차한 아파트의 임대차계약이 체결일보다 4년 정도 앞서 전입신고가 되어 있었다는 점(임대차계약 체결 후 잔금 지급 시기에 맞춰 이사와 전입이 되는 통상의 경우에서 벗어남). 둘째, 임차 당시의 아파트 매매시세가 8천300만 원 정도에 불과한데, 보증금을 8천만 원이나 지불하고 전세 계약을 했다고 주장하는 점이 상식적이지 않음. 셋째, 임차 보증금의 1/4 정도(2천420만 원)를 실내인테리어 비용으로 사용했다는 주장(타인의 집을 임대차하는 경우 최소의 비용으로 도배, 장판 정도 교체하고 입주하는 현실적 측면을 고려하면 과다한 비용의 지출이라고 판단하였고 허위일 가능성이 높다고 판단). 넷째, 실제로 인테리어 비용을 사용한 공사비 지급 사실을 확인할 수 있는 객관적 자료(입금증 및 통장 거래내역 등)를 요구하였으나, 자료제시를 하지 못함. 다섯째, 전 소유자(이준○)에게 보증금 8천만 원을 지급했다고 주장하면서, 전세권 설정을 했다가 임대한 부동산이 매매된 이후 전세권 설정등기를 말소시킨 사유도 석연찮은 부분이다.

수신처 : 경기도 고양시 덕양구 성사동 723 신원당마을아파트　　　　　　김동● 귀하
발신처 : 서울시 동작구 사당동 1049-1 3층 신용보증기금 강남채권관리2팀
제　목 : 배당요구 신청, 유치권 신고 및 전세권설정등기말소 관련 자료협조 요청

1. 귀하의 건승을 기원합니다.

2. 우리 신용보증기금은 담보능력이 부족한 중소기업의 채무를 보증하여 기업의 자금융통을
   원활히 할 목적으로 신용보증기금법에 의해 설립된 정부출연기관입니다.

3. 다름이 아니라 우리 기금이 강제경매(고양지원 2007타경12339 부동산강제경매)를 신청
   하였으나 귀하가 주장하는 임차보증금 및 유치권 문제로 위 사건의 경매가 지연되고 있
   는 것으로 보여지는 바, 귀하께서는 임차보증금 80백만원 및 유치권 24.2백만원이 있다고
   주장하고 있으나, 귀하는 귀하가 임차하였다고 주장하는 아파트에 전입신고일이 임대차
   계약 체결일 보다 약 4년 정도 앞서는 점, 임차당시 아파트 시가가 83백만원에 불과하였
   던 점, 임대차 보증금의 1/4 정도가 실내 인테리어 공사비용으로 쓰인점 등을 감안하여
   볼 때 귀하의 주장에 대하여 쉽게 수긍하기 어려운 실정입니다. 따라서 귀하의 주장에
   대한 실체파악을 위하여 자료협조를 요청하오니 적극 협조하여 주시기 바랍니다.

4. 위 경매사건 부동산에 대하여 1)전소유자 임대인 이준●에게 계약금 8백만원 및 잔금 72
   백만원(지급일:2005.06.07)을 지급한 사실, 2)동 부동산 내부구조 변경으로 인한 공사업자
   하우●종합인테리어(대표:임윤●)에게 24.2백만원(지급일:2005.06.06)을 지급한(세금계산서
   제외) 사실, 3)임대한 부동산이 매매된후 전세권설정등기말소(등기원인일:2005.11.26)를 한
   사실 등에 대하여 귀하께서는 본 내용증명 우편물을 받는 즉시 위 동 부동산임대차 계약
   금 및 잔금 지급사실, 실내 인테리어 공사비용 지급사실 등이 정상적으로 지급된 것임을
   확인할 수 있는 자료(자금출처 등 금융거래 내역 및 관련 영수증[입금표], 통장사본 등
   확인 가능한 자료 일체) 및 임대한 부동산이 매매된 이후 전세권설정등기말소를 한 사유
   등을 2008. 08. 08(금)까지 우리기금으로 제출하여 주시기 바랍니다.

5. 본 자료협조 요청은 사전에 귀하에게 원만한 협조를 구하여 불필요한 법적분쟁을 미연에
   방지하고자 하는 것이며, 기금이 요청한 자료제시가 없을 경우 신용보증기금에서는 부
   득이 귀하의 2007타경12339 부동산강제경매 사건에 대한 배당요구 신청 및 유치권 신고
   에 대하여 허위에 의한 배당요구 신청 및 유치권 신고로 판단하여 귀하를 상대로 법적절
   차에 착수할 수 밖에 없음을 알려드리오니 이점 양지하시기 바랍니다.

2008년 07월 25일

신용보증기금 강남채권관리2팀
담당자:박　차장(02-　-0152)

이 우편물은 2008-07-25
제 3120402010077호에 의하여
내용증명우편물로 발송하였음을 증명함
서울사당동우체국장

| 경매신청 채권자 신용보증기금에서 임차인 김동○에게 보낸 내용증명 서류

이런 부분을 종합적으로 고려했을 때, 분명 김동○은 제3자의 입찰을 저지시키려는 의도가 엿보였으며, 허위의 임차인이자 가짜 유치권 신고로 판단하기에 충분하다. 각종 증거자료 등을 가지고 김동○을 압박하자 역시 예상대로 스스로 권리 포기(임차보증금 및 유치권 포기)하였다. 이렇듯, 현장 조사를 통한 확신이 섰을 때 입찰 할 수 있는 것이다.

2. 유치권의 성립 요건

유치권이 성립하기 위해선 엄격한 성립요건이 요구된다. 약정에 의한 담보물권이 아니라 법에서 정한 요건에 모두 부합했을 때 비로소 성립되는 법정담보물권이기 때문이다. 부동산과 관련된 유치권의 성립요건을 정리해

| 해당 사건에 대한 등기사항증명서

보면 다음과 같다. 아래 5가지 성립요건 중 어느 하나라도 어긋난다면 유치권은 부정된다.

타인의 물건(부동산)이어야 한다

유치권의 성립요건 중, 첫째, '타인의 물건(부동산)이어야 한다.'는 뜻은 유치권의 목적물은 '타인' 소유의 부동산으로 한정하며, '타인'의 범위는 채무자 이외의 제3자도 포함되나, '자기' 소유의 부동산에는 유치권이 성립되지 않는다.

채권과 목적물 사이에 견련관계가 있어야 한다.

'채권과 목적물 사이에 견련관계가 있어야 한다.'는 뜻은 유치권을 주장하는 점유자의 채권이 그 목적물에 관하여 생긴 것이어야 하는데, 이처럼 목적물과 채권이 서로 연관되는 성질을 '견련성(牽聯性)' 또는 '견련관계'라고 한다. '견련관계'란 자동차를 수리하면 수리한 자동차로부터 발생한 수리비 채권이 생기는 것이고, 건물을 신축했으면 신축한 건물로부터 발생한 공사비 채권이 발생하는 것과 같은 경우다.

채권이 변제기에 있어야 한다

'채권이 변제기에 있어야 된다.'는 것은 유치권을 주장하는 점유자의 채권이 변제기에 이르렀을 때를 의미하는 것으로, 자동차 수리가 끝나면 수리비를 지급키로 하는 경우 내지는 공사비 지급 날짜를 특정한 경우 해당 날짜가 도래해야만 된다는 뜻이다.

적법한 점유여야 한다

'적법한 점유일 것'에 대한 해석은 물건을 점유하는 과정에서 그 점유가 불법적이거나 실력행사 등을 통한 점유는 인정되지 않는다는 취지다.

2005년 8월 19일 선고된 2005 다 22688 대법원판결에서 보면 유치권의 점유는 직접점유 또는 간접점유라도 상관없다. 또한 유치권은 점유로써 공시가 되며, 점유는 유치권의 성립요건일 뿐만 아니라, 존속 요건이기 때문에 점유는 계속되어야 한다. 점유의 개시 시기도 문제가 될 수 있다. 압류효력 발생(경매개시결정 기입등기) 전에 점유를 개시한 유치권에 한해 낙찰자에

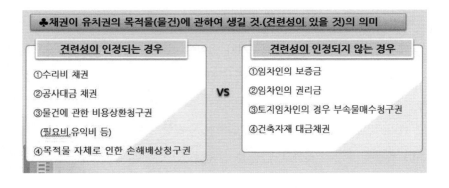

게 대항할 수 있다. 바꿔말하면, 압류효력 발생(경매개시결정 기입등기) 후에 점유를 개시했다면 아무리 진정한 유치권이라도 부정된다는 뜻이다. 채무자 소유의 건물 등 부동산에 강제 경매개시결정의 기입등기가 경료되어 압류의 효력이 발생한 이후에 채무자가 위 부동산에 관한 공사대금 채권자에게 그 점유를 이전함으로써 그로 하여금 유치권을 취득하게 한 경우, 그와 같은 점유의 이전은 목적물의 교환가치를 감소시킬 우려가 있는 처분행위

에 해당하여 민사집행법 제92조 제1항, 제83조 제4항에 따른 압류의 처분금지효력에 저촉되므로 점유자로서는 위 유치권을 내세워 그 부동산에 관한 경매 절차의 매수인에게 대항할 수 없다.

유치권과 점유는 떼려야 뗄 수 없는 관계다. 따라서 점유를 잃으면 유치권도 소멸한다. 그러나 점유를 잃게 된 원인이 침탈당한 경우라면 점유물반환청구권을 행사하여 점유를 회복하면 그 점유는 계속된 것으로 인정되고, 점유를 일시 상실했다가 다시 점유하게 된 경우에도 유치권을 취득한다.

점유라고 함은 "물건이 사회 통념상 그 사람의 사실적 지배에 속한다고 보여지는 객관적 관계에 있는 것"을 말하는데, 사실상의 지배가 있다고 하기 위하여는 반드시 물건을 물리적, 현실적으로 지배하는 것만을 의미하는 것이 아니고 물건과 사람과의 시간적, 공간적 관계와 본권관계, 타인 지배의 배제가능성 등을 고려하여 사회 관념에 따라 합목적적으로 판단하여야 한다(대법원 1996.8.23. 선고 95다8713호 판결).

유치권 성립을 배제하는 특약이 없어야 한다

'유치권 성립을 배제하는 특약이 없어야 한다.'의 의미는 유치권 발생을 배제토록 하는 약정이 있다면 그 약정은 유효하다는 뜻이다. 일반적으로 상가 또는 주택의 임대차계약시 계약이 종료하면 원상회복 시키는 조건으로 하는 특약이나 필요비 또는 유익비 상환청구권을 포기하는 특약 등이 이에 해당한다고 할 것이다.

11

유치권이라고
다 같은 유치권이 아니다

토지를 임차한 임차인이 유치권을 주장한 사례를 보도록 하자. 해당 물건은 경기도 평택시 안중읍 금곡리에 나온 경매사건으로 1억 5천만 원의 유치권 신고가 된 경우이다. 실제로 유치권이 성립하는지 확인해 보자.

사건번호 : 2011 타경 13393
소재지 : 경기도 평택시 안중읍 금곡리 169-1
특수권리 관계 : 유치권+주변 토지작업

본 사건의 현황상 위치는 안중읍에서 동쪽에 위치하며, 38번 국도변에 접하고 있다. 주변으로 안성·오성·서평택·송악 등으로 빠지는 고속도로 IC와 연결되고, 황해경제자유구역 포승·현덕지구, 고덕국제신도시 등 여러 택지지구와 산업단지가 인근에 있다. 평택 서부권 개발 영향권의 중심에

대지 (임의경매)					수원지방법원 평택지원	사건링크

2011 타경 13393

매각기일 2012-08-13(월) 10:00 경매 1계 문의 : 031-650-3164 법원위치

소 재 지	[지 번] 경기도 평택시 안중읍 금곡리 169-1				
용도	대지	채권자	국민은행	감정가	684,000,000원
건물면적		채무자	송정자	최저가	(51%) 350,208,000원
토지면적	912㎡ (276평)	소유자	송정자	보증금	(10%) 35,020,800원
매각대상	토지매각	경매종류	임의경매	청구금액	291,482,942원
사건접수	2011-09-27	배당종기	2011-12-19	경매개시	2011-09-28
주의사항	유치권				

이미지
- 총 12장 · 경매절차 흐름도

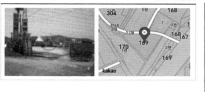

기일내역
기일내역 전체 열기 ▼

회차	매각기일	최저매각금액	결과
신건	12.04.23	684,000,000원	유찰
2차	12.06.04	547,200,000원	유찰
3차	12.07.09	437,760,000원	유찰
4차	12.08.13	350,208,000원	매각
낙찰	김새●외 24명	입찰 3명	413,000,000원(60.38%)
일정	12.08.20	매각결정기일	허가
일정	12.10.19	대금지급기한	납부
배당종결 사건			

매각으로 소멸되지 않는 권리	해당사항 없음
매각에 따라 설정된 것으로 보는 지상권	해당사항 없음
주의사항	제시외 2층 사무실 및 주택1동(1층 컨테이너 사무실 및 벽체이용 판넬조 화장실, 2층 판넬조 판넬지붕 주택), 쇠파이프조 천막지붕 창고 1동 있음. (현황조사서 참조) 유치권(우상현,금150,000,000원)신고있으나 성립여부는 불분명

| 낙찰 물건 사건 기본 내역(임차인 유치권 신고 물건)

| 본 물건의 현장 모습

있어 입지적으로 뛰어난 물건이다. 토지이용계획확인서상 계획관리지역으로 토지에 대한 활용 가치 또한 뛰어나다. 본 물건은 임차인 우상○이 OK자원(고물상)을 운영중에 있었다.

1. 유치권 성립의 검토

임차인 우상○은 본 토지를 임차하여 OK자원(고물상)과 계량소를 운영할 목적으로 사무실 및 주택 등 지상 건물과 계근대를 자신의 비용을 들여 설치하였다. 이후, 본 토지에 대한 경매가 진행되자 지상 건물과 계근대 설치비용 등으로 금 1억 5천만 원의 유치권 신고서를 법원에 제출하였다. 유치권을 주장하며 현장을 점유 중인 우상○은 지상 건물과 계근대 설치비용 등이 본 건 토지에 대한 필요비, 유익비의 지출이라고 주장하였다. 하지만 지상 건물과 계근대 등 본 토지에 있는 시설물들은 임차인(우상○) 소유로 확인되었고, 유치권 성립요건 중 타인의 물건일 것을 요건으로 하는 바 타인의 물건이 아닌 자신의 물건에 대한 유치권은 성립할 수 없으므로 당해 사건은 유치권 성립 여지가 없다고 판단했다. 또한, 지상 건물과 계근대 등의 시설들은 자신의 영업(OK자원·계량소)을 위한 설치이며 본 건 토지의 객관적 가치의 증가를 위한 비용지출이 아니므로 유익비에 해당한다고도 할 수 없다.

임차인의 임대차계약서 등에는 통상 임대차 종료 시 원상회복의무가 있는 점과 본 건의 지목은 이미 대지이므로 지목변경 등의 개발행위를 통해 본 건의 객관적 가치 증가가 있을 수 없는 점 등을 고려해볼 때 유치권은 성립 여지없다고 판단하였다. 임차인(유치권자)을 조사, 확인한 결과 임차인 자신이 본 물건에 투하 자금 회수가 불가능하자 유치권 신고를 통해 입찰가를 저감시키고 자신이 저렴하게 낙찰받으려는 의도가 있었던 것으로 조사되었다. 결국 유치권은 문제 될 게 없었다. 깔끔하게 정리할 자신 있었고, 바로 입찰을 준비했다. 감정가 6억 8천4백만 원에서 감정가의 60%인 4억 1천3백만 원에 25명이 공동 입찰하여 낙찰받았다.

낙찰 이후, 바로 임차인이자 점유자 우상○에 대한 명도 작업에 착수하였다. 명도는 강온전략을 병행하는 것을 원칙으로 한다. 한쪽은 인도명령을 통한 강제집행 절차 내지는 유치권 부존재 확인 소송 등을 통해 강력한 대응을 진행한다. 또 다른 한편으로는 잘 구슬려가며(?) 협의를 통한 명도를 진행하는 것이다. 최근 법조계에 나타나는 양상을 보면 허위에 의한 유치권인 경우 그 처벌이 가볍지 않다. 따라서, 권원 없는 점유자 내지는 임차인이 인도를 거절하며 그 점유를 계속하며 영업을 계속할 경우 져야

영 수 증			
김새●외 24명의 대리인 류인● 귀하			
사건번호	물건 번호	부동산 매각 보증금액	비 고
2011타경13393	1	35,021,000원	

위 금액을 틀림없이 영수 하였습니다.

2012.08.13

수원지방법원 평택지원 집행관사무소

집 행 관   조규● (인)

※ 사건에 대한 문의는 민사 집행과 담당 경매계에 문의하십시오.

| 김새○ 외 24명이 공동으로 낙찰받은 영수증

될 법적 책임이 상당할 수 있음을 주지시키며 압박해가는 과정도 필연적으로 진행되었다.

이렇게 명도를 마치고, 토지가치를 극대화하기 위해 대출을 일으켜 주변의 인근 토지를 저렴한 가격에 매수하여 토지 정리 작업을 진행했다. 땅도 이쁘고 잘생겨야 다른 사람들에게 관심도 받고 땅값도 오르는 법이다. 못생긴 땅을 반듯하게 정리만 잘해도 본 사례처럼 수익을 극대화할 수 있다.

토지에 대한 정리작업을 마친 후, 인근 부동산을 통해 시세를 알아봤다. 매각과 임대 두 가지를 염두해 두고 저울질하고 있었기 때문이다. 지속적

| 명도 후 현장정리 모습

인 호재로 가격이 계속해서 오르고 있었다. 매물도 귀해서 내놓으면 금방 팔릴 상황이었다. 땅을 잘 다듬어서 좋은 가격에 매각할 수도 있었고, 앞으로도 가격이 꾸준히 상승하는 상황이면 임대를 하는 것도 하나의 선택지였다.

본 물건은 서로 임대 들어오려고 할 정도로 위치가 좋고 입지 또한 뛰어났다. 임대를 놓기로 하고 시장에 내놨다. 얼마 지나지 않아 바로 임대차 계약하자는 연락이 왔다. 컨테이너 개조 및 제작 업체를 운영하는 임차인과 토지 임대차 계약을 체결하였고, 매월 월세(차임)를 받았다. 즉, 수익형 부동산이 된 것이다. 수익도 괜찮았다. 그렇게 몇 년을 수익형 부동산으로

| 토지 정리 후 임대하고 있는 모습

운영하고 나서 14억 원에 매각하고 사건을 마무리했다.

2. 필요비와 유익비에 대한 이해

필요비

필요비란 '수선비 등 물건의 보존에 필요한 비용, 조세 등 관리에 필요한 비용 등 선량한 관리자의 주의로써 물건을 보관하는 데 불가결한 비용'이다. 즉, 부동산을 유지 보수하는 데 꼭 필요한 유지비 및 수리비를 '필요비'라고 말한다. 깨진 유리창 교체, 보일러 수리 등 즉시 수리하지 않으면 정상적인 일상 가사가 불편한 경우이다. 임차인이 이렇게 수리비가 발생했다면 지출 즉시, 그리고 전액을 임대인에게 민법 626조①항에 따라 임차인의

| 매각결산 및 배당금 지급모임 모습

상환청구권을 청구(행사)할 수 있다. 이때 문제가 되는 것이 수리의 범위이다. 수리 범위는 임차인과 임대인의 입장차이가 발생할 수 있기 때문에 좀더 구체적인 기준이 필요하다.

전기시설, 수도관 동파, 보일러 고장, 누수 등의 비용은 임대인이 수선의무를 지고, 전등 교체, 도어락 건전지 교체, 고장 난 문고리 수리 등 경미하다고 보는 경우엔 임대인에게 수리 의무가 없으므로 필요비 상환청구도 할수 없게 된다.

유익비

유익비란 '기능향상비, 부속물 설치비 등 물건의 본질을 변화시키지 않고 이용, 개량하기 위하여 지출한 비용'을 말한다. 즉, 유익비는 필요비처럼 수리하는 데 드는 비용이 아닌 부동산 가치를 높이기 위해 사용되는 비용을 말한다. 방의 증축, 발코니 확장, 중문 설치, 담장 쌓기, 수도시설의 신규 설치 등이 이에 해당한다. 살면서 꼭 필요한 비용이 아닌 오직 부동산의 가치를 높이기 위한 비용인 것이다. 즉, 일상 가사에 지장을 주지는 않으나 부동산 자체의 퀄리티를 높이는 비용이라고 이해하면 된다. 임차인이 유익비를 지출한 경우에는 임대차 종료 시 임대인에게 청구할 수 있다. 다만, 임차인이 본인 편의나 이익을 증가시키기 위해 설치한 비용 또는 자신의 영업적 목적에 의해 지출된 비용 등은 유익비에 해당하지 않는다. 즉, 앞에선 본 금곡리 사건의 경우처럼 고물상 임차인(우상○)의 소유이고, 또한 지상 건물과 계근대 등의 시설들은 자신의 영업(OK자원·계량소)을 위한 설치물로 객관적 가치의 증가를 위한 비용지출이 아니므로 유익비에도 해당하지 않는 것이다. 유익비 청구의 범위는 그 가액의 증가가 현존한 때에 한하며, 임차인이 지출한 금액 또는 증가한 가액 중 임대인이 선택한 금액을 임차인이 민법 제626조 ②항에 따라 상환청구권을 행사할 수 있다.

> 민법 제626조(임차인의 상환청구권)
> ① 임차인이 임차물의 보존에 관한 필요비를 지출한 때에는 임대인에 대하여 그 상환을 청구할 수 있다.
> ② 임차인이 유익비를 지출한 경우에는 임대인은 임대차 종료 시에 그 가액의 증가가 현존한 때에 한하여 임차인의 지출한 금액이나 그 증가액을 상환하여야 한다. 이 경우에 법원은 임대인의 청구에 의하여 상당한 상환기간을 허용할 수 있다.

아무리, 임차인의 비용상환청구권(민법 626조)을 법적으로 인정한다고 해도 필요비와 유익비를 청구할 수 없는 경우도 있다. 임대차계약서상에 특약사항으로 임차인이 시설물에 대하여 원상복구하여 임대인에게 반환토록 하는 약정을 한 경우에는 계약 내용대로 원상복구해야 하며, 필요비 유익비를 청구할 수도 없다. 즉, 임차인의 상환청구권을 포기한 것으로 해석하는 것이다.

비용상환청구권에 관한 규정은 임의규정이다. 따라서 당사자 간에 포기하는 특약이 가능하다. 임대차계약 체결 당시 임대차 종료 시 원상회복에 관한 특약을 한 경우에는 비용상환청구권을 포기하는 특약이므로 이 경우 임차인의 필요비와 유익비를 원인으로 하는 유치권은 부정된다.

예를 들어, 노후한 빌라 전셋집에 들어가는데 임차인은 오랫동안 거주할 생각에 자비를 들여 도배, 장판 그리고 화장실, 싱크대 등을 새로 했다면(즉, 인테리어를 새롭게 했다면) 임차인은 인테리어 비용을 임대인에게 청구할 수 있을까? 노후한 빌라 주택에 대한 인테리어는 부동산 가치를 올리는 유익비 비용으로 인정될 수 있다. 하지만 임차인이 임대인에게 유익비를 이유로 실무적으로나 현실적으로 청구하기 어려운 부분이 있다. 그 이유는 첫째, 인테리어를 통해 전셋집의 가치가 얼마나 올랐는지를 임차인이 입증해야 하는데 현실적으로 어려운 부분이 있고, 둘째, 설령 임차인이 어렵게 인테리어를 통해 전셋집의 가치가 올랐다는 것을 객관적으로 입증했다 하더라도 임대차 계약서에 원상회복에 대한 특약을 했다면 필요비, 유익비 모두 돌려받기 쉽지 않기 때문이다. 오히려 이때 임대인의 요구로 새로 한 인

	필요비	유익비
정의	부동산을 유지보수하는 데 필요한 유지비 및 수리비	물건을 개량하여 가치를 증가시키는데 지출한 비용
예시	깨진 유리창 교체, 수도관 동파 보일러 수리, 누수 등	방의 증축 및 개축, 발코니 확장 수도시설의 신규 설치, 담장 쌓기
청구 시기	지출 즉시	임대차 종료시
청구 범위	필요비 지출금액 전액	그 가액의 증가가 현존한 때에 한하여 임차인이 지출한 금액 또는 증가된 가액 중 임대인이 선택한 금액
청구 대상	대항력있는 임차인:전·현소유자 모두에게 청구 가능 대항력없는 임차인:전 소유자에게만 청구 가능 (청구금액 변제 완료 때까지 유치권 주장 가능)	

필요비와 유익비 비교표

테리어를 전부 뜯어내어 원상회복 시키기 위한 비용이 별도로 발생할 수 있다.

실제, 영업을 목적으로 하는 상가건물의 경우는 임대인의 요구에 따라 임차인이 들어올 때 자신이 비용을 들여 공사한 인테리어를 또다시 임차인 자신의 비용을 들여 철거시키는 원상회복을 하는 경우가 훨씬 많다는 점도 알아두길 바란다.

대법원은 판례에서 '필요비, 유익비의 상환청구권을 미리 포기하는 약정은 유효하다(대법원 1993.10.8.선고 93 다 25738, 25745 판결)며, 임차인이 임대차 관계 종료 시에는 건물을 원상으로 복구하여 임대인에게 명도하기로 약정한 것은 건물에 지출한 유익비 또는 필요비의 상환청구권을 미리 포기하기로 한 취지의 특약으로 볼 수 있어, 임차인은 유치권을 주장할 수 없다.'고 판결하였다(대법원 1975.4.22. 선고 73 다 2010판결, 1995.6.30. 선고 95 다 12927 판결).

12

유치권 물건의
투자 방법

　다음의 사례도 유치권 관련 내용을 이해하는 데 도움이 될 수 있을 것 같아 사례로 실었다. 충남 당진시 송악읍 중흥리에 농지(답) 1,314평이 경매로 나왔다. 감정가는 9억 1천266만 원으로 진행되었지만, 유찰을 거듭해서 감정가의 34%인 3억 1천3백여만 원까지 떨어진 상태였다.

사건번호 : 2010 타경 8087(9)
소재지 : 충남 당진시 송악읍 중흥리 327
특수권리 관계 : 유치권

| 낙찰 물건 사건 기본내역 및 매각물건명세서

왜 이렇게 유찰이 되었을까? 확인해보았다. 역시 특수물건의 문제였다. 분묘도 소재하고 있었고 유치권도 신고되어 있었다. 하지만 분묘는 분묘기지권이 성립하지 않아 큰 의미는 없었고 사실상 유치권 문제였다. 공사대금채권 2억 7천8백만 원에 대한 유치권 신고가 있었다. 하지만, 유치권은 성립하지 않았고, 감정가는 9억 1천266만 원짜리 토지는 3억 2천875만 원에 새로운 주인을 만났다. 어떻게 정리할 수 있었을까?

1. 유치권의 종류

부동산경매에 있어서 유치권과 관련된 종류는 다음과 같이 두 가지 정도로 정리된다.

공사대금

건축주(소유자)와 도급계약을 체결하고 건물을 신축, 증축, 개축하거나 대수선을 하고 그 공사대금을 변제받지 못한 경우에 공사한 자는 공사한 대금의 변제를 받을 때까지 그 건물을 점유하여 매수인(낙찰자)를 상대로 유치권을 행사할 수 있다.

필요비와 유익비 등의 지출 비용

부동산의 관리, 보존 등 현상 유지를 위하여 임차인, 점유자, 제3 취득자가 목적부동산의 현상 유지 혹은 가치 증가를 위하여 지출한 비용을 변제받지 못했을 때, 경매 절차 중 필요비, 유익비 등 비용상환 청구권(민법 626조)에 대한 배당요구를 실기한 경우에는 매수인(낙찰자)을 상대로 유치권을 행사할 수 있다.

이 중에서 가장 많은 부분이 공사대금 채권으로 유치권을 신고하는 경우다. 공사업자는 공사대금채권으로, 임차인은 필요비와 유익비에 대해 유치권 신고하는 경우가 대부분인데 공사를 하지 않았음에도 공사를 한 것처럼 허위로 꾸미거나, 공사대금을 실제 공사한 것보다 더 부풀려 신고하는 등의 방법으로 유치권을 주장하는 경우도 많다.

실무에서 유치권을 해결하는 방법은 크게 2가지로 정리할 수 있다. 첫째는 유치권이 성립되지 않았음을 확인하는 방법이고 둘째는 이미 성립된 유치권을 소멸시키는 방법이라 할 수 있다.

앞선 설명에서 유치권의 성립요건 5가지를 설명했다. 첫째, 타인의 물건(부동산)이어야 하고, 둘째, 채권과 목적물 사이에 견련 관계가 있어야 하며, 셋째, 채권이 변제기에 있어야 되며, 넷째, 적법한 점유일 것이며, 다섯째, 유치권 성립을 배제하는 특약이 없어야 한다.

2. 유치권 불성립 확인하기

유치권에 접근할 때 가장 먼저 면밀히 검토할 사항이 바로 유치권이 성립되지 않았음을 확인하는 방법이다. 즉, 유치권의 성립요건을 세세히 확인하여 적용해 보면서 유치권의 성립 여부를 확인하는 작업이다.

첫째, 유치권의 목적 부동산이 타인 소유가 아니라, 유치권을 주장하는 자의 소유라는 점을 확인할 것. 둘째, 피담보채권과 목적부동산 간에 견련

관계 없음을 확인할 것. 셋째, 피담보채권이 존재하지 않음을 밝히거나, 변제기가 도래되지 않았다는 것을 확인할 것. 넷째, 목적 부동산에 대한 점유가 적법한 점유가 아니라 실력행사 등 불법적이거나 계속되지 않았음을 확인할 것. 다섯째, 당사자 간 유치권 성립을 배제하는 특약이 존재하는가를 확인할 것.

즉, 유치권의 성립요건들을 파악해 그에 해당하는지 여부를 하나씩 확인해 보고 그렇지 못할 경우를 주장·입증하면 유치권은 부정된다. 다음으로 이미 성립된 유치권을 소멸시키는 방법으로는 권리의 일반적 소멸 사유 중 혼동, 피담보채권의 변제, 소멸시효, 점유의 상실 등을 확인해서 입증하

| 낙찰 물건 현장의 유치권 행사 모습

면 유치권을 무력화 시킬 수 있게 된다.

이 사건은 실제로 공사대금 채권에 기한 유치권 행사로 신고되었다. 현장 조사를 통해 확인한 결과, 지번 327과 323-1, 322일부가 사실상 합필되어 한 필지로 되어있으며, 위 필지에 7년 전에 토지 공사를 한 것으로 조사 되었다. 공사업자들은 토지에 대한 성토 작업을 진행했으나, 공사비를 받지 못한 채 경매가 진행된 경우로 공사업자들이 유치권을 주장하는 현장이었다. 하지만, 유치권은 인정될 여지가 없었다. 왜냐면 당해 사건에 대한 검토 결과, 성토공사비에 대한 채권은 3년의 소멸시효로써 완성되었기 때문이다. 바로 위에서 설명한 이미 성립한 유치권을 소멸시키는 방법 중 소멸시효에 대한 내용이 적용된 사례라 하겠다.

3년의 단기 소멸시효(민법 163조)
제163조(3년의 단기 소멸시효) 다음 각호의 채권은 3년간 행사하지 아니하면 소멸시효가 완성한다.
1. 이자, 부양료, 급료, 사용료 기타 1년 이내의 기간으로 정한 금전 또는 물건의 지급을 목적으로 한 채권
2. 의사, 조산사, 간호사 및 약사의 치료, 근로 및 조제에 관한 채권
3. 도급받은 자, 기사 기타 공사의 설계 또는 감독에 종사하는 자의 공사에 관한 채권
4. 변호사, 변리사, 공증인, 공인회계사 및 법무사에 대한 직무상 보관한 서류의 반환을 청구하는 채권
5. 변호사, 변리사, 공증인, 공인회계사 및 법무사의 직무에 관한 채권
6. 생산자 및 상인이 판매한 생산물 및 상품의 대가
7. 수공업자 및 제조자의 업무에 관한 채권

또한, 공사 현장에서 적법하게 유치권 행사를 한다고 하더라도 채권의

소멸시효 진행에 영향을 주지 않으므로 유치권 행사 그 자체만으로는 낙찰자(매수인)에게 이렇다 할 효과를 볼 수가 없다. 일부 공사업자들은 현장을 점유하고 유치권 행사를 하고 있으면 더 이상 다른 액션(?)을 하지 않아도 완벽한 유치권(?)으로 생각하는 경우도 많은데 잘못된 생각이다. 유치권의 주장은 주장일뿐이다. 주장을 하는 그 시간에도 채권의 소멸시효의 시곗바늘은 째깍째깍 진행되고 있다.

피담보채권의 소멸시효(민법 326조)
유치권의 행사는 채권의 소멸시효의 진행에 영향을 미치지 아니한다.

원래, 담보물권은 피담보채권과 분리·독립해서 소멸시효에 걸리지는 않는다. 다만, 담보물권이 가지는 부종성에 의해 채권이 소멸하면 담보물권도 함께 소멸한다. 유치권도 담보물권이기 때문에 부종성에 따라 소멸하게 된다.

따라서, 진정한 유치권자라면 유치권 주장 이외에 소멸시효를 중단 또는 저지시킬 수 있는 구체적인 행위 즉, 재판상 소송을 진행한다거나 유치권에 의한 경매신청(경매가 개시된 때에는 압류의 효력이 발생하기 때문에 채권의 시효 중단 효력이 발생함)을 하는 등의 적극적인 별도의 조치가 필요하다.

소멸시효 중단 사유(민법 168조) 소멸시효는 다음 각호의 사유로 인하여 중단된다.
1. 청구
2. 압류 또는 가압류, 가처분
3. 승인

다음은 유치권에 있어서 가장 중요하다고 판단되는 점유와 관련된 내용이다. 유치권에서의 점유는 성립요건이자 존속 요건이다. 점유를 상실하면 점유의 상실 원인을 따지지 않고 유치권은 소멸한다. 유치권은 물권이고 물권이 가지는 공시의 원칙에 따라 점유로서 공시의 기능을 대신해야 한다. 따라서 점유가 없는 유치권은 존재할 수 없는 것이다.

점유 상실과 유치권 소멸(민법 328조)
유치권은 점유의 상실로 인하여 소멸한다.

점유의 형태는 유치권자 스스로 유치물을 직접 점유하고 있든 타인을 매개로 간접점유를 하든 상관없다.

투자 포인트

점유의 의미
① 적법한 점유일 것(불법점유 X , 주장하는 자가 입증 책임)
② 직접점유 또는 제3자에 의한 간접점유 모두 가능
③ 점유는 유치권의 성립요건이자 존속 요건

13

'점유'되지 않은
유치권은 사라진다

1. 유치권을 유지하기가 쉽지 않다

경기도 화성시 팔탄면 구장리에 임야 약 716평이 경매로 나왔다. 이번 사례는 바로 목적물에 대한 점유를 지키지 않아 유치권이 부정된 경우의 사례이다.

사건번호 : 2013 타경 54252
소재지 : 경기도 화성시 팔탄면 구장리 949-15
특수권리 관계 : 유치권

목적물의 점유가 지속되지 않았음을 입증한다면 보다 쉽게 유치권을 해결할 수 있다. 공부상 지목은 임야이나 토목공사를 진행하다가 중단된 상태의 잡종지 형태의 모양이었다. 토목공사를 진행하였고 그에 따른 공사비를 받지 못해 3억 8천3백만 원의 유치권 신고를 해둔 상태였다. 현장을 확인하러 갔다. 본 현장은 컨테이너를 갖다 놓고 유치권 행사 중이라는 문구

임야 (임의경매)
매각기일 2014-10-01(수) 10:30

2013 타경 54252

수원지방법원 [사건링크]
경매 3계 문의 : 031-210-1263 [법원위치]

소재지	[지 번] 경기도 화성시 팔탄면 구장리 949-15				
용도	임야	채권자	광적농업협동조합外	감정가	781,440,000원
건물면적		채무자	구자철	최저가	(49%) 382,906,000원
토지면적	2368㎡ (716평)	소유자	구자철外	보증금	(10%) 38,290,600원
매각대상	토지매각	경매종류	임의경매	청구금액	651,279,508원
사건접수	2013-10-08	배당종기	2013-12-24	경매개시	2013-10-10
주의사항	유치권				

이미지 — 총 11장 [경매절차 흐름도]

기일내역 [기일내역 전체 열기 ▼]

회차	매각기일	최저매각금액	결과
신건	14.04.24	781,440,000원	유찰
2차	14.05.30	547,008,000원	변경
2차	14.07.03	547,008,000원	변경
2차	14.08.22	547,008,000원	유찰
3차	14.10.01	382,906,000원	매각

낙찰 | 고읍●외 27명 | 입찰 2명 | 480,000,100원(61.43%)
2등 입찰가 : 411,570,000원

일정	14.10.08	매각결정기일	허가
일정	14.11.14	대금지급기한	납부
일정	14.12.09	배당기일	완료

배당종결 사건

매각물건명세서

사건	2013타경54252 부동산임의경매	매각물건번호	1	담임법관(사법보좌관)	김경식
작성일자	2014.09.17	최선순위 설정일자	2013.6.23 근저당권		
부동산 및 감정평가액 최저매각가격의 표시	부동산표시목록 참조	배당요구종기	2013.12.24		

부동산의 점유자와 점유의 권원, 점유할 수 있는 기간, 차임 또는 보증금에 관한 관계인의 진술 및 임차인이 있는 경우 배당요구 여부와 그 일자, 전입신고일자 또는 사업자등록신청일자와 확정일자의 유무와 그 일자

점유자의 성명	점유부분	정보출처 구분	점유의 권원	임대차 기간 (점유기간)	보증금	차임	전입신고일자·사업자등록 신청일자	확정일자	배당요구 여부 (배당요구 일자)
				조사된 임차내역 없음					

< 비고 >

※ 최선순위 설정일자보다 대항요건을 먼저 갖춘 주택, 상가건물 임차인의 임차보증금은 매수인에게 인수되는 경우가 발생할 수 있고, 대항력과 우선 변제권이 있는 주택, 상가건물 임차인이 배당요구를 하였으나 보증금 전액에 관하여 배당을 받지 아니한 경우에는 배당받지 못한 잔액이 매수인에게 인수되게 됨을 주의하시기 바랍니다.

< 비고란 >

등기된 부동산에 관한 권리 또는 가처분으로서 매각으로 그 효력이 소멸되지 아니하는 것
해당사항 없음

매각에 따라 설정된 것으로 보는 지상권의 개요
해당사항 없음

비고란
공부상 지목은 임야이나, 토목공사단계인 것으로 보이는 감증지상의 일부지분은... 컨테이너가 1동 있음, 목측상 인접지로부터 흘러들어 소재하는 것으로 보이나 미 점착된 사항은... 유실방지부위 토목공사대금 등을 합산으로 금383,000,000원 유치권신고있으나 성립여부는 불분명함

| 낙찰 물건 사건 기본내역 및 유치권 신고된 매각물건명세서 상세내역

의 현수막을 붙여 놓는 등 나름의 유치권을 주장하기 위한 밑 작업을 해 둔 상태였다. 그런데 유치권을 주장하고자 하는 의도는 알겠는데 한 가지 문제가 있는 것을 확인했다. 바로 점유가 없는 것이다. 직접 점유든 제3자 를 통한 간접 점유든 점유를 계속적으로 하고 있어야 한다는 성립요건에 어긋나 있는 것이다.

판례와 경매 실무상 유치권의 점유요건을 정리하면 다음과 같다.
① 대상 부동산상의 사무실, 컨테이너 등에 상주하여 관리하거나, 경비용역계약 을 하여 경비시킬 것.
② 출입구에 잠금장치를 하고, 열쇠를 소지할 것.
③ 유치권을 주장하는 안내문(플래카드)을 대상부동산에 게시할 것.
④ 유치권을 행사할 목적으로 점유를 개시할 것.

| 유치권 행사 모습

본 사건의 현장은 위 점유 요건들 중에 ①번(대상 부동산상의 사무실, 컨테이너 등에 상주하여 관리하거나, 경비용역계약을 하여 경비시킬 것)에 해당하는 점유가 있지 않았다. 오로지 컨테이너를 갖다놓고 플랭카드 정도 게시해 놓은 정도를 점유라고 보기는 어려울 것이다. 여기서 의문이 있을 수 있다. 반드시 '유치권의 목적이 되는 현장 부동산 내에서만 점유를 해야 하는 것인가? 아니면 인근 부동산에서 점유해도 인정될 것인가?'에 대한 의문이다.

'유치권이 성립하기 위한 점유의 정도'에 대해 판례를 확인해 보면, 유치권자가 유치물 현장에 없더라도 마음만 먹으면 즉각적으로 유치물에 대해 사실적이고 현실적인 지배권 행사를 할 수 있을 만큼의 물리적, 위치적 거리에 있다면 점유로서 인정될 수 있다고 보고 있다.

영 수 증			
		고윤●의 대리인 심재● 귀 하	
사건번호	물건번호	부동산 매각 보증금액	비 고
2013타경54252	1	38,290,600원	

위 금액을 틀림없이 영수 하였습니다.

2014.10.01

수원지방법원 집행관사무소

집 행 관   양우열

※ 사건에 대한 문의는 민사 집행과 담당 경매계에 문의하십시오.

| 고윤O 외 27명이 공동으로 낙찰받은 영수증

이외에 시간적 관계에서 유치물에 대한 사실적 지배가 어느 정도의 지속성·계속성을 가졌는지도 문제가 될 수 있기 때문에 확실한 증거자료가 필요했다.

감정가 7억 8천1백44만 원에서 감정가의 61%인 4억 8천만 원을 입찰가로 써내고. 투자클럽 회원 고윤○ 외 27명이 공동으로 낙찰받았다.

낙찰 이후 본 사건을 해결하기 위해 현장에 CCTV를 설치하고 지속적 관찰을 진행했다. 이는 객관적이고 확실한 입증자료를 준비하여 향후 발생할 수 있는 분쟁을 미연에 방지하기 위한 절차다. 현장의 점유에 대해 판례는 '24시간 사람이 상주하면서 사실적 지배를 하는 경우와 주간시간은 상주하고 야간엔 잠금장치를 하는 것' 등은 계속적 점유로 보지만, 관리자나 직원이 가끔씩 현장에 들르는 정도는 제대로 된 점유로 볼 수 없다고 판시하고 있다.

본 현장은 유치권의 주장을 뒷받침할 결정적인 요건인 점유에 대해 무방비였고, 판례에 비춰보면 유치권은 부정된다. 하지만, 확실하게 입증할 객관적 자료를 준비하는 것이 경매투자자의 태도다.

현장에 CCTV 촬영을 하는 동안 '점유'로 볼 수 있는 어떤 행위도 일어나지 않았다. 혹시 모를 분쟁을 미연에 방지하고자 증거자료를 충분히 확보한 후에 현장 정리를 시작했다. 그렇게 명도를 진행하고, 7억 7백여만 원에 매각하고 사건을 마무리 했다. 28명이 공동으로 4억 원대 낙찰 받아서 7억 원대 매각했으니 나쁘지 않은 수익률이다.

| 본 건 명도 진행 모습

| 매각결산 및 배당금 지급모임 모습

실무에서 유치권을 접하다 보면 현장에서 유치권을 주장하는 점유자들이 유치권을 성립시키고 유지하기 위해 얼마나 큰 노력과 비용을 감내해야 하는지를 절실히 느끼게 된다. 대부분 유치권이 문제 되는 현장을 보면 공사비를 못 받고 물리는 공사업자들이 중소기업이거나 개인 공사업자들이 많다. 항상 일감에 목말라 있는 영세한 공사업자들은 지속적인 일거리를 위해서라도 건축주와의 도급계약은 형식적이거나 아니면 뒷전인 경우가 많다. 그렇다 보니 공사비 연체는 다반사인 상황이다.

제 때에 공사비를 받지 못하고, 미뤄오다가 결국 건축주는 채무불이행에 빠지게 되고, 현장은 경매처분에 이르게 된다. 공사비를 받지 못한 공사업자들은 부랴부랴 유치권을 주장하면서 현장에 현수막을 걸고, 점유를 시작하는 등 유치권 주장을 하기 시작한다. 그런데 앞에서 설명한 유치권의 성립요건을 모두 갖춘다는 것이 절대 쉽지 않은 일이다. 특히, 경매개시결정 전부터 정당한 점유가 시작되어야 진정한 유치권으로 보기 때문에, 짧게는 수개월 길게는 수년이 걸리는 경매 절차를 고려하면 시간과 비용을 들여가며 정당한 유치권을 주장한다는 것은 주장하는 자의 입장에서 보면 물리적으로나 경제적으로 어지간히 힘들고 고단한 세월임이 틀림없다.

특히, 개인 공사업자들은 만사를 제쳐놓고 본인 스스로가 유치물 현장을 점유하기도 힘들다. 밀린 공사비를 받는 것은 중요한 일이다. 그렇다고 영세한 공사업자 입장에서 보면 언제 받을지도 모르는 공사비를 받겠다고 만사를 제치고 현장만 점유하고 있을 수는 없는 노릇이다. 목구멍이 포도청이라고 계속 일을 해야만 수입이 발생하는 영세한 공사업자들은 결국,

다른 현장을 찾아 떠나야 하는 것이 현실이다. 그렇다고, 제3자를 고용하여 매월 수백만 원 이상의 인건비를 감내하며 '유치물의 점유를 지킨다'는 것도 현실적으로 절대 쉽지 않다. 그렇기 때문에 점유에 구멍이 생기는 현장이 많은 것이다. 차라리 수십억 내지는 수백억 이상의 공사 현장이라면 공사업체도 규모가 제법 있다. 그런 업체는 나름 탄탄하고 버틸 자금도 마련되어 있어서 체계적으로 인력을 고용해 유치권을 주장하기도 수월하다. 그런 업체는 이런 공사바닥(?)에서 오랫동안 굴러먹어봐서 이미 산전수전 다 겪어봤기 때문에 애초에 유치권이 발생 될 여지가 있는 현장은 맡지도 않을뿐더러 만일을 대비해 제2, 제3의 대책방안을 모색해 두는 것이 정석이다. 그렇기 때문에 10억 원 내외의 공사대금 현장은 유치권을 깨뜨릴 수 있는 방법이 많이 존재한다.

〈유치권이 인정되지 않는 판례〉
유치권을 인정하지 않은 대표적인 판례들을 정리한 내용이다. 실전에서 바로 응용하여 써먹을 수 있도록 7가지 정도로 요약하였다. 실제 현장에서 유치권 관련 업무를 처리하다 보면 대부분 이 범위를 벗어나지 않는다.

유치권을 인정하지 않은 대표적 판례에 대한 정리
① 유치권자가 임대차 계약체결(유치권 포기, 임차권의 발생)
② 임차인의 시설비, 인테리어비용(임차인의 영업적 목적)
③ 경매개시결정의 기입등기 後 유치권의 취득
　　경매매수인과 유치권의 대항력 여부
　　-압류 前 성립한(점유한) 유치권 - 매수인(낙찰자)에게 유치권 주장 가능
　　-압류 後 성립한(점유한) 유치권 - 유치권은 성립하지만, 불완전한 유치권
　　 으로 판단하여 매수인(낙찰자)에게 대항하지 못한다.
　　-가압류 後 성립한(점유한) 유치권 - 매수인(낙찰자)에게 유치권 주장 가능
　　저당권 설정 後 성립한(점유한) 유치권 - 매수인(낙찰자)에게 유치권 주장

가능

④ 원상회복 약정이 있는 경우(유치권 배제 특약으로 봄)

임대차계약에서 "임차인은 임대인의 승인하에 개축 또는 변조할 수 있으나 부동산의 반환기일 전에 임차인의 부담으로 원상복구 키로 한다"라고 약정한 경우, 이는 임차인이 임차 목적물에 지출한 각종 유익비의 상환청구권을 미리 포기하기로 한 취지의 특약이라고 봄이 상당하다(대법원 1995.06.30. 선고 95다12927 판결).

⑤ 낙찰 前에 해당 부동산을 점유하지 않았음이 입증된 경우

점유는 유치권의 성립요건이자 존속 요건 임.

⑥ 건물공사업자의 토지낙찰자에 대한 유치권 주장

건물 공사대금은 건물과 견련성이 있지 토지와는 무관하다는 입장임.

⑦ 건축공사의 수급인이 독립한 건물이 되지 못한 상태에서 토지정착물 또는 토지에 대한 유치권 주장

건물의 신축공사를 한 수급인이 그 건물을 점유하고 있고 또 그 건물에 관하여 생긴 공사금 채권이 있다면, 수급인은 그 채권을 변제 받을 때까지 건물을 유치할 권리가 있는 것이지만, 건물의 신축공사를 도급 받은 수급인이 사회 통념상 독립한 건물이라고 볼 수 없는 정착물을 토지에 설치한 상태에서 공사가 중단된 경우에 위 정착물은 토지의 부합물에 불과하여 이러한 정착물에 대하여 유치권을 행사 할 수 없는 것이고, 또한 공사중단 시까지 발생한 공사대금 채권은 토지에 관하여 생긴 것이 아니므로 위 공사대금에 기하여 토지에 대한 유치권을 행사할 수도 없는 것이다 (대법원 2008. 5. 30. 자 2007 마 98 결정).

2. 유치권자에 대한 판단과 응대

유치권을 주장하는 현장을 방문하여 유치권 주장에 따른 성립요건들이 충족되었는지 면밀한 검토가 필요하다. 즉, 유치권 성립요건에 대한 파악이 필요하다.

첫째, 어떤 관계로 유치권을 주장하게 되었는지(견련관계), 둘째, 목적 부동산이 유치권을 주장하는 자의 물건인지 아니면 타인 물건인지, 셋째, 영업상 또는 자신의 이익을 위한 비용으로 볼 것인지 넷째, 현장을 점유하고

| 건축 중단된 상태로 부합물로 보는 사례

있는지 여부와 점유하고 있다면 언제부터 점유가 시작되었는지 그리고 점유에 대한 행사 방법과 적법 여부, 다섯째, 피담보채권의 변제기는 언제였는지 도래 여부, 여섯 째, 유치권을 포기하기로 하는 특약 등이 있는지, 일곱째, 피담보채권액이 부풀려 있는 것은 아닌지 등을 살펴야 한다

만일 의심스러운 부분이 있다면 유치권 부존재 확인 소송 등을 통해 그 소송절차에서 주장하는 내용에 대해 입증하여 밝혀내는 것도 아주 좋은 해결 방법이다.

이미 성립된 유치권이라면 그 권리가 소멸했는지 여부를 확인하는 것도 필요하다. 피담보채권의 소멸 여부, 점유 상실 여부, 선관주의 위반 여부 등이 이에 해당할 것이다. 유치권에 대한 판단도 중요하지만, 실무에서 더 중요한 부분이 바로 수익적 부분이다. 그렇기 때문에 아무리 진정한 유치권이라도 유치권을 주장하며 무한정 세월을 보낼 수도 없는 노릇이어서 적당한 금액으로 유치권자와 협의해서 정리할 수도 있다.

허위 유치권자는 왜 계속 생길까

현장에서 실제 유치권 관련 사건들을 접하다 보면 허위로 유치권을 신고하는 경우들도 많이 보게 된다. 내용을 살펴보면 다양한 이유가 있지만 첫째, 경매 절차를 지연시키기 위한 수단으로 사용하려는 의도가 많다. 일단 유치권 신고를 해두고 채무를 변제하려는 시간을 벌기 위함이다. 둘째는 향후 낙찰이 되면 임차인 또는 점유자가 명도에 즈음하여 명도비 등을 유리한 협상 조건으로 제시하기 위한 분위기 조성 의도가 있다. 셋째로는 채권자 또는 이해관계인들과 공모하여 유찰을 유도하여 저가에 낙찰받기

위해 처음부터 의도를 가지고 유치권 신고하는 경우라 하겠다. 이렇게 유치권을 허위로 신고하는 경우, 측정 불가능한 손해를 보게 되는 이해관계인들은 골치가 아프게 되고 진흙탕 싸움처럼 질척거리는 상황들이 연출되다 보니 피하게 되는 것이다. 그렇다 보니 경매 공부를 많이 하고, 다양한 지식을 쌓아 유치권의 가부를 결정할 정도의 실력이 있다손 치더라도, 허위 유치권임을 알고도 피하게 되고, 다른 물건으로 눈을 돌리게 되는 것이 보통이다.

〈실무상 유치권을 주장하는 대표적 유형들〉
1. 소유자 또는 채무자의 주장:피담보채권의 변제 시간을 벌기 위한 경우. 명도비를 받아 낼 목적 내지는 제3자를 통한 저가 낙찰 의도
2. 임차인의 주장:주택임차인(확장공사, 리모델링 비용 등으로 주장), 상가 임차인(시설비, 인테리어 비용 등으로 주장)
3. 공사업자의 주장:토지 또는 건물에 대한 공사비 채권에 의한 주장

이런 허위 유치권자들을 강력하게 압박하는 방법은 없을까? 형법상 법적인 부분을 검토해서 강력하게 대응하는 전략이 필요하다.

〈사기죄 또는 사기미수죄 성립 여지〉
형법 제347조(사기)
① 사람을 기망하여 재물의 교부를 받거나 재산상의 이익을 취득한 자는 10년 이하의 징역 또는 2천만 원 이하의 벌금에 처한다.
② 전항의 방법으로 제삼자로 하여금 재물의 교부를 받게 하거나 재산상의 이익을 취득하게 한 때에도 전항의 형과 같다.

경매 절차상 가장 또는 허위 유치권이라고 판단될 때는 강력한 형사상 압박을 통해 진행하는 것도 하나의 방법이 될 수 있다.

〈위계 또는 위력에 의한 경매방해죄〉
형법 제315조(경매, 입찰의 방해) 위계 또는 위력 기타 방법으로 경매 또는 입찰의
공정을 해한 자는 2년 이하의 징역 또는 700만 원 이하의 벌금에 처한다.

유치권자가 집행법원에 유치권 신고를 하였다면 위계에 의한 경매방해
죄로 볼 수 있다. 허위 유치권의 신고로 경쟁 상대의 입찰가를 저감시키는
등 공정한 경매 절차를 방해한 것으로 보기 때문이다. 경매입찰방해죄는
집행법원의 업무 진행을 방해하고 건물의 가치를 떨어뜨리는 행위로 엄격
하게 대응하여 처벌하는 분위기가 조성되고 있다.

〈사문서 등의 위조죄〉
형법 제231조(사문서 등의 위조·변조) 행사할 목적으로 권리·의무 또는 사실 증명에
관한 타인의 문서 또는 도화를 위조 또는 변조한 자는 5년 이하의 징역 또는 1천
만 원 이하의 벌금에 처한다.

유치권자가 집행법원에 유치권 신고를 하고, 도급계약서나 공사 관련한
서류를 위조, 변조하여 제출했다면 형법상 사문서 위조에 해당할 수 있다.
최근 판결의 경향이 무관용원칙을 보이는 등 처벌 수위 또한 강해지고 있
는 추세 임을 감안해 보면 무조건 피하기보다는 법률적 지식과 경험 등을
통한 전략적이고도 과감한 접근이 필요하다고 본다.

부동산공동경매로
강남빌딩 투자하기

| 펴낸날 | 초판 1쇄 인쇄 2022년 7월 23일 |
| | 초판 1쇄 발행 2022년 8월 01일 |

| 지은이 | 이상규 |
| 펴낸이 | 최병윤 |

펴낸곳	리얼북스
출판등록	제2020-000041호
주소	서울시 서대문구 증가로 30길 29-2, 1층
전화	02-334-4045
팩스	02-334-4046

| 종이 | 일문지업 |
| 인쇄 | 수이북스 |

ISBN   979-11-91553-40-6   13320

전국 법원 경매정보 '경매락'
1개월 무료 이용권

|홈페이지에서 쿠폰 등록|

리더스옥션 경매락 홈페이지(www.leadersauction.com)에 접속하여 회원가입을 합니다. ▷ 회원 로그인 후 '마이페이지'의 '쿠폰 등록'을 선택한 후 쿠폰번호를 등록하여 사용합니다.

|어플에서 쿠폰 등록|

리더스옥션 경매락 어플(플레이스토어, 앱스토어)을 다운로드하여 설치한 후 회원가입을 합니다. ▷ 회원 로그인 후 '메뉴'에서 '결제하기'의 쿠폰등록을 선택하고 쿠폰번호를 등록하여 사용합니다.

QR코드를 스캔하면 플레이스토어, 앱스토어로 이동합니다.

※문의 : 리더스옥션 경매락 고객센터 02) 521-5215(평일09:30~18:00)